社会科学研究方法系列丛书

Applied Survey Sampling

Edward Blair & Johnny Blair

如何抽样

[美] 爱德华·布莱尔　约翰尼·布莱尔 / 著　　朱慧劼 / 译

中国人民大学出版社
·北京·

纪念西摩·苏德曼（Seymour Sudman）

作者简介

爱德华·布莱尔（Edward Blair）是美国休斯敦大学鲍尔商学院的市场营销和创业学教授，市场营销与企业家系的系主任。他曾为美国统计协会能源统计委员会主席。他还担任了美国国家科学基金会专家组成员，美国营销协会全国会议主席，《市场营销研究杂志》（*Journal of Marketing Research*）、《市场营销科学学报》（*Journal of the Academy of Marketing Science*）和《商业研究杂志》（*Journal of Business Research*）编委，以及美国市场营销协会市场研究学院的抽样和调查方法专家。他的研究兴趣包括调查抽样和调查方法认知。

约翰尼·布莱尔（Johnny Blair）是一位独立咨询顾问。约翰尼曾是Abt Associates有限公司的首席科学家和资深调查方法专家，领导认知测验实验室。他组织了关于稀有人群的抽样调查，以及关于委托报告中的测量误差和预调查工具的质性访谈等研究。他是美国设计和分析委员会成员，为美国国家教育进步评估（NAEP）提供统计建议（通常被称为国家报告卡，即the Nation's Report Card）。他曾效力于美国国家研究委员会，对政府重点资助的调查项目进行评估。他曾参与合著过多部图书，并在学术刊物和美国统计协会调查方法的联合统计会议论文集（*Proceedings of the*

Joint Statistical Meetings of the American Statistical Association Section on Survey Methods）上发表过 50 多篇论文。他担任过《公众舆论季刊》（*Public Opinion Quarterly*）两届编辑，还是其他几个学术期刊的同行评审专家。他与爱德华·布莱尔和罗纳德·查娅（Ronald Czaja）共同出版了《调查设计》（第三版）。同时，他是美国统计协会会员。

前　言

本书旨在用可行和实用的方式向读者呈现调查抽样的知识。贯穿于整本书中，我们探讨了与样本质量和样本效率有关的操作性问题，并介绍了可能会对您的研究有用的步骤。

本书有三个主要特点。其中第一个也是最重要的特点是适用性。我们想通过这本书让读者不需要经过高级统计培训就可以了解抽样。我们通过清晰的语言来呈现抽样的概念，并用真实的例子来说明。我们不仅介绍抽样技术，而且会告诉读者使用这些技术的时机和方法。曾有评论家称赞本书的清晰度、可行性和实用性。

本书的第二个特点是对话题的广泛覆盖。本书涵盖了从抽样基础知识到特殊主题的广泛话题，如抽取稀有人群、抽取组织或机构人员以及在某一地域内进行抽样。

本书的第三个特点是传播性。近年来的技术革新和社会变迁给调查研究环境带来了相应的变化，如应答率的下降、网络调查的兴起、电话调查中对手机的依赖、社交媒体和大数据等新兴应用的出现。我们会处理与所有这些变迁有关的抽样问题。

本书受西摩·苏德曼（Seymour Sudman）1976年出版的《实用抽样》

(*Applied Sampling*)一书的启发。本书的两位作者都是作为西摩的助手开始职业生涯的。西摩是一位伟大的教师和导师，也是现代调查方法的开创性人物。《实用抽样》一书是西摩重要的成果，它助力学生和并非专业抽样统计学家的研究人员开展抽样调查。在能理解抽样的概念和实践问题以及样本出错情况的前提下，每个人都可以做更好的研究。本书就是我们在西摩的启发下，向西摩致敬的成果。事实上，读者阅读本书时会发现我们将《实用抽样》中的示例或资料糅合在一起，从而保持这些资料的活力。

除了对西摩卓越成果的继承，我们还要感谢我们的编辑维基·奈特（Vicki Knight）和SAGE出版团队的其他成员。我们也想指出下列审稿人对书稿的贡献：

帕特里克·米勒（Patrick Miller），阿尔贝图斯马格纳斯学院；

卢德米拉·安德森（Ludmila Anderson），新罕布什尔州达勒姆大学；

唐·吉尔平（Dawn Gilpin），亚利桑那州立大学法学院；

尼尔·杰西（Neal Jesse），博林格林州立大学；

布鲁斯·基思（Bruce Keith），美国陆军军官学院（西点军校）；

林赛·菲利普斯（Lindsay Phillips），阿尔布莱特学院。

目　录

第一部分　抽样基础

第1章　抽样导论 ………………………………………………… 3
 1.1　导论 ……………………………………………………… 3
 1.2　抽样简史 ………………………………………………… 5
 1.3　抽样概念 ………………………………………………… 8
 1.4　优秀抽样指南 …………………………………………… 20
 1.5　本章小结和本书概览 …………………………………… 22
 练习和讨论题 ………………………………………………… 24

第2章　界定总体与确定抽样框 ………………………………… 26
 2.1　界定总体 ………………………………………………… 26
 2.2　确定抽样框 ……………………………………………… 32
 2.3　本章小结 ………………………………………………… 59
 练习和讨论题 ………………………………………………… 60

如何抽样

第 3 章　抽取样本与执行研究 ········ 61
3.1　抽取样本 ········ 61
3.2　执行研究 ········ 70
3.3　本章小结 ········ 84
练习和讨论题 ········ 85

第二部分　样本规模与样本效率

第 4 章　确定样本规模 ········ 89
4.1　抽样误差 ········ 90
4.2　基于置信区间的样本规模测算 ········ 93
4.3　基于假设检验的样本规模 ········ 98
4.4　基于信息价值的样本规模 ········ 100
4.5　确定样本规模的非正式方法 ········ 103
4.6　本章小结 ········ 108
练习和讨论题 ········ 109

第 5 章　分层抽样 ········ 110
5.1　何时使用分层抽样 ········ 111
5.2　分层方法的其他用途 ········ 119
5.3　如何抽取分层样本 ········ 120
5.4　本章小结 ········ 122
练习和讨论题 ········ 124

第 6 章　整群抽样 ········ 125
6.1　何时适用整群抽样 ········ 127
6.2　整群抽样造成的样本异质性上升 ········ 130
6.3　最优集群规模 ········ 134
6.4　界定集群 ········ 139

6.5　如何抽取集群样本 …………………………………… 141
6.6　本章小结 …………………………………………… 149
练习和讨论题 ………………………………………… 150

第三部分　抽样中的相关议题

第7章　从样本估计总体特征 ……………………………… 155
7.1　样本数据加权 ……………………………………… 156
7.2　用模型指导抽样和参数估计 ……………………… 162
7.3　测量复杂或非概率样本估计的不确定性 ……… 171
7.4　本章小结 …………………………………………… 172
练习和讨论题 ………………………………………… 174

第8章　在特定情境中进行抽样 …………………………… 175
8.1　在线抽样 …………………………………………… 176
8.2　访客抽样 …………………………………………… 178
8.3　稀有人群抽样 ……………………………………… 184
8.4　组织化人群抽样 …………………………………… 195
8.5　影响力集团或精英等群体抽样 …………………… 196
8.6　追踪抽样 …………………………………………… 197
8.7　国际情境中的抽样 ………………………………… 202
8.8　大数据和调查抽样 ………………………………… 204
8.9　智能手机、社交媒体和技术变革的介入 ……… 207
8.10　本章小结 …………………………………………… 212
练习和讨论题 ………………………………………… 214

第9章　评估样本质量 ……………………………………… 216
9.1　样本报告 …………………………………………… 216
9.2　什么是优质样本 …………………………………… 219

9.3 本章小结 …………………………………………… 225
　　练习和讨论题 ………………………………………… 227

参考文献 ……………………………………………………… 228
主题索引 ……………………………………………………… 233
译后记 ………………………………………………………… 256

第一部分
抽样基础

1　　　欢迎阅读《如何抽样》。本书的第一部分概述了与一般抽样过程相关的全过程中的要点和步骤。当您完成第一部分的学习时,您应该知道以下内容:

（a）样本中的偏差和其他类型的误差是如何产生的,以至于样本不能准确地代表它所描述的总体；(b) 如何控制样本偏差；(c) 如何描述样本。

第1章

抽样导论

1.1 导论

设想一下以下情况。您的一个朋友正在竞选当地学校董事会的席位,您同意通过调查了解当地选民关心的重要问题以及他们希望学校董事会做的事情来帮助她。

在这种情况下,您会访问镇上的每一个人吗?答案几乎是否定的。收集每个人的数据花销巨大,而且相当耗费时间。与此相反,您会依赖于总体的一部分样本。但是您要通过何种方式来获取这一样本?应该访问认识的人吗?应该站在繁华的街道上询问路人的意见吗?用本地黄页随机拨打电话号码吗?或者开展网络调查吗?是否应该将最初的调查对象局限于成年人、学生家长或者登记的选民?如果您拨打了电话号码发现一个家庭有两个成年人,他们都应该接受访问吗?如果您打电话时没有人接听,您应该再次拨打吗?

如何抽样

这些问题的答案会影响调查的结果。在某些情况下，很容易看出其中的原因。例如，如果采访只限于学生家长，我们可能会发现结果显示出对学校课程较高的支持，即使这些项目需要更高的税收来支持。在其他情况下，对调查结果的影响并没有那么明显。您是否能发现网络调查和电话调查结果的差异？如果没有回拨未拨通的电话号码是否会有影响？访问家中的所有成年人对结果是否会产生影响？①

不管影响与否，这些问题对调查结果很重要。因此，您应该对这些问题有所了解。这些情况始终贯穿于所有社会科学领域，包括营销和管理等商业领域。很少有研究项目会收集研究总体的所有数据。相反，大多数项目是基于抽样样本来完成的，对样本做出的描述和分析的决定会影响结果的有用性。样本分析可能是更好的、无偏差的或者高效的，也可能是更差的、有偏差的或者低效的，低质量的样本甚至会导致错误的结论。这些问题可能是微小的，而您应该了解自己工作的全部。

本书旨在用可行和实用的方式来向读者介绍抽样的知识。在本书中，我们讨论了与样本质量和样本效率相关的实际问题，并且演示了对您自己的研究可能有用的抽样程序。由于我们的重点是实际应用，一般做法是引入某种抽样方法，然后用来自真实世界的例子来说明它。我们希望本书能让您深入接触研究项目或二手数据，更好地了解研究结果如何受样本性质的影响以及如何对抽样做出正确的决定。

本书的结构安排如下。在本章的其余部分，我们在社会研究的语境中对抽样进行大致的介绍。在简要呈现抽样的历史之后，我们将对抽样和样本质量的基本概念进行介绍。随后，在第二章和第三章中，我们将探讨抽取样本过程的每个步骤中可能出现的问题。前三章概述了一般抽样从开始

---

① 您如果采用网络调查，就可能会因为收入较低或受教育程度较低的人不太可能上网，导致样本更多地代表受过良好教育或收入较高的人，而他们更会支持教育计划。在电话调查中，您如果不回拨未接通的电话，就可能会错过年轻的、热爱运动的职员，以至于样本过多地代表老年人、家庭主妇和无业人士。如果您把选定的固定电话的家庭中所有成年人都作为调查对象，您的调查将不会是完全独立的，但如果您在抽取的电话号码的家庭中抽取一个成年人，那么相对于单身的人，已婚人士会被低估，因为家庭中的已婚人士被抽中的概率只有一半。所有这些以及更多的问题都将在后面进行讨论。

到结束整个过程的相关问题和程序。第四章到第六章，我们将讨论样本规模的确定以及如何提高研究项目的成本效益。在此基础之上，第七到第九章我们讨论了抽样的相关问题：(1) 从样本估计总体特征；(2) 特定情境下的抽样；(3) 评估样本质量。

在本章中，您将学到以下内容：
- 现代调查抽样是如何发展的。
- 抽样的基本概念是如何界定的。
- 研究误差的来源：非抽样误差、抽样误差和样本偏差。
- 样本偏差的来源：覆盖面偏差、选择偏差和无应答偏差。
- 概率抽样和非概率抽样的区别。
- 不同类型的概率抽样和非概率抽样。
- 如何计算抽样概率。

1.2 抽样简史[①]

抽样问题与社会研究的各种形式都有关联，但抽样理论和实践的发展大部分是在调查研究的背景下发生的，尤其是政治偏好调查为抽样的历史提供了最引人注目的事件。政治偏好调查为研究程序提供了一种高下立判的"酸性测试"（acid test），即预测的候选人在选举中是获胜还是失败。

尽管关于人口普查和调查的记载可以追溯到圣经时代，但调查研究主要是20世纪的一种现象。在20世纪30年代中期，随着盖洛普（Gallup）和罗珀（Roper）民意调查的建立，调查研究迅速发展。调查为指导随着国家广播网络和杂志所产生的新的大众营销提供大众意见，还提供政治偏好数据和其他形式的公众舆论作为新闻来源。

[①] 这段历史的撰述最初是由西摩·苏德曼完成的（Sudman & Blair, 1999）。欲知更多有关信息，请参见《调查抽样的兴起》（Bethelhem, 2009）。

也许著名的政治调查时代是由《文摘》（Literary Digest）杂志开启的。这是一个大型的邮件调查，使用电话记录和汽车登记记录作为邮寄名单。当时，拥有电话的家庭比例较低，而且严重倾向于高收入家庭，因此民意调查也出现了类似的偏差，这种偏差在1936年的总统大选中被揭露出来。当时《文摘》预言，共和党候选人阿尔夫·兰登（Alf Landon）将击败民主党候选人富兰克林·德拉诺·罗斯福（Franklin Delano Roosevelt），但罗斯福却以压倒性的优势获胜。这是民意调查史上最著名的失败。由于盖洛普和罗珀正确地预测了罗斯福的胜利，他们使用的抽样方法被认为明显优于规模庞大但有偏差的邮件调查。显然，选择什么样的人比选择多少人更重要。

盖洛普和罗珀所使用的抽样方法被称为配额抽样。该方法将相关的地理单元如城市、城镇和农村地区的概率与它们的人口比例相匹配，较大的城市将分为若干区域，并分配给访问人员。在指定的地理区域内，访问人员可以自由地去任何地方进行访问，但对男女人数以及高、中、低收入受访者的数量设定了配额。尽管挨家挨户采访是完成配额的一种方式，但大多数采访是在公园或街道等公共场所进行的，这种做法在民意调查和市场调查中被广泛接受。

大约在第二次世界大战前，以莫里斯·汉森（Morris Hansen）为首的美国统计学家正致力于设计用于政府调查的抽样方法，这种方法没有把对受访者的最终选择托付给访问人员的判断力（Hansen, Dalenius & Tepping, 1985）。这些被称为区域概率抽样（area probability sampling）的程序，选择地理区域的下一级单位时，将城市或农村片区被选中的概率与估计的人口规模相匹配，然后从这些片区随机抽取特定家庭户（Hansen, Hurwitz & Madow, 1953; Kish, 1965）。抽样过程始终对个人家庭户的选择进行集中控制。区域概率抽样消除了访问人员对样本的影响，还能够准确计算出总体中住户的入选概率。

盖洛普、罗珀和市场调查公司不愿采用区域概率抽样，因为它比配额抽样要花费更高的成本。从抽样的角度来看，区域概率样本需要绘制地图，并获取受访对象所在的城市片区或农村地区的地址列表。从访问的角

第1章 抽样导论

度来看，区域概率样本是成本很高的，因为抽样过程中选择特定的家庭，如果受访对象不在家则需要进行回访。配额抽样的支持者声称，他们得到的结果与那些成本更高的抽样方法一样好，并且通常在进行比较时不会有较大的差异。

区域概率抽样在1948年总统选举之后发生了重大转折，所有主要的民意测验都错误地预测共和党挑战者托马斯·杜威（Thomas Dewey）会战胜民主党候选人哈里·杜鲁门（Harry Truman）（见图1.1）。民意测验的执行者因他们的配额抽样程序而受到批评，尽管后来的分析表明他们的主要错误是过早结束了调查，所以选民偏好在最后一分钟的改变导致杜鲁门获胜没有被预测到。自此以后，控制选择的概率抽样程序一直贯穿于住户或受访对象的调查中，被视为调查实践的"黄金标准"。

在随后的几十年中，美国的研究实践没有向概率抽样的户内访谈方向发展。从20世纪60年代末到90年代，对大众进行调查使用最广泛的方法是电话访谈。从家庭调查转向电话调查有两个主要原因。首要原因是电话抽样变得更具吸引力。拥有电话的美国人的比例从第二次世界大战前的不到一半增加到20世纪60年代的九成以上，遗漏没有电话的人造成的误差较少受到关注。

图1.1 民意调查员不是唯一在1948年美国总统大选中弄错的人

资料来源：Library of Congress, Prints & Photographs Division, NYWT&S Collection, LC-DIG-ppmsca-33570.

转向电话访问的第二个主要原因是挨家挨户调查的成本急剧上升。这种成本增加主要是因为有效接受访问的对象减少了。即使在晚上和周末进行访问，获得户外工作的美国女性比例迅速上升也使得在家中找人变得费时费力。挨家挨户访问会产生更大比例的调查员差旅支出，甚至会无功而返。而电话采访避免了差旅支出，大大降低了访问成本。

目前，美国的调查方法正经历其他的转变。由于受手机与固定电话的复杂关系、呼叫占线、来电显示、应答机和响应率下降等因素的影响，电话调查变得越来越困难。与此同时，家中能够访问互联网的人口比例一直在上升，网络调查的成本与其他调查形式相比也具有一定的优势。

因此，在线调查变得越来越普遍，尤其是对于经常上网的特殊人群。事实上，当《纽约时报》(*New York Times*) 首次报道完全依赖于在线调查的民意调查结果，并以声誉作为保证时，这是政治民意调查方法的一次标志性转变（Cillizza, 2014; Cohn, 2014）。研究人员则还在努力解决如何将智能手机和社交媒体等开发项目纳入调查方法的问题。这延续了早期发展的模式，即"统计理论不是变化的先驱（例如，转向电话数据收集）；相反，统计理论的发展是为了支撑现有的实践"(Brick, 2011)。

随着研究环境的变化，新的抽样问题也在不断显现。虽然具体问题随着时间的推移而发生变化，但《文摘》的惨败和杜鲁门/杜威选举产生的普遍抽样原则仍然存在：第一，抽样对象比抽样人数更重要；第二，最佳抽样程序是研究人员给予所有人被公平选择的权利，并在整个研究过程中始终进行控制。

1.3 抽样概念

鉴于这一历史背景，让我们正式开始界定抽样概念。首先，让我们定义样本（sample）。样本是较大总体的子集。总体（population）或全体（universe）是想要得出结论的元素集。样本涵盖所有人口，称为人口普查。

1.3.1 研究误差的来源

处理样本数据时，通常希望样本能够准确代表更广的人群。例如，如果您进行调查以支持朋友的学校董事会活动，并且您的数据显示64%的受访者希望学区更加重视阅读技能，那么您希望64%这一数字能够准确反映出总人口的态度。这里有以下三个可能会影响这一代表性的原因：

（1）非抽样误差（nonsampling error）。非抽样误差包括与受访者抽样无关的所有误差。非抽样误差通常包括与调查管理相关的调查员误差（interviewer error）、与给定答案准确性相关的应答误差（response error）以及与记录准确性相关的编码误差（coding error）。有关非抽样误差的具体来源以及如何控制每个来源的讨论，请参见约翰尼·布莱尔等的《调查设计》（第三版）（Blair, Czaja & Blair, 2013）一书。

（2）抽样误差（sampling error）。抽样误差也称为抽样方差（sampling variance），是指即使样本是通过公正程序获取的，但因为样本构成的随机变化，样本并不总是能反映总体的真实特征。例如，如果您将硬币翻转10次，然后再翻10次，再翻10次，依此类推，在每一轮的10次翻转中您不会都获得5个"头像"。任何给定样本中"头像"出现的概率将受到随机变化的影响。同样，如果您询问100个人，学区是否应该削减其他课程以更加重视阅读，那么持肯定看法人数的比例将受到样本构成随机变化的影响，另外一个100人的样本可能会产生不同的结果。

抽样误差的水平受到样本规模的控制。随着样本规模的扩大，样本可能的结果分布在真实总体数据基础上变异的可能性变得越来越小。换句话说，较大的样本不太可能会产生与总体特征不同的结果。我们将在第4章中对此进行扩展，并展示如何根据能够接受的抽样误差水平设置样本规模。

（3）样本偏差（sample bias）。样本偏差与样本成员因某种系统性的原因和更大的总体存在差异的可能性有关。例如，如果将有关学校董事会选举的调查访问仅限于学龄儿童的父母，那么结果可能无法反映整个选民的意见。同样，如果您的样本中包含大量不成比例的老年人，因为您没有回应年轻样本的需要，或者您的抽样程序仅能代表已婚人士，那么可能会有样本偏差。

样本偏差可以通过以下三种方式产生：

- 覆盖偏差（coverage bias）。如果总体中的一部分元素被不恰当地排除在样本外，或者无法通过研究中采用的数据收集方法获得，那么会出现覆盖偏差。将学校董事会选举的访问对象局限于学龄儿童父母的研究是覆盖偏差一个可能的例子（如果对此感兴趣的人群是更广泛的选民），就像将研究限于访问上网的人。

- 选择偏差（selection bias）。如果某些人群被选入样本的机会不成比例地高或低（如果抽样中单身人士进入样本的机会高于已婚人士），就会出现选择偏差。

- 无应答偏差（nonresponse bias）。即使样本抽样公正，但是如果拒访对象在不同群体中不成比例，也会出现无应答偏差（如果年轻人应答的可能性不高，因为他们在约定访谈时可能不方便）。

与抽样误差不同，样本偏差不受样本规模的影响。增加样本量无助于消除系统性偏差。事实上，如果将有限资源用于较大规模的样本，并因此使得后续无法通过回访来最大限度地减少无应答偏差，较大的样本反而会加剧偏差。相反，样本偏差可以通过在制定抽样框时定义相关群体、尝试扩大群体的覆盖面、选择能够公平代表整个群体的样本、从尽可能多的所选样本中获取数据等方面来进行控制。

对抽样不熟悉的人通常认为样本规模是抽样中需要考虑的最重要的因素。在展示研究结果时，您会被问到更多的问题是样本规模，而不是抽样程序。这种对样本大小的关注可能是因为，除了对抽样误差的影响之外规模是样本中最显而易见的方面。无论是什么原因，对样本规模的关注都是错位的。与样本规模相比，样本偏差通常对调查结果的准确性构成更大的威胁。如果没有从合适的人那里获得正确的信息，那么您获得的信息量或人数并不重要。

我们不能过度强调这一点。人们经常会问，"有效样本需要占总体百分比的多少"或"有效样本中需要多少观察对象",好像抽样中的关键问题是数量。或者人们会为规模大但有偏差的样本争辩说"偏差可能是小样本中的问题,但随着样本变得越来越大,它变得更可信"。这并非关键。记住《文摘》的惨败:关键问题不是多少,而是谁。

样本规模是有意义的,因为样本大小与(随机)抽样误差有关联。我们看到了它在2000年美国总统竞选的选举之夜的报道中的重要性,当时电视广播公司对报道民主党人阿尔·戈尔(Al Gore)在佛罗里达州战胜共和党人乔治·布什(George W. Bush)赢得关键性胜利的消息举棋不定,至少部分是因为他们的"退出民调"(exit poll)样本不够大到足以在微弱优势的竞选中提供有力证据。然而,虽然样本规模是有意义的,但是一个有经验的研究人员几乎总是喜欢更小、更具代表性的样本而不是更大、代表性更差的样本。

1.3.2 概率抽样与非概率抽样

样本通常有两类,即概率样本和非概率样本。概率样本(probability samples),也称为随机样本(random samples),它通过随机程序来为样本选择总体元素,每个总体元素进入样本的概率已知且不为零。非概率样本(nonprobability samples)不使用随机程序,相反,元素通常通过判断、配额或方便的方式来选择。

两种类型的样本通过不同的机制来控制选择偏差。概率样本依赖于随机性。这一观点认为,如果选择完全是随机的,那么大样本自然会包含一个具有代表性的总体横截面。相反,非概率样本依赖于某种形式的判断或假设。这一方法主张可以对样本进行判断性控制,以生成总体的代表性横截面,或者代表性横截面不需要进行可用性的估计。[①]

概率样本的类型

概率样本有三种类型。简单随机抽样(simple random sampling)是

---

① 在第7章讨论基于模型的抽样的时候,我们将回到这一主题。当我们在第9章讨论优质样本特质时,也会讨论这一主题。

概率抽样的基础形式。分层抽样（stratified sampling）和整群抽样（cluster sampling）是概率抽样的特殊形式，在某些情况下可以提高研究的成效。

在简单随机抽样中，总体成员是按照随机的原则直接抽取的（就像在帽子上抄写名字）。这种类型的样本中，所有总体中的成员进入样本的概率相同。我们将简单随机样本称为srs样本，将给每个总体成员相同选择概率的样本作为等概率选择方法（equal probability selection method，EPSEM）样本。简单随机抽样的一种变体是系统抽样（systematic sampling），在随机选择开始后，每 i 个成员抽取一个进入样本。我们将在第3章讨论如何收集简单随机样本和系统样本。

在分层抽样中，总体会被分成若干子群（subgroups），称为层级，再从每个子群分别收集样本。例如，从一所大学抽取学生样本时，我们可能会将研究生和本科生分开，并分别对每组进行抽样。如果需要，分层样本可以是等概率随机选择的，但通常采用分层抽样的原因是希望以不同的比例对不同的群体进行抽样。例如，大学的本科生比研究生多，但我们希望样本中包含相同数量的样本，以便于两组之间的比较。我们将在第5章讨论分层样本。

在整群抽样中，总体被划分为一些子群，称为集群（clusters），一个样本由若干个集群组成。整群抽样通常使用已经为其他目的定义的集群，例如学生的教室，或州或县等地理单位。在所选集群中抽取子样本是常见的，但集群中的元素也可以全部进入。例如，在组织一项国家教育进展评估时，我们可以抽取一些学校样本，然后在这些学校内选择教室，之后我们可以对选定教室中的所有学生进行评估。整群样本通常被设计为等概率选择方法样本，因为整群抽样不是为了以不同概率对子群进行抽样，而仅仅是出于方便或降低成本的考虑。例如，从选定地点的整个教室收集数据比从单个学生组成的全国样本中抽样的成本更低，介入性更小。我们将在第6章讨论整群样本。

计算抽样概率

界定概率抽样的一个特征是总体中的每个元素都有一个已知的不为零

第 1 章 抽样导论

的机会被选为样本。计算这些入选概率，要知道它们在不同的总体元素之间是否相等。如果不相等，要如何应对显得十分重要。这些概率的计算遵循一些简单的规则。

如果抽取样本的过程是随机的，那么在任何一次抽取中，每个总体元素都有 $1/N$ 的机会被抽中，其中 N 是总体规模或特定抽样中的总体元素数量。如果有 n 次这样的抽取，那么每个总体成员都有 n 个这样的机会，并且被抽中的总概率是 n/N。例如，如果我们从 52 张牌中随机抽取一张牌，那么选择任何给定牌如红桃 Q 的机会是 $1/52$。如果我们随机抽取 26 张牌，那么任何给定牌的选择机会是 $26/52$ 或 $1/2$。同样，如果我们从有 500 名学生的学校中随机抽取 1 名学生，那么任何一名学生被抽中的概率为 $1/500$。如果我们抽取 100 名学生，那么任何一名学生被抽中的概率是 $100/500$，或 $1/5$，或 0.20。[①]

被选中的概率也可以表示为采样率（sampling rate）。举个例子，比如我们要在 500 名学生中抽取 100 名，这意味着我们将会以 $1:5$ 的比率进行抽取。

正如我们的例子所示，如果知道样本规模和总体规模，我们可以用数值来计算入选概率和采样率。例如，如果样本规模设定为 100 且总体规模为 500，并且抽取是随机的，则抽中的概率为 n/N，等于 $100/500$，并且抽样比率等于 $1:5$。但是，即使我们缺少一部分信息，我们仍然可以用符号术语 (n/N) 或数字和符号的混合形式来定义抽样概率。例如，假设我们想要从 500 名男女学生中抽取 25 名女性样本，我们会忽略抽取到男学生，一直抽取女学生，直到我们抽取了 25 名女学生。此时，任何给定女学生被选中的概率是 $25/N_{female}$，其中 N_{female} 是学校中女学生的数量。我

---

① 此处，我们将假设抽样中无须更换样本，这也会贯穿在整本书中。在替换样本的抽样中，被选中的总体成员会在每次抽取后放回抽取池中，并且可能会被再次抽取。在没有替换样本的抽样中，总体成员只可能被选择一次。例如，如果我们在学生样本中抽取 33 号学生，然后再次抽取数字 33，则第二次选中会被忽略，因为这名学生已经在样本中了。社会科学中的几乎所有抽样是在没有替代的情况下完成的，这就是为什么我们会做出这样的假设。在计算抽样概率时，替换样本抽样会稍微复杂一些，因为总体成员被抽中的总概率是由第一次被抽中的概率、第二次被抽中的概率直到第 n 次被抽中的概率相加而成的。

们不知道确切数字并不能阻止我们表达抽样概率（请注意，我们可以根据抽样经验估算学校中的女学生人数——例如，我们如果抽取了 50 次就抽取了 25 名女学生，则可以推断出学校 500 名学生中有一半是女性——但这只是一个估计）。

有时，有必要补充样本，在这种情况下入选概率是累加的。比如说，我们抽取了一个 50 名学生的初始样本，其目标是获取 25 名女性，但样本中只有 20 名女性，因此我们要抽取额外的样本以增加 5 名女性样本。组合后的样本可以被视为一个整体——一个随机样本加一个随机样本是随机样本——总入选概率是 $(n_1+n_2)/N$，其中 n_1 是第一个样本的规模，n_2 是第二个样本的规模，N 是总体或抽样池的大小。在我们的例子中，抽中学校中任何一名女学生的概率是 $(20+5)/N_{female}$，即 $25/N_{female}$。

类似的，我们有时会删减样本，在这种情况下入选概率是相减的。例如，假设我们选取了一个 50 名学生的初始样本，目标是获得 25 名女性，但样本中有 30 名女性，因此我们随机剔除 5 个样本。得到的样本可以被视作一个整体——一个随机样本减去一个随机样本是随机样本——并且总入选概率是 $(n_1-n_2)/N$。在我们的例子中，抽中学校中任何一名女学生的概率是 $(30-5)/N_{female}$，即 $25/N_{female}$。

我们也可以从初始样本中划分出子群，或者分阶段抽取样本，在这种情况下抽样概率是相乘的，也就是说，在第一阶段抽样中被选中的概率乘以在第二阶段抽样中被选中的概率，并进一步乘以任何后续阶段中的抽样概率。例如，假设我们选取了 50 名学生的初始样本，目标是获得 25 名女性，但样本中有 30 名女性，因此我们从中选择 25 名学生进行保留。得到的样本可以被视作一个整体——随机样本的随机样本是随机样本——学校中任何一名女学生被选中的总概率是在第一阶段被选中的概率即 $30/N_{female}$ 乘以在第二阶段被选中（保留）的概率即 25/30，这导致总概率为 $25/N_{female}$。不出所料，这与我们剔除 5 个样本和保留 25 个样本的结果相同。

在所有这些例子中，抽样是遵循 EPSEM（总体中每个成员的入选概率相等）的，无论我们用何种方法得到 n，任何某一成员被抽取的概率都

是 n/N。应该强调的是，这些计算假设在整个过程中采用了某种形式的随机抽样。如果抽样的任一程序不是随机的，那么可能不是 EPSEM 样本。例如，假设我们抽取了 30 名女学生，但只需要 25 名，我们抽取能够联系的前 25 名，而不是随机剔除 5 个样本或者从中再次随机抽取 25 个样本。在这里，任何学生在第二阶段被保留的概率取决于她的可用性。我们无法确定这种可能性，但几乎可以肯定学生们入选的概率是不等的。对于具有较高可用性的学生来说，它会更高，因此在最终样本中人数比例会过高（或者换句话说，对于可用性较低的学生来说比例较低，因此代表性不足）。例如，如果我们计划在学校联系选定的学生，由于长期疾病、逃学、参加校外活动或其他原因，一些学生不太可能联系上，那么具有这些特征的学生将在最终的样本中代表性不足。

当样本通过两个或更多个阶段抽取时，即使整个抽样过程是随机的，但如果不同阶段的总体成员的入选概率不相等（或不平衡），那么也可能不是 EPSEM 样本。例如，我们想要从学校抽取一个 25 名女学生的样本，我们通过随机抽取 5 个教室（年级教室）来获取该样本，然后在每个选定的教室中抽取 5 名女性。在这个例子中，任何女学生被抽取的概率是她所在的教室在第一阶段被选中的概率 $5/N_{classrooms}$ 乘以她在所在教室被选中时她被抽取的概率 $5/N_{female(j)}$，其中 $N_{classrooms}$ 是教室的数量，$N_{female(j)}$ 是第 j 个教室中女生的数量。举例来说，如果学校有 24 个教室，某个教室有 11 名女学生，那么这个教室的每名女生都有 $(5/24)*(5/11)$ 的概率被抽取。如果另一个教室有 14 名女生，那么这个教室的每名女生都有 $(5/24)*(5/14)$ 的概率被抽取。如果不同教室的女生人数不同，那么这就不是 EPSEM 样本（但是，这种样本可能在实际使用中被视为"足够好"，只要各个教室中的女生数量非常相似，并且在女生数量更多或者更少的教室中不太可能存在任何偏差模式）。

此外，多阶段样本可以是 EPSEM 样本，即使总体成员在抽样的不同阶段具有不同的抽样概率，只要差异在各阶段之间保持平衡即可。让我们来看下面的案例学习。

案例学习1.1

一家报社以"旅行"为主题举办了一场比赛来扩大读者群。在比赛期间，每天的报纸都附有一份报名表，列出当天报纸上提到的地方。参赛者要填写表格，说明每个地方被提及的页面，然后将填好的表格（或副本）邮寄到报社。参赛人数没有限制，参赛者可以寄出任意数量的邮件，在每封邮件中也可以包含任意数量的表格副本。最高奖项是到热门目的地的昂贵旅行。这场比赛吸引了数千个参赛者报名。

获奖者通过如下方式进行选择：所有参赛者的信封都被扔到一个大箱子里打乱顺序，报社的一名工作人员从箱子里抽取100个信封。抽取的信封被打开，信封中的表格被倾倒在一个筐子里并打乱，工作人员为各种奖项抽取了报名表。

熟悉比赛的报社员工觉得这个抽样程序不公平。她向一位在律所工作的朋友抱怨，这名律师代表参加比赛的所有人提起了诉讼。投诉集中于这样一个事实，即报社没有打开每个装有报名表的信封。有人认为这对那些在信封中装有多个报名表的人来说是不公平的。

是否的确如此呢？为了说明这个问题，假设有两个参赛者，一个寄送了10个信封，每个信封中包含一个报名表，另一个参赛者在一个信封中寄送了10个报名表。对于第一个参赛者，在抽样的第一阶段被抽中信封的概率是 $(100*10)/N_{envelopes}$，其中100是抽中信封的数量，10是参赛者提交的信封数量，$N_{envelopes}$ 是比赛中收到的信封总数。也就是说，第一个参赛者每次抽样都有 $10/N_{envelopes}$ 的入选概率，并且会抽取100次。在参赛者提交的任何一个信封中，如果在第一阶段抽取了信封，那么在第二阶段抽取到报名表的概率为 $1/N_{entries}$，其中1是参赛者信封内的参赛作品数量，$N_{entries}$ 是所选信封中的报名表总数。不同阶段的概率相乘得到总概率为 $(100*10)/(N_{envelopes}*N_{entries})$。相比之下，对于第二个参赛者，如果在第一阶段抽取到信封，那么在抽样的第一阶段选择的概率是 $100*1/N_{envelopes}$，并且在第二阶段选择报名表的概率

是 $10/N_{entries}$。不同阶段的概率相乘得到总概率为 $(100*10)/(N_{envelopes}*N_{entries})$。因此,两位参赛者有相同的获奖机会(如果我们忽略了 $N_{entries}$ 在一定程度上受到参赛者信封中报名表影响的事实)。

从抽样的角度来看,这些计算表明只要在各个抽样阶段之间的差异能够平衡,即使在抽样的不同阶段入选的概率不一致,多阶段抽样样本也可能是 EPSEM 样本。本书后面在我们讨论多阶段整群抽样时,将讨论这一原则。从报社的角度来看,这些计算表明比赛是公平的。一旦对方意识到这一点,诉讼就会被撤回。

非概率样本的类型

如果无法确定抽样的概率,就进入了非概率抽样领域。非概率抽样可以表现为多种形式。一种形式是判断抽样(judgment sampling),研究者将抽样控制到元素层面,并积极利用对元素代表性的判断。判断抽样的一个例子是新产品的测试市场选择行为,其中要判断选择各个城市以代表更广泛的市场。判断抽样的逻辑是专家的判断和过去的经验可以确保样本的代表性。

另一种形式的非概率抽样是方便抽样(convenience sampling),这种抽样中研究者对容易获得的总体成员进行调查。您如果为了学分参加过一个研究项目,就曾是那个研究方便抽样的一个样本。这种类型的抽样包括志愿者样本(volunteer samples),例如回应电视新闻民意调查的人(这些民意调查请求观众发送短信来回答问题),以及在购物中心等地方获得的偶遇样本。方便抽样的一般逻辑是研究者将获取足以用于研究目的的样本。例如,研究人员可能会辩解说,人们的气味偏好非常相似,因此商场购物者的方便样本的质量与用于测试不同气味的家具抛光剂的其他所有样本一样好。

配额抽样(quota sampling)是非概率抽样的又一种形式。在配额抽样中,数据收集者在不同人群中收集给定配额的观测样本(例如,18~34 岁的男性、35~64 岁的男性、65 岁及以上的男性、18~34 岁的女性、35~64 岁的女性、65 岁及以上的女性),并被告知去完成这些配额。通常的选择机制是特定的——例如,访问员被告知在没有二次访问的情况下拨打所选定的电话号码或联系成功接受访问的第一个可用人员——但样本的最终构成取决于配额而非概率。

样本可以同时包含概率元素和非概率元素。比如说，我们在判断性地选择四所学校来测试为学生提供平板电脑的教学成效后，随机选择这些学校内的学生接收平板电脑。最终，这是一个非概率样本，因为它的判断成分使得无法完全计算出入选概率。

概率抽样和非概率抽样的比较

与非概率样本相比，概率样本具有几个优点。基于概率统计程序（例如置信区间和假设检验），概率样本能够被用来推论样本所在总体的情况。非概率样本则不能——尽管研究人员通常在不考虑差异的情况下应用统计方法，但非概率样本在技术上是"不可测量的"，因为样本估计的精确度无法由所抽取的样本确定。更令人担忧的是，从样本推论到总体缺乏客观依据。此外，非概率样本可能受到各种偏差的影响，但这些偏差不会影响概率样本。这些可能的偏差包括以下内容：

• 容易获得或自愿参与研究的受访者可能无法代表更广泛的总体。这是抽样中最大的问题之一。即使使用概率抽样，最常见的错误是寻找容易访问的对象，例如在您打电话时往往会在家的人。

• 人们可能会使用判断样本来推进工作进度。举例来说，我们遇到了一家软件公司，这家公司正在计划展开研究以确定市场销售额下降的某些原因。负责研究的营销主管想要将这一问题归咎于技术服务部门表现不佳，而不是市场不佳，所以他想选择某些客户来"证明"服务出了问题。以这种方式选择的样本比概率样本更容易出现偏差，因为概率决定了对元素的选择。

• 判断抽样还依赖于"专家"对从总体选择样本的认识。这种认识可能不准确或可能与当前研究目的无关。而且，还有可能会出现不同的专家对代表样本的构成不能达成一致意见。

• 非概率样本往往会偏向于总体中众所周知的成员。例如，您如果被要求选择10所代表性大学作为学生社交生活研究的地点，那么会选择哪10所大学？如果您像大多数人一样，您的选择就会是经常出现的大家熟悉的大学，例如主要的州立学校。

● 非概率样本也可能倾向于歧视总体中的"古怪"成员。例如，在选择代表性大学时，大多数人会排除宗教神学院，因为这类大学被认为不具代表性。这种排除造成的影响是低估了总体中的真实变异性。

出于以上原因，概率样本比非概率样本更不易于出现选择偏差。总体成员被随机选出时，除非样本入选概率不相等，否则没有理由认为选择样本出现了偏差，并且通常可以发现并调整这种概率不等的情况。

除了选择偏差，其他样本偏差来源还包括覆盖偏差和无应答偏差。在这些方面，概率样本相比非概率样本则没有内在优势，因为概率抽样和非概率抽样之间的区别仅在于选择元素的方式。然而，实际上概率样本在这些方面通常也会更好。

从本质上讲，这是一个过程问题。要获取一份规范的概率样本，您必须界定总体，并遵循一些抽样程序。例如，您如果想从学校抽取 50 名学生的样本，就可能会确定该学校有 500 名学生，并在 1 到 10 之间随机抽取一名学生后，每隔 10 名学生再抽一次。执行此类程序要做到以下三点：（a）界定学生总体人数；（b）估计学生规模；（c）采用一些手段确定通过哪种方式来选取对应的学生。一旦明确了这些事项，您可能会设计一个覆盖总体的程序，并意识到抽样材料或程序中覆盖范围的问题。此外，您的样本将为难以获得的调查对象提供公平的代表性，除非您努力从这些人那里收集数据，否则将无法报告良好的应答率。相反，这些问题在非概率抽样中可能不透明。非概率样本通常会比概率样本产生更高的应答率，这不是因为非概率样本真正较少暴露样本偏差，而是因为覆盖范围和无应答问题隐藏于选择程序之中，并且样本仅限于方便参与者。

鉴于所有这些要点，我们通常更倾向于概率样本。然而，非概率样本可以提供有用的信息，并广泛用于学术和商业研究，以及探索性或者试点研究。例如，社会科学中的"定性"研究人员经常使用非概率样本，因为他们的样本很小，他们希望通过判断而不是随机选择来控制样本的特征。我们将在本书后面的章节回到非概率样本使用这一主题，尤其是在第 7 章中关于模型辅助和基于模型的抽样的讨论以及在第 9 章中"什么是优质样本"的讨论。

1.4 优秀抽样指南

介绍了抽样的基本概念之后，我们现在转向这些概念在抽样中的实践。

如前所述，样本是较大总体的子群，总体或全体是我们想要得出结论的所有元素的集合。从某种意义上说，我们只对样本作为理解总体的工具感兴趣。这意味着我们通常希望样本能够精确地代表目标总体，或者换句话说，我们希望样本的结果能够推论（generalize）到目标总体。样本结果可能无法推论到总体的原因主要有三个：非抽样误差、（随机）抽样误差和样本偏差。反过来，样本偏差可能来自覆盖偏差、选择偏差或者无应答偏差。总的来说，这些要点对抽样实践的影响有以下几点：

首先，应努力减少覆盖偏差。应明确界定研究总体，从而评估抽样材料或程序中覆盖偏差的潜在可能。还应当优先考虑促进覆盖范围最大化的程序。例如，假设我们对仅占总体 5% 的人群感兴趣。对这样一个群体进行抽样的一种方法是筛选总体中的群体成员，这种方法为每个群体成员提供了被选择的机会，但由于该群体较为罕见，这种抽样方法成本较高。或者，我们可以从群体成员的专门清单中进行抽样，例如某个组织的成员。如果专门清单对整个群体的覆盖范围有限——几乎总是如此——则应优先筛选总体，即使这种抽样方式花费更大。较高的成本意味着在任何给定的研究预算下获得的观察结果较少，但具有较小覆盖偏差的较小样本可能通常优于具有更大潜在覆盖偏差的较大样本。

其次，应该努力使选择偏差最小化或对其进行调整。概率抽样程序通常优于非概率抽样，应明确考虑抽样程序是否为总体中的每个成员提供相同的入选概率。如果抽样程序不是 EPSEM，那么应使用加权来调整选择概率的差异。例如，如果抽样程序给已婚人士入选的机会比单身人士少一半，那么已婚人士在样本中的代表性就会不足，他们的数据应进行 2 倍加权，以调适这种代表性不足的情况（本书的很多章节都会讨论加权，尤其是第 7 章）。

再次，应努力降低无应答偏差。一旦抽取样本，就应该努力使参与最大化，并且应该优先考虑促进这一目标的程序。比如说，我们计划在学校董事会竞选中调查潜在选民，并且可以进行 20% 应答率的电话调查或 2% 应答率的在线调查。在这种情况下，通常会优先考虑电话调查，即使费用更高。较高的成本意味着对给定预算的研究中观测样本较少，但潜在无应答偏差较低的较小样本，通常优于潜在无应答偏差较高的较大样本。同样，指导原则是避免或最小化偏差。

最后，在无偏差的抽样程序范围内，应努力降低抽样误差。回想一下，抽样误差与某种差异存在关联，这种差异是由于样本构成随机变化造成的样本与总体之间可能存在的差异；而且，抽样误差水平与样本规模有关。在某些情况下，可以通过使用来自相同样本规模但含有更多信息的程序（这是分层抽样的目标）或相同预算下更大的样本（这是整群抽样的目标）来减少抽样误差。应酌情使用这类程序。

实际上，由于时间、资金或访问的限制，并不总是能够像人们想的那样获得良好的样本。例如，教育学专业的研究生可能只能在驾驶距离内且愿意提供支持的学校中进行研究。政治学专业的学生可能仅限于使用方便样本的网络调查，因为缺乏更高成本研究的资金。幸运的是，在大多数情况下，样本不一定要完美到非常适用，我们将在第 9 章中对此进行讨论。

无论您的资源受到怎样的限制，请记住您的研究的有用性和可信度至少在某种程度上取决于所研究的样本的质量。重要的是要了解问题，做出正确的决策，并能够评估样本质量。在这方面，本书很实用。我们已经介绍了用于评估样本的广泛因素——覆盖偏差、选择偏差、无应答偏差和抽样误差的水平，接下来我们将继续讲述实践中有关问题和程序的细节。

1.5 本章小结和本书概览

本章介绍了抽样涉及的基本概念。我们首先简要介绍了社会研究中抽样的历史,并描述了从不受控的抽样实践到受控的抽样实践的演变。我们引用了《文摘》在1936年总统大选中对罗斯福和兰登谁能当选进行民意调查的失败案例以及在1948年总统大选中对杜鲁门和杜威谁能当选进行民意调查的失败案例,这些案例使社会研究人员相信选择什么样的人比被选中人数的多少更为重要。更小但代表性更好的样本几乎总是优于更大但代表性更差的样本。

然后,我们介绍了研究误差的基本概念。我们描述了样本数据无法准确代表研究总体的三个可能原因:非抽样误差、抽样误差和样本偏差。非抽样误差包括与受访者抽样无关的所有误差来源,包括调查员误差、应答误差和编码误差。抽样误差或抽样方差指的是由于样本构成的随机变化,样本可能无法反映较大总体的情况。样本偏差是指样本成员以某种系统方式与较大总体出现不同的可能性。样本偏差有三种形式:覆盖偏差,如果样本中某些部分被排除在考虑之外,就会出现这种偏差;选择偏差,如果某些人群被给予不成比例(过高或过低)的入选概率,就会出现这种情况;无应答偏差,这种偏差出现在不同群体间不能成功应答的概率不成比例的时候。样本偏差是一个比抽样误差更严重的问题,因为样本偏差会导致较差的结果。同样,这强化了"是谁"比"多少"更重要的看法。

接下来,我们讨论了不同类型的样本。我们描述了三种概率抽样的一般类型——简单随机抽样、分层抽样和整群抽样——并讨论了如何计算抽样概率。我们还描述了不同类型的非概率样本,包括判断样本、方便样本(包括志愿者样本)和配额样本。我们指出了概率样本不太容易产生选择偏差和它优于非概率样本的原因。

第1章　抽样导论

在此背景之下，我们讨论了优秀抽样的如下准则。首先，应在抽取样本之前明确定义目标人群，并优先选择材料和程序，以尽量降低覆盖偏差的可能。其次，应使用概率抽样，并根据入选概率的任何差异调整分析数据。再次，要尽量减少无应答偏差，而不仅仅是为了参与者方便。最后，在偏差最小化的情况下，应考虑可以降低抽样误差水平的程序，例如分层抽样或整群抽样。

表1.1说明了与抽样相关的研究误差的可能来源以及降低这些误差的抽样实践。

表1.1　与抽样相关的研究误差的可能来源

来源	起因	应对方法
抽样误差（抽样方差）	样本构成的随机变化	更大的样本规模或有效的抽样设计
样本偏差		
覆盖偏差	部分总体成员未被包含在样本中	提前界定总体，使用扩大覆盖范围的材料和程序
选择偏差	部分总体成员进入样本的概率过高或过低	使用概率抽样，对结果根据差别化的入选概率进行加权
无应答偏差	部分样本成员没有应答	使用降低无应答率和可能对结果进行加权的程序，以调整组间应答率的差异

本书的其余部分将详细阐述优秀抽样的实践准则。第2章和第3章从头到尾论述了概率抽样程序的各个方面：（a）界定总体；（b）确定抽样框[①]；（c）抽取样本；（d）执行研究。总的来说，我们称之为"抽样过程"，如图1.2所示。通过抽样过程中的这些步骤，可以反过来控制覆盖偏差、选择偏差和无应答偏差。

在第4章到第6章中，我们从样本偏差问题转向抽样误差问题。这样，我们就从抽样程序转向样本设计。我们在第4章开始详细介绍抽样误差和样本规模之间的关系，并展示如何根据研究目标确定样本规模。在第5章和第6章中，我们讨论了如何使用分层抽样和整群抽样来减少抽样

---

① 抽样框是一种符号表示，用于标识总体成员以便抽取样本。例如，抽样框可以是总体清单，或者只是表示第一个成员、第二个成员等成员的一串数字。

如何抽样

```
• 界定总体
• 获取样本列表或抽样框
• 抽取样本
• 执行研究
```

图 1.2　抽样过程

误差。

在此基础上，第 7 章讨论了与样本估计总体特征有关的问题，包括非概率样本估计的理论基础。在第 8 章中，我们将讨论关于抽样的基本观点扩展到各种特殊情境，包括稀有人群抽样、访客抽样、抽样组织或机构、抽取影响力集团或精英群体、追踪小组抽样以及国际情境下的抽样、应用新技术的抽样计划。最后，在第 9 章中，鉴于我们的知识，我们将讨论如何评估样本。我们描述了应当在样本报告中提供的信息，让研究用户评估样本、讨论样本质量的问题，并以一些一般性建议来结尾。

练习和讨论题

在整本书中，我们将提供练习和讨论题，让您思考本书所涵盖的问题。您可以在 sagepub.com/blair 上在线找到关于数字练习的答案和对讨论问题的评论。

练习 1.1

一个大型教学区计划对学生家长进行调查，以衡量他们对各种问题的看法。调查将按照如下步骤进行：抽取包含 20 所小学、10 所初中和 5 所高中的随机样本；在选定的学校内随机抽取教室，每所小学 5 个教室，每所初中 10 个教室，每所高中 20 个教室；将一份自填问卷和信封放置在所选班级中每个学生的"家庭通信"文件夹中，家长被要求填写调查问卷，将其封在信封内，然后交给孩子带回学校。这是 EPSEM 抽样程序吗？任何特定学生被选中的概率是多少？

练习 1.2

某大学想要了解新生进入学院的过渡时期遇到的问题，以此设计和优先安排课程来吸引这些学生。该大学计划从报名参加面试的新生那里收集这些信息，参与的新生以此可换取心理学导论课的额外学分。您会如何根据潜在的覆盖偏差、选择偏差和无应答偏差来评估此样本？总的来说，这个样本是否符合研究目标？如果大学向新生的电子邮件地址发送请求，要求他们参与研究并在线收集信息，是否会更好？

第 2 章

界定总体与确定抽样框

第 1 章介绍了抽样过程的实施步骤：（a）界定总体；（b）获取样本所在的可能总体的抽样框（或列表）；（c）抽取样本；（d）执行研究。样本的覆盖偏差、选择偏差和无应答偏差取决于这些实施步骤的执行情况。

本章解决的是抽样程序中的前两个步骤：界定总体和确定抽样框。在本章中，您将会学到以下内容：

- 在实际操作中如何界定目标人群。
- 总体抽样框（或列表）的可能来源。
- 抽样框（或列表）可能的诸多问题。
- 如何解决这些问题。

2.1 界定总体

抽样程序中的第一个步骤是界定总体。样本可定义为较大总体的子

第 2 章 界定总体与确定抽样框

集。总体或全体是想要得出结论的元素集合。

在选取样本之前,对想要研究的总体有一个清晰的了解很有必要。对总体缺乏仔细的考虑通常会导致样本尽管便捷但是不能满足要求。如下面这个例子:

案例学习 2.1

市场研究领域一个常见的错误做法是利用现有客户的信息来判断市场形势。使用这些客户的信息是因为他们的数据很容易获得,但购买产品的人代表不了不购买产品的人的观点。

举例来说,一家连锁养老院通过访问在它旗下一所养老院注册的每个患者来调查其公众形象。这些受访者被问及他们听说这所养老院的渠道,以及他们在各方面对养老院的评价。每个月的访问结果被制成表格,并呈现为"形象报告"。该报告显示,在媒体大量报告养老院护理不善的 6 个月内,该连锁养老院的形象较为稳定,但养老院的入住率急剧下降。

当然,问题在于这家连锁养老院感兴趣的是所有潜在(potential)客户或者说大众眼中的公共形象,但研究总体却是实际(actual)客户。因为听到这些负面报道的人不会选择这家公司的养老院,调查无法获取公司形象的问题。

如果这个例子看起来有些极端,那么请记住《文摘》惨败的案例本质上是研究了方便总体(出现在邮件列表上的高收入人群)而不是正确总体(所有可能的选民)。提前界定总体可以避免这些问题。

要为抽样目的界定总体,必须回答以下两个问题:
- 什么是总体的单位?
- 什么是总体的边界?

2.1.1 界定总体单位

界定总体的第一步是界定总体的单位。总体是个人、家庭、组织、商业机构、行为事件或者其他？

所有特定研究项目总体单位的界定都取决于主题的性质和研究的目的。例如，您如果正在研究投票意愿，那么可能会调查个人，因为投票是由个人完成的。对于购房意愿的研究，您可能要研究家庭，因为购房是家庭的购买行为。但是，如果您研究的是购买行为而不是购买意愿，那么总体可能要包括购买交易记录。

认识到数据来源无须与总体单位相同很重要。个人可以代表家庭、公司或销售额提供信息。采用代理信息提供者并不会改变对总体的界定。来看下面这个例子：

> **案例学习 2.2**
>
> 一位在某大城市从事公司派对组织业务的企业家正在考虑一项新的酒店服务，如下所述。当一个企业即将接待来自外地的访客如潜在的员工或他们的配偶时，可以致电给这位企业家的公司安排向访客提供观光旅游或其他娱乐项目。这位企业家相信，她的公司能够提供比企业自身更好的服务。但是，她不知道商务人士是否愿意购买这项服务，而不是为了省钱或因为访客的个人兴趣而由自己来提供服务。
>
> 为了检验这个想法，这位企业家对过去两年中接受过她的派对组织服务的所有75家公司进行了邮件调查。企业家向每家公司发送2份问卷，一份发给人力资源经理（HR），另一份发给首席执行官（CEO）。调查的整体应答率为62%。在应答的人中，46%的人表示他们的公司对这项服务感兴趣。
>
> 如果目标总体由个体受访者组成，那么46%的数字将是有意义的。但是，这项服务的客户是公司，而不是个人。因此，必须通过某种方式

> 来转译调查数据，以表达公司层面对这项服务的兴趣。例如，只有当公司的人力资源经理和首席执行官都表现出兴趣时，公司才会被视为对这项服务有兴趣，理论上来说购买这项服务需要这两类人的兴趣。
>
> 这是一个更大的问题：假设这些公司在规模上存在很大差异，75家公司中有七家占潜在利润的60%左右。在这种情况下，如果感兴趣的公司包括这七家客户，那么这项服务的推出看起来很有希望，无论其他公司的意见如何。如果感兴趣的公司不包括七家客户，那么该服务注定失败。为了反映这种情况，应对数据进行加权以反映每家公司的利润潜力。潜在利润是其他公司10倍的公司应该获得10倍的权重。
>
> 当您考虑它时，本研究中所需的分析单位是销售额（sales dollars），而不是人，甚至不是公司。但是，销售额（和公司）不能表达观点，只有人可以说话，所以数据是从个人那里收集的。但重要的是要记住，这些人代表利润的实际单位发言，在结果中必须受到同等对待。

在一些研究中，特别是用于多种目的的大型社会调查中，可能存在多个目标总体单位。例如，美国国家犯罪受害者调查（the U. S. National Crime Victimization Survey）对受犯罪影响的家庭的特征和可能受害的个人的经历都很感兴趣。只要一个单位嵌套在另一个单位中，例如家庭中的个人、公司中的职员、购物者的支出额等，就可以在一个研究中容纳多个总体单位。这种情况与刚才给出的情况类似。在案例学习2.2中，选择一个总体单位作为研究设计的基础，最初的单位是公司，每个公司选择两个人进行报告，并使用加权来考量对其他总体单位的表达。

2.1.2 确定总体边界

界定总体单位后，下一步就是确定总体边界。总体边界（population boundaries）是用来区分与研究有关的人和与研究无关的人的。举例来说，在一项对学校董事会选举候选人偏好的研究中，您可能只对可能在选举中投票的人感兴趣。

总体边界可能通过人口特征（例如18岁或以上的人）、地理位置（居住在学区）、行为（在上次选举中投过票）、意图（打算在下次选举中投票）或与研究相关的任何其他特征来定义。

确定总体边界中操作化特征的需要

设置总体边界的关键是要在特定的操作术语中陈述它们，以便每个人都可以分辨出应该调查和不应该调查的对象。

"芝加哥地区的成年人"并不是一个明确的定义，因为它没有告诉访问人员他们是否应该从印第安纳州哈蒙德的一名18岁的年轻人那里收集数据。"啤酒饮用者"的定义同样不明确，因为它并没有告诉访问人员他们是否应该访问一生只喝过一次啤酒的人。定义总体边界的测量操作化层面必须清晰而且明确。对总体边界的适当定义采取的形式包括"主要居住地在伊利诺伊州库克县的年满18岁的成年人"或"在过去3个月内至少喝过一次啤酒的人"，又或"居住在橡树溪学区内、已经登记投票，并表示他们'肯定'或'可能'将在即将举行的选举中投票的年满18岁的成年人"。这些边界可以转化为毫不含糊的筛选条件，将总体成员与非总体成员区分开来。

> **案例学习2.3**
>
> 有时在概念上很容易定义总体，但在操作化层面上难以付诸实践。例如，在案例学习2.1中，我们说目标人群是连锁养老院的"所有潜在客户"。这个定义在概念上易于理解，但难以操作。我们应该根据年龄来界定总体吗？还是地理位置（例如，靠近其中一家连锁养老院）？赡养义务？最近消费过？有购买意向？
>
> 这是一个可能的界定："他们主要居住地的电话区号是713、281、832或409，在过去12个月内将亲属安置在养老院的年满18岁的成年人。"

第 2 章 界定总体与确定抽样框

> 还有另一个界定:"年满18岁的人;他们主要居住地的电话区号是713、281、832或409;有一个亲属可能在未来12个月内进入养老院;并且是选择这家养老院的主要责任人。"
>
> 第一个界定的逻辑是:(1)已经通过决策过程的人最有可能在调查中形成感兴趣的意见;(2)过去的行为比意图更为稳定。第二个界定的逻辑是最终目标群体是在不久的将来做出这一决定的人。两个界定都没有包括实际进入养老院的人(基本上假设决定是由他人做出的)。这两个界定都不包括来自该地区以外但可能有一位老年亲属(或将被安置在该地区内)的人。这两个界定都包括在该地区内可能有一个亲戚(或将被安置在其他地方)的人。
>
> 这两个界定孰优孰劣?还有更好的界定吗?我们在回答这些问题之前,必须解决以下问题:谁做出选择养老院的决定?自己还是家人做出决定是否会使回答有所不同?入住前距离做决定的时间有多久?入住养老院之前多久开始收集信息?"异地安置"的养老是否足够少到可以忽略?一旦我们解决了这些问题,就可以转化为操作化标准,但这并不简单。

确定总体边界的其他问题

除了要注意明确性之外,总体边界通常着眼于研究的成本效益。这可能与我们的养老院案例相关,例如我们可能会将研究限制在某些电话区域代码中,这些代码提供了大多数人的关键信息,即使已经认识到该区域以外的某些客户被这个界定遗漏了。通过这种方式我们做出了一个隐含的假设,即排除某些总体成员所造成的潜在覆盖偏差的严重程度不足以使研究增加获得这些观察结果的额外成本。

总体边界也将隐含地反映一些方法上的限制。例如,如果您进行固定电话调查,您的操作化总体仅限于有固定电话的人,不管是否在总体界定中说明了这一事实。如果您没有外语访问人员,在美国的操作化总体仅限于说英语的人。如果开展邮件调查,则您的操作化总体仅限于可以读写的人员。此外，许多研究在操作上仅限于住在家中的成年人。①②

如果总体成员的分类取决于他们自己的报告（而非记录中的信息），那么操作化总体边界也可能受到总体成员报告资格条件或行为的意愿或能力的限制。如果符合资格的条件具有社会敏感性〔例如，成为同性恋者、使用违禁药品、受到犯罪侵犯、人类免疫缺陷病毒（HIV）阳性，甚至是收到交通罚单、与未婚伴侣同居，或拥有一定的收入等条件〕，那么自我报告的意愿就可能成问题。如果某些条件未被自己察觉到或含糊不清，那么自我报告的能力也可能会成问题。例如，艾滋病病患者可能不知道他们体内艾滋病病毒呈阳性，参与过拳击的人可能不知道从技术上讲他的一次挥拳是一次犯罪攻击。

受到各种因素的影响，概念上的目标总体与实际上的操作化总体之间几乎总有一些不匹配。通常容易犯的错误是真正总体的覆盖范围不够大。这是评估样本质量时要考虑的一个因素。

2.2 确定抽样框

在界定总体之后，必须在开始抽样之前获取总体框架。框架（frame）是标识总体成员以便于抽取样本的列表或系统。一项研究可以使用多个框架，例如在美国我们可能会使用人口普查数据来选择将要进行研究的地

---

① 许多研究仅限于成年人，以避免向未成年人收集数据相关的法律或程序上的问题。此外，仅限于成年人可能是基于对更年轻的受访者无法提供可靠信息的担忧，虽然我们的经验是年仅6岁的儿童就可以成为他们自己行为的可靠受访者。例如，在一项旨在调查纽约市学童对2001年9月11日世界贸易中心遭遇袭击的心理反应的研究中，研究人员将这项调查限制在4年级至12年级的学生"主要是为了节省时间和金钱"，但也是因为研究人员担心用这些方法"评估对年幼儿童的影响会更加困难"（Goodnough, 2002: A1）。

② 仅调查家庭便将居住在集体宿舍的人排除在外。集体宿舍是人们在集体生活环境中居住或休息的非家庭场所，包括大学宿舍、兄弟会或姐妹会、部队宿舍、监狱、养老院、旅馆、修道院和无家可归者收容所等场所。大约有3.5%的美国成年人住在集体宿舍，但18岁至24岁的成年人（很多人在大学期间）和85岁及以上老年人（许多在养老院）的比例分别约为10%和15%（U.S. Census Bureau, 2012: Table 73）。

方,并使用本地名录来选择这些地方的人。

列表通常是优先选择的框架类型。使用列出总体的计算机化文件或打印好的名录,可以很容易地抽取成员。例如,在大多数大学中可以从学生名录中选择姓名来轻松获得学生样本。但是,列表并不总是可以获得的。例如,您如果想访问某一网站的访客,了解他们的某些信息并在网站上获得他们的意见,就通常不会有一个可供抽样的列表。在这些情况下,必须使用某种计数系统来跟踪总体成员并识别选择(例如,每四个访客)。

我们将通过讨论列表的使用开始我们对抽样框的讨论,然后扩大讨论范围以涵盖其他类型的框架。

2.2.1 获得抽样列表

获取列表是使用列表进行抽样的第一个也是最困难的步骤。应尽可能使用现成的列表,因为它们比定制的列表要省钱。例如,如果您希望对当地居民进行邮件调查以测量人们对您朋友的学校董事会竞选的态度,获取总体列表的一种方法是派人挨家挨户地记录每所房屋产权人的地址。第二种方法是可能的话使用美国邮政服务公司(U. S. Postal Service,USPS)主地址文件。显然,使用现成的列表作为抽样框要可行得多,也更便宜。

事实上,列表或任何其他框架的实用性会对用于调查的数据收集方法产生很大影响。例如,对特定网站访客的调查通常会在网络上通过向选定的网站访客提供弹框邀请来进行,因为通过访问网站来识别总体要比通过拨打电话来询问他们是否访问过这一网站更有效率。即使有必要的原因亲自或通过电话进行调查,我们可能也要先通过在线询问的方式来请求受访者提供必要的联络信息。此外,涉及互联网使用习惯的调查通过电话开展可能更好,因为并没有有效的方法来识别网络上每个站点的访客,而且通过电话询问他们是否使用互联网来识别总体成员要相对容易。

我们有时使用术语"特殊总体"(special population)来指代有可用框架的群组。特定网站的访客是特殊总体的一个例子,参观公园或动物园等空间位置的访客也是如此。其他例子包括某个学院的学生（在学院学生名录中）、协会成员（通过会员名单确定）、医院或诊所的住院或门诊的病人（通过病历记录确定）、学校或学区（通过州教育机构记录）、上一次选举中的选民（通过选民名单确定），以及许多企业或机构（通过名录确定）。可以通过框架中任何可用的信息对这些总体成员进行抽样和展开联络。例如，我们如果有电话号码但没有邮政地址或电子邮箱，那么可能会进行电话调查，或至少从电话联络开始。

对"一般总体"[①]的调查通常通过电话或邮件进行，因为这样可以获得具有良好人口覆盖率的抽样框。对于电话调查，调查抽样国际（Survey Sampling International）等公司拥有固定电话和手机号码的记录列表，并且可以通过在抽样过程中加入随机数字来扩大样本的覆盖范围（如本章后面所述）。这些公司将在全国范围内或在特定区域内以合理的费用随机抽取电话号码，这是目前电话抽样最常见的方式。在美国范围内，通过电话有可能覆盖超过 95% 的人（尽管涉及固定电话和移动电话相关的重要问题，正如我们将在稍后讨论的那样）。

对于邮件调查，美国邮政服务公司拥有一个主地址文件，可以获取此文件列表来实现抽样目标。原则上，这份列表覆盖了所有住户以及所有其他的邮寄地点，如大学宿舍、住宿酒店等。

涉及一般总体的网络调查面临两个覆盖问题。第一个问题是，目前只有 75% 的美国人使用互联网（U. S. Census Bureau, 2012），并且某些人口子群的覆盖问题更为复杂。非裔美国人使用互联网的比例下降到 68%，西班牙裔美国人下降到 62%，而没有接受高中教育的人群这一比例下降到 34%。

图 2.1 显示，虽然互联网使用在所有年龄队列中都有所增长，而且在年轻的美国人中几乎非常普遍，但对年龄较大的人群而言并非如此。

---

① 这包括没有可用的特殊框架的总体子群，如男性、女性、年轻人、老年人、非裔美国人、白人、高收入人群、低收入人群等人口群组。电子邮件和邮政邮件列表会提供此类信息，但尽管邮件列表对直接营销机构有用，一般来说它们的覆盖范围并不大。通常，要获得总体子群的高质量样本，必须从一般总体框架入手，然后筛选到目标群体。

第 2 章　界定总体与确定抽样框

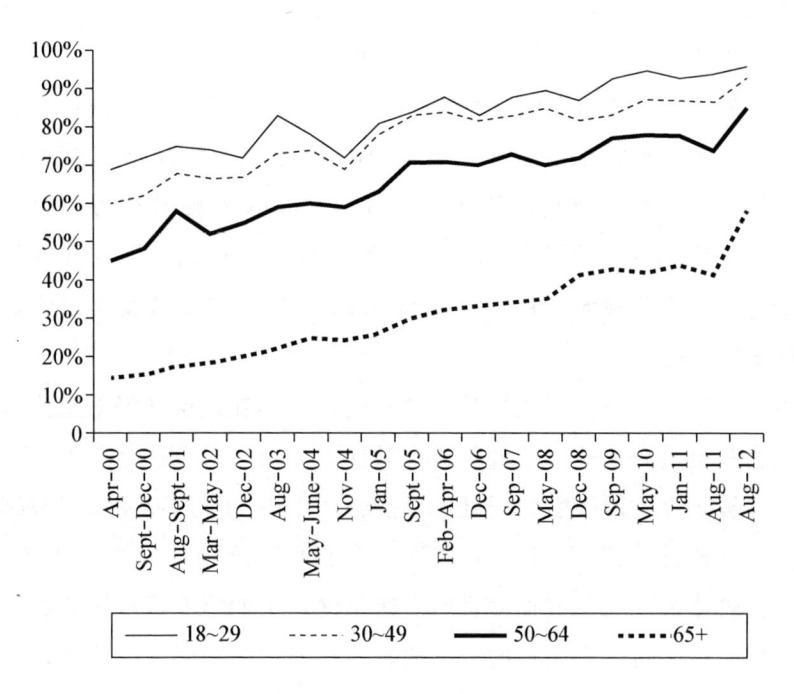

图 2.1　不同年龄群体的互联网使用差异

资料来源："Internet Use Over Time" Pew Research Center, Washington, D. C. (Published May 2013) http://www.pewinternet.org/datatrend/internet-use/internet-use-over-time/, Accessed on 9/23/14.

对一般总体在线调查的第二个也是更严重的覆盖问题是没有电子邮件地址一样的目录。因此，对普通人群的网络调查必须依赖更有限的抽样框。

其中一个选择是由舆观网（YouGov）等多家公司提供的选择性小组（opt-in panels）。这些小组由同意在线完成调查问卷以换取奖励的人组成。小组成员通过网站上的横幅广告、电子邮件、直接邮寄或其他小组成员的口口相传来招募（Baker et al., 2010）。从这些小组中抽取的样本通常受到地理和人口统计配额的限制。也就是说，选择性小组在地理学和人口统计学变量上的分布将被设计为与美国人口普查相匹配，但这与通常从一般总体中随机抽取样本的情况不同。这些小组可能有数以百万计的成员，但这只占总人口的一小部分，因此虽然这些小组的用户认为它们在实际目的上令人满意，但在理论上潜在的覆盖偏差很大。一个有趣的选择是由捷孚凯（GfK Research）运作的知识小组（KnowledgePanel，前身为知识网络，即 Knowledge Network）。该小组招募的前提是美国人口的随机样本，并提供奖励以换取成员参与网络调查。

亚马逊公司（Amazon）的 Mechanical Turk（MTurk）是预算有限的研究人员一个较经济的选择。只要支付小额费用，MTurk 就有大量群组的人参与调查、实验或其他任务。然而，MTurk 不能被视为一般总体的横截面，MTurk 研究不允许对这些小组进行样本控制，而且其参与者是选择研究，而不是被研究选择，因此 MTurk 样本更多地暴露出覆盖偏差和选择偏差问题。

网络调查的第三种可能性是通过社交媒体和在线论坛等渠道招募受访者。从这些渠道获取的参与者可能在某些方面与一般总体有所不同，并且在受访者被研究主题吸引的程度上可能会产生进一步的偏差（与被酬劳激励而加入选择性小组或 MTurk 的受访者相反，这与研究主题无关）。但是，社交媒体可能对达成抽样目的有所帮助，正如第 8 章所述的那样。

总体而言，对一般人群的网络调查面临严重的抽样框的限制，因而不得不被视为某种形式的非概率抽样。这意味着从这些研究数据中得出的估算值必须依赖于一些形式的模型，我们将在第 7 章中对此进行讨论。

但是，网络调查中获得的样本也可能与考虑的替代方案一样甚至更好。例如，研究中使用 MTurk 获取的样本至少与大学生样本一样可能被认可。此外，网络调查完全适用于在线寻找特殊人群，例如某网站的访客以及拥有电子邮件地址列表的特殊人群。最后，在线样本可能足以满足研究目的。我们将在第 9 章中讨论"什么是优质样本"问题。

2.2.2 抽样列表的问题

获得列表后，必须对列表中的问题进行处理。理想情况下，列表将有且仅有一次涵括每个成员（即列表与总体之间将存在一一对应的关系）。很少有列表符合这一标准，然而抽样程序必须弥补列表的不足。

首先要指出的是，几乎所有可能用于抽样的列表都是由于某些其他特定目的而建立的，例如组织成员清单、专业技术人员（如医生）名录，或者用于向人们提供商业服务，例如列出的电话号码。当我们意识到这一点时，为什么列表的某些特征或列表中的变化可能与抽样有关就变得很清楚了：产生或改变这些列表成员资格的过程不是随机发生的，而是与建立列表的目的相关。例如，如果我们想要包含不同类型医生特征的列表，但列表正在不断添加（新近获得许可的医生），或者列出但不应该在列（已去世），那么很明显从该列表中选择的样本可能与感兴趣的目标医生群体存在差异，而且这些差异可能与我们计划收集信息的调查变量有关。

列表和总体元素有以下四种可能会造成偏离——对应的关系：

- 第一，总体成员可能不在列表中。这被称为遗漏（omission），因为列表中遗漏了总体元素。

- 第二，非总体成员可能在列表中。这被称为无效（ineligibility），因为列出的元素不是总体成员，所以没有资格进入样本。

- 第三，有两个或更多列表对应于给定的总体成员。这被称为重复（duplication），因为总体成员在列表中有重复。

- 第四，有两个或更多总体成员对应于给定的列表。这称为聚合（clustering），因为列出的成员指向总体元素中的某一群组。

通过将电话簿（即固定电话列表）视为成年调查对象列表，可以用以说明抽样列表的四个问题及其影响，如下所述。

- 电话簿遗漏了最近搬到城镇、没有在电话簿中列出电话号码的人，以及那些没有固定电话或者只有手机但不包含在电话簿中的人。因此，从电话簿中抽取的任何样本都会忽略这些人。这将产生一个不足以代表以下群体的样本，例如新移民、号码未列出的教师、没有手机的穷人，以及没有固定电话的年轻人。更一般地说，由于总体覆盖不足，它将产生潜在的覆盖偏差。

- 许多电话簿适用于企业样本，但并不适用于家庭或个人样本。此外，如果我们对可能在即将举行的选举中投票的人群感兴趣，电话簿列表中将包含许多未登记或不可能投票的人，因此不符合调查的目的。如果调查中包含这些无效的样本，那么可能会导致结果偏差，即因覆盖范围过大而产生偏差。

- 像医生或者律师等一些自雇职业的人可能会有两个或两个以上的列表，而且没有明确迹象表明其中任何一个是官方列表，因此导致列表无效。如果没有对这些重复样本进行处理，那么样本中将包含不成比例的大量专业人员。之所以如此可能是因为这样的事实：样本是从列表中提取的，而不是直接从总体中提取的。如果专业人士占总体的5%，但占固定电话列表的10%，那么从名单中随机抽出的将是10%的专业人士。这是一种选择偏差。

- 大多数家庭只有一部固定电话，无论有多少成年人住在家里。由两个成年人组成的家庭中的人只有一半的概率被选中。这是因为聚合的总体成员（例如已婚夫妇）共享一部固定电话，所以只有一个选择机会，而单身成年人则没有这个问题。换句话说，如果单身成年人占总体的5%但占电话列表的10%，那么10%的样本将是单身的成年人。如果没有应对抽样列表中的聚合现象，那么来自电话簿的样本将过多地代表单身成年人，其中许多人相对来不是年轻就是年老。同样，这是一种选择偏差。

幸运的是，即使在大多数研究中抽样框问题不可避免，但是也有处理它们的方法。如表2.1所示，我们将在下面对此进行讨论。

表2.1 抽样框问题概览

列表问题	图示	后果	可能的应对策略
遗漏（总体元素被遗漏）	P—	遗漏总体元素可能会产生覆盖偏差	• 忽略遗漏 • 扩充列表 • 替换列表
无效（列表元素不在总体中）	—L	覆盖非总体元素可能会产生覆盖偏差	• 删除无效元素并调整样本量
重复（总体元素对应多个列表）	P〈L L	过高比例的重复元素可能产生选择偏差	• 列表交叉检查 • 重复元素二次抽样 • 数据加权
聚合（列表对应多个总体元素）	P〉L P	代表性不足的聚合元素可能产生选择偏差	• 获取整个集群 • 对聚合元素进行二次抽样 • 数据加权
理想型（总体和列表元素一一对应）	P—L		

注：P代表总体元素，L代表相应的列表。

2.2.3 遗漏问题的应对

处理遗漏问题最常见的方法是忽略它们并希望由此产生的偏差不严重——或者试图修复它们①。如果列表包含超过 90% 的总体，并且没有遗漏重要的子群，那么这种方法通常是有意义的。然而，在假设遗漏不是随机发生或遗漏元素可能具有一些共同特征的情况下，随着列表覆盖率的下降，弥补列表缺陷变得越来越有必要。因此，随着列表遗漏的增加，将偏差引入选择样本中的可能性也随之增加，甚至在抽样时也可能不知道确切原因。

下面，我们将讨论应对遗漏问题的各种方法。当然，对列表覆盖率的评估需要对总体规模进行可靠的外部估计。这种类型的估计通常是根据美国人口普查报告进行的，但有时需要通过测试研究找到目标总体的成员，并确定列出他们的占比。具体来说，讨论应对遗漏问题的方法有以下几种：

随机数字拨号

很多住宅的固定电话号码没有被列出，特别是在大城市和某些类型的人群中。为了避免电话调查中出现覆盖偏差，研究人员使用随机数字拨号（random-digit dialing，RDD）来获取未列出和已列出的号码。随机数字拨号是在工作电话交换机中拨打随机数字，以便可以包括未列出的电话号码。②

首次使用随机数字拨号的研究人员通常会问："未列入号码清单的人不会对通话感到不安并拒绝参加吗？"实际上，未列出号码的人的合作率大致与已列出号码的人一样高。对在美国请勿呼叫列表（the U.S. Do Not Call）上注册的人员也是如此。大多数人没有为了避免访问而去获取不公开号码或注册请勿呼叫服务，他们并不介意是否因此而被拨打电话。一些

---

① 除了纯粹的遗漏之外，列表中可能出现的不完整或不正确的信息会转化为遗漏项，从而导致某些列表无法使用。例如，列表中可能包含过时的地址、没有电话号码的街道地址或没有电子邮件地址的名字。如果问题没有严重到使列表无效，我们将继续抽取样本。对于缺少所需联系信息的那些元素，我们可以使用谷歌搜索、社交媒体、电话或其他任何可能的方式来获得他们的信息。

② 这里重点介绍住宅中固定电话的抽样程序。手机的将在下一部分讨论。

受访者会询问访问人员是如何获得这个号码的，所以应该让访问人员对抽样程序进行描述，以便向有疑问的人进行解释，这在任何调查中都是很好的做法。

随机数字拨号的问题在于，它虽然能够找到未列出的电话号码，但可能成本很高，因为会拨到大量的企业号码和无效号码。可以使用几个程序来降低随机数字拨号获得无效号码的概率。米托夫斯基和瓦克斯伯格（Waksberg, 1978）发明了从工作电话交换机中随机选择号码的筛选呼叫方法。如果第一次拨打的电话号码是有效号码，那么再对该号码所在序列内的100个号码随机进行额外呼叫，直到获得预定数量的家庭（通常为3个到5个）。例如，假设拨打的号码217-555-1234是一个有效的家庭号码，那么再随机拨打217-555-1200和1299之间的数字，直到获得所需的家庭数。如果初始编号不是有效号码，则不会拨打序列内的其他编号。这个程序通过快速淘汰无效号码序列来降低成本。米托夫斯基-瓦克斯伯格（Mitofsky-Waksberg）程序通常会产生约50%的有效家庭号码。

米托夫斯基-瓦克斯伯格程序的缺点是实施起来很麻烦。在电话序列中找到有效的家庭电话号码后，将从同一序列寻找一些额外的家庭。比如说为了方便假设还有3个额外的家庭。所以在序列里面抽出3个随机数拨打。但并非所有3个号码都是有效的家庭号码，所以不得不更换无效号码。您将继续重复这一过程，直到获得所需的有效号码数。这个过程可能非常耗时，并在数据收集和抽样之间反复转换。

一种更简单和更常见的随机数字拨号形式是列表辅助抽样（list-assisted sampling）。调查抽样国际等公司拥有一份按数字顺序排列的美国所有公开的电话号码清单。这些公司还编制了一份商业电话号码列表，可以通过匹配这两个列表来排除已知的企业号码。最终获得的列表用于识别已知具有至少一个有效家庭号码的电话序列，并排除没有列出家庭号码的电话序列，然后从保留的序列中抽取随机电话号码样本。样本可以从保留的号码序列中完全随机抽取，也可以按照每个号码序列中列出数量的比例进行分配。

表2.2显示了列表辅助抽样的工作原理。假设有4个电话序列，每个

序列都有100个可能的号码。在序列A的100个可能的数字中，80个是有效的家庭电话，其中60个列出，20个未列出；在序列B中，60个是有效家庭电话，其中40个列出，20个未列出；在序列C中，4个是有效且不公开的家庭号码，4个未列出；而在序列D中，全部为无效号码。在四个序列中，400个可能的号码中有144个（36%）是有效家庭号码，其中100个列出（144个有效家庭号码中的69.4%）和44个未列出（30.6%的有效家庭号码）。现在，假设我们从这些电话序列中抽取100个号码样本。以下是我们使用了各种方法的结果：

- 我们如果使用简单随机数字拨号而没有列表辅助，则只需在4个序列中抽取100个随机数，预计每个序列各抽取25个号码。由于序列A中80%的号码与有效家庭号码相对应（60%列出，20%未列出），我们预计25个抽取号码中有20个是有效工作的（15个列出，5个未列出）。同样，序列B的25个抽取号码应该产生15个有效家庭号码（10个列出，5个未列出）。序列C的25个抽取号码应该产生1个有效家庭号码（未列出）。而序列D中的25个抽取号码不会产生有效家庭号码。总的来说，我们将获得36个有效家庭号码（占100个号码的36%），其中25个公开（占有效家庭号码的69.4%）、11个不公开（占有效家庭号码的30.6%）。换句

表2.2　列表辅助随机数字拨号的工作原理

		序列A	序列B	序列C	序列D	总计
总体	序列中的号码 有效家庭号码 列出/未列出	100 80 60/20	100 60 40/20	100 4 0/4	100 0 0/0	400 144 100/44
简单随机数字拨号样本	抽取号码数 有效家庭号码 列出/未列出	25 20 15/5	25 15 10/5	25 1 0/1	25 0 0/0	100 36 25/11
简单列表辅助随机数字拨号	抽取号码数 有效家庭号码 列出/未列出	50 40 30/10	50 30 20/10	0	0	100 70 50/20
按比例列表辅助随机数字拨号	抽取号码数 有效家庭号码 列出/未列出	60 48 36/12	40 24 16/8	0	0	100 70 52/20

话说，我们的样本将完全反映总体（取决于样本结构的抽样误差）。

• 我们如果使用简单列表辅助随机数字拨号，那么将排除序列 C 和序列 D，因为它们没有列出的家庭号码，我们的 100 个选择将完全在序列 A 和序列 B 中进行。

我们如果在这两个序列中随机抽取 100 个号码，那么预计每个序列将获得 50 个号码。序列 A 的 50 个号码应该产生 40 个有效家庭号码（30 个列出，10 个未列出），序列 B 的 50 个号码应该产生 30 个有效家庭号码（20 个列出，10 个未列出）。我们将总计获得 70 个有效家庭号码（100 个号码中的 70%），其中 50 个列出（占有效家庭号码的 71.4%）、20 个未列出（28.6% 的有效家庭号码）。该样本比简单随机数字拨号样本更有效——它产生了更多的有效家庭号码——但由于省略了没有列出任何号码的有效序列（本例中的序列 C），未公开的号码略有不足。

• 我们如果使用按比例列表辅助随机数字拨号，那么将排除序列 C 和序列 D，因为它们没有列出的家庭号码，我们的 100 个选择将完全在序列 A 和序列 B 中进行。由于序列 A 和序列 B 各有 60 个和 40 个列出的号码，60% 的样本将分配给序列 A（即该序列将选择 60 个随机号码），40% 的样本将分配给序列 B（40 个随机号码）。序列 A 中抽取的 60 个号码会产生 48 个有效家庭号码（36 个列出，12 个未列出），序列 B 中抽取的 40 个号码会产生 24 个有效家庭号码（16 个列出，8 个未列出）。我们将总计获得 72 个有效家庭号码（所提取的 100 个号码中的 72%），其中 52 个列出（占有效家庭号码的 72.2%）、20 个未列出（占有效家庭号码的 27.8%）。这个样本比简单列表辅助随机数字拨号抽样更有效，因为其将选择转移到样本较多的序列，但它有另一个偏差来源。如果某个序列的家庭号码较少，是因为未公开的家庭号码比率较高（而不是简单地只有较少的家庭），那么在分配方案中将受到不公平的对待。在我们的例子中，序列 A 有 3/4 的有效家庭号码，序列 B 中列出的号码应该和序列 A 一样涵盖 3/4 的抽样数，但它只有 2/3 的样本被抽取，因为它未列出的有效家庭号码比例更高。与排除未列出的有效家庭号码的序列（例如序列 C）一样，其效果是样本对未列出的有效家庭号码的代表性略微不足。

与米托夫斯基-瓦克斯伯格程序一样，列表辅助随机数字拨号抽样通过排除无效号码序列来提高效率。目前，在全美样本中，简单列表辅助随机数字拨号产生约55%的有效家庭数量，按比例列表辅助随机数字拨号的有效家庭数量占比约为65%。与米托夫斯基-瓦克斯伯格程序一样，列表辅助随机数字拨号抽样可以覆盖未列出号码的家庭，尽管对这些家庭的代表性略有不足，但按比例列表辅助随机数字拨号抽样的偏差更大。与米托夫斯基-瓦克斯伯格程序相比，列表辅助抽样产生一个简单的随机样本，并且在继续抽取号码之前不需要处理前一个号码。

有些宽松的随机数字拨号方法将名录的使用与随机拨号相结合。比如以下两种方法：（a）从电话簿中选择一个号码样本，并在每个所选号码的最后一位"加1"，使555-1234变为555-1235；（b）选择一个号码样本，从目录中用两位数的随机数替换每个所选号码的最后两位数字。像米托夫斯基-瓦克斯伯格程序这样的方法可以产生大约50%的有效家庭号码。

"加1"或"替换两位数字"的抽样方法对于针对当地人群的学生项目可能很有用，因为这些方法易于实现，并且允许抽取随机数字拨号样本而无须购买（假设当地电话号码列表有使用权限）。但是，一般而言，如果资源条件允许，我们强烈建议购买列表辅助样本。这样能确保样本质量，并且让研究物超所值。

联合使用手机

有效的电话抽样策略必须应对不断变化的家庭户，这些家庭或者仅拥有固定电话，或者仅拥有手机，或者同时拥有固定电话和手机。截至2012年，大约35%的美国家庭只使用手机，另有15%的美国家庭使用无线电话接听全部或几乎所有的电话，尽管他们也有固定电话（Blumberg&Luke, 2012）。如图2.2所示，"仅拥有手机"的成年人比率在不同群体中差异很大。只有手机（没有固定电话）的美国成年人更多是年轻人、穷人和租房者。显然，未能将手机纳入电话调查设计可能会导致覆盖偏差。

如何抽样

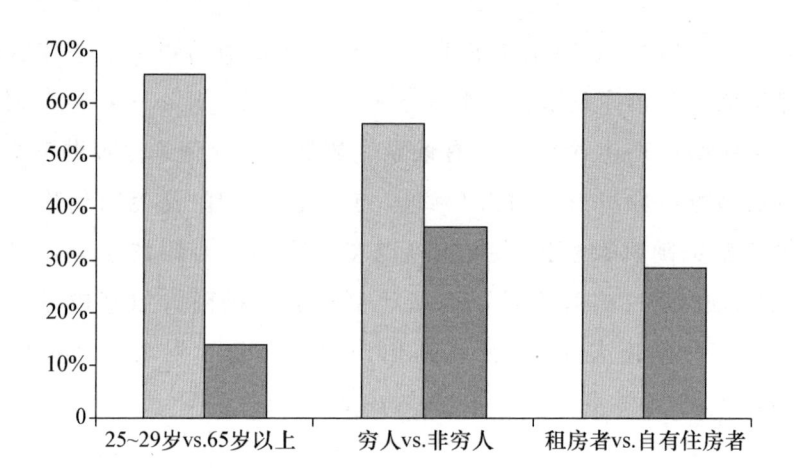

图 2.2 不同人群中成年人仅拥有手机（没有固定电话）的比率

数据来源：Centers for Disease Control and Prevention. Retrieved from http://www.cdc.gov/nchs/nhis.htm.

这一现象并非美国特有。在解释为什么以色列民意调查者严重错误地估计该国 2012 年选举时，《犹太前进日报》(*Jewish Daily Forward*) 的一篇社论指出，"以色列民意调查者往往只打给固定电话所有者，实际上排除了大量选民……并非巧合的是，手机用户是更有可能支持获胜党派的年轻选民"(*Jewish Daily Forward*，2013-02-08)。

概念上直截了当应对手机用户的一种方法是从固定电话抽样框和手机抽样框中抽取和组合样本。布里克等 (Brick et al., 2007) 介绍了一项专门用于评估此类双重框架设计的研究。这种设计通过使用调查抽样国际公司提供的样本，将列表辅助随机数字拨号样本与来自商业 Telcordia 数据库中被识别为手机用户的 1 000 个字块的样本进行组合。在此类设计中，需要调查后进行加权处理（如第 7 章所述）以调整抽样框之间的重叠和抽样概率的所有差异。

古特博克等 (Guterbock, Diop, Ellis, Le, & Holmes, 2008) 提出了传统随机数字拨号固定电话抽样的替代方案。他们认为有固定电话但未列出和没有手机的家庭仅占美国总人口的百分之几，研究人员可以通过将列出的固定电话号码与随机数字拨号手机号码相结合来获得足够的人口覆盖率。

第 2 章　界定总体与确定抽样框

关于手机调查方法的最新成果是美国民意调查协会（American Association for Public Opinion Research，AAPOR）移动电话专委会 2010 年的报告。该报告的结论是："在各种问题上建立标准还为时过早，因为在美国，通过手机号码调查受访者的历史还太短，以至于并没有充分的信心知道什么应该和不应该被视为最佳做法。"（AAPOR，2010：16）

该报告涉及两个抽样问题，一是否使用手机抽样框中的受访者可能也有固定电话的重叠双重框架设计，二是使用仅对手机样本（并可能主要针对手机用户）进行筛选的双重框架设计。这两种设计对于固定电话和手机样本数据如何组合到总体人口估计中有不同的含义。该报告没有提出一个最优方案，因为根据特定调查的具体情况，任何一种设计都可能是更好的选择。

这份报告指出，在美国，随机数字拨号手机调查中的无应答率比同类固定电话随机数字拨号调查要高一些（尽管随着时间的推移，差异一直在缩小），这使得手机样本在某种程度上更容易出现无应答偏差。该报告讨论了影响应答率的各种操作性问题，包括一天中的最佳通话时间（与固定电话存在差异），回拨的最大次数和频率，拨打手机时告知准确的主叫 ID 信息以及建立一份要求不回电的手机所有者的呼叫清单。

最后，该报告建议：（1）研究人员应介绍抽取调查中使用的手机号码的方法；（2）如果随机数字拨号电话调查未对手机号码进行抽样，那么研究人员应提供解释，说明排除手机用户是否有可能影响调查结果；（3）研究人员应解释手机用户样本的任何加权方法，包括为何在这种情况下不对样本进行加权。

基于地址的抽样

用于在一般人群的调查中最大化地扩大住户覆盖范围的随机数字拨号设计的主要替代方法是使用基于地址的抽样（address-based sampling，ABS）。这一方法采用来自美国邮政服务公司的计算机化送货序列文件提供的抽样框（Roth，Han & Montaquila，2013）。我们可以使用美国邮政服务公司提供的补充文件 No-Stat 来扩大这一框架的覆盖范围。No-Stat 文件包括无法直接邮递的其他农村地址（Shook-Sa，2013）。

基于地址的抽样非常适合邮寄或户内调查。此外，送货序列文件中的许多地址都可以链接到电话号码，这给混合模式设计带来了可能性(Iannacchione, 2011)。博伊尔等（Boyle, Fleeman, Kennedy, Lewis, & Weiss, 2012）使用了这样的设计，其中基于地址的抽样中的地址与电话号码清单匹配。10 000 个地址的样本中大约有一半匹配成功。其余的地址（假定包括只有手机的家庭以及同时拥有固定电话和手机的家庭）被寄送一封调查邮件，其中包括一项现金激励措施，让人们能够在寄回的调查问卷中提供电话号码。寄回的调查问卷包括数量几乎相等的只有手机和两种电话都有的家庭。这种方法允许对所有人群进行加权估计。布里克等（Brick et al., 2012）在美国两个州的调查中使用了类似的方法。

基于地址的抽样调查方法相对较新，并且仍在不断完善。扬纳基奥内（Iannacchione, 2011）在总结当前基于地址的抽样方法的文章中建议："快速阅读该文章。等您读完时，其中的部分内容可能已过时。"但是，基于地址的抽样调查在拥有足够资源和专业知识的研究机构中正迅速变得越来越普遍。

更一般而言，电话或混合模式调查的样本设计目前正在不断发展。现代调查的技术和操作背景瞬息万变，这表明最好的办法可能是瞄准不断变化的目标。

基于注册的抽样

基于注册的抽样（registration-based sampling，RBS）是政治调查中使用的基于地址抽样的变体。在这种抽样中，注册的选民名单被用作抽样框。注册记录通常包含每个选民的姓名和通信地址，以及出生日期和注册日期（Green & Gerber, 2006）。这些信息可以结合以往选举的投票记录来进行使用，包括政党初选的投票率记录。

基于注册的抽样可以通过两种广泛的方式来实现。首先，名单一样可以用于抽取注册选民的随机样本。其次，如果要测量即将举行的选举中选民偏好，那么可以调整列表以反映选举中可能的投票人数。例如，基于来自以往选举的投票记录，可以将列出的元素划分为在即将到来的选举中具有不同投票概率的小组，并且可以根据它们的投票概率来对这些小组进行抽样。这将产生对投票率进行某种隐含的加权的调查结果。

与基于地址的抽样一样，基于注册的抽样天生适合用于开展邮件或家庭调查。但是，政治民意测验的执行者通常更喜欢电话或网络之类的数据收集模式，以便更及时地得出结果（包括通宵进行民意测验以评估公众对广告、论辩或新闻事件的反应）。使用基于注册的抽样进行电话或网络调查需要将选民登记记录中提供的邮寄地址转换为未提供的电话号码或电子邮件地址。例如，格林和格伯（Green & Gerber, 2006）尝试将电话号码链接到选民登记记录，并成功为马里兰州、纽约州、宾夕法尼亚州和南达科他州的65%至70%的选定选民提供电话链接（尽管某些电话号码已过时）。巴伯等（Barber, Mann, Monson, & Patterson, 2014）向科罗拉多州、佛罗里达州和犹他州的部分选民寄送信件，请他们访问调查网站，回应率在5%至7%之间。

在使用基于注册的抽样进行电话或网络调查时，一个明显的问题是从地址信息到电话号码或网络信息的转换中可能会丢失很多受访者。格林和格伯（Green & Gerber, 2006）指出这一比率超过30%，巴伯等（Barber, Mann, Monson, & Patterson, 2014）的研究则指出超过90%。格林和格伯还报告了丢失受访者数量在不同的人口子群体中有所不同的证据。例如，马里兰州的样本不足以代表非裔美国人，纽约州和宾夕法尼亚州的样本不足以代表城市居民。

基于注册的抽样的另一个问题是，它可能无法吸引新登记的选民。由于这个原因而被忽视的选民人数将因地点而异，具体取决于人口特征，例如年龄、流动性、当地投票机构更新名单的速度以及是否允许当天登记。同样，如果使用以往选举中的投票人数来调整抽样概率，那么结果可能会不适当地代表由特定候选人或问题所激发的非常规选民。

电话号码与注册记录不匹配或无法捕获新注册人员而导致的覆盖范围问题，可以通过在基于注册的样本中添加随机数字拨号样本来解决（Mitofsky, Bloom, Lenski, Dingman, & Agiesta, 2005）。这是双重框架设计抽样的示例，本章稍后将对此进行讨论。

半开放式间隔

在我们弥补遗漏的可能方法清单中,接下来是半开放式间隔(half-open intervals)。这种方法将潜在总体元素集划分为若干子群,每个子群中的一个元素称为"开放元素"。如果样本抽取了开放元素,那么将在整个子群中搜索未列出的成员,并且在此过程中发现的所有未列出的元素都将进入样本。

例如,在进行个人访谈的家庭调查中,您可以将总体分为若干街区,并且可以将以"01"结尾的街道编号指定为每个街区的开放元素。因此,如果抽取的地址为索斯莫尔(Southmore)大道3701号,那么将在1号到3700号中搜寻未列出的住户并将其添加到样本中。

半开放式间隔使未列出的元素与链接到它们的开放元素有相同的机会被抽取。当然,如果一个开放元素本身未列出,那么就没有机会选择它或它的子集中的其他未列出元素,这可能会导致样本出现偏差。如果列表覆盖率很高,那么这种潜在的偏差不会造成实际问题,但是随着覆盖率的下降,这个问题就会变得愈发明显。

使用这一方法时,划分子群要尽可能较小,以降低单个子群中出现大量未列出元素以致遮盖样本的可能性。在一项家庭调查中,我们曾经遇到一种情况,即通过开放元素发现一个新的、不公开的、有数百名居民的高层建筑,而这项研究计划总共调查200户家庭。在这种情况下,通常的应对举措是抽取部分而非全部未列出的元素,例如从任何开放单位中最多抽取3个未列出的元素,并根据需要对这些元素进行加权,以调整其中未列出元素的总数。

虽然半开放式间隔方法在理论上效果很好,但在实践中可能效果不佳。埃克曼和欧缪尔齐泰格在华盛顿西雅图、罗得岛普罗维登斯和加利福尼亚奥克兰抽取的住宅单元样本中对该方法进行了应用和评估。他们发现,调查员访问那些从提供给他们的地区清单中故意删除的住房单位的成功率低。他们最终的结论是,半开放式间隔方法不会产生令人满意的结果,除非在"覆盖不足严重到被认为会导致覆盖偏差"(Eckman & O'Muircheartaigh,2011:130)的框架下进行工作,否则不应使用该

第 2 章　界定总体与确定抽样框

方法。

双重框架设计

我们前面已经提及双重框架设计，即从固定电话和手机两个单独的列表中提取号码。我们还在通过基于注册的抽样和随机数字拨号相结合来抽取潜在选民时，提到了双重框架设计。宽泛地说，可以通过将总体分为列出组和未列出组两组来弥补遗漏。列出的元素是从列表中提取的，而未列出的元素则是通过其他方式搜寻到的。

举例来说，您如果正在研究某个社区中政治上表现积极的人群，并且拥有本地政治组织的成员列表，那么对该组织的成员可能会从列表中抽样，而那些不是成员的政治积极者可以通过筛查总体人口来抽样。① 使用列表可以高效地抽取列出的部分人口（从而降低成本），而对总体中未列出的成员进行筛选可以让抽样超出列表的潜在覆盖范围。要对未列出的元素进行定位的成本比较高，因此抽样概率可能会相对较低。对社区的总体估算将通过两组的组合加权方法来计算，这是分层抽样的应用，本书将在第 5 章对此进行详细讨论。

这里还有一个双重框架抽样设计的例子。

案例学习 2.4

2013 年初本尼迪克特十六世辞去教皇之职时（这是近 600 年来罗马天主教教皇首次辞职），《纽约时报》和哥伦比亚广播公司（CBS）开展了一项调查，旨在调查美国天主教徒对本尼迪克特教皇的看法、教会满足他们的需求的程度以及对下一任教皇的要求。他们在全美调查了 1 585 名成年人。

---

① 在此过程中，从总体中识别出受访者是政治组织的成员是重要的，这里有两个原因。首先，组织成员将被纳入组样本。其次，由于我们可能无法较好地衡量社区中有多少人活跃于政治活动中，因此总体中政治组织成员的比重可以用来估算不在列表中的人数。这会告诉我们在估算总体时如何对这两个组进行加权。类似的，在双重框架设计的电话调查中，我们会询问固定电话用户样本是否拥有手机，也会询问手机用户样本是否拥有固定电话，这样我们就可以把受访者归入不同的分组（只有固定电话的用户、只有手机的用户和同时拥有固定电话和手机的用户），并适当地给每个组加权。

样本具有三个主要元素。第一，利用固定电话交换机抽取列表辅助随机数字拨号样本。第二，通过随机拨打手机号码来补充固定电话样本。第三，曾接受过《纽约时报》和CBS全国民意测验并表明自己是天主教徒的受访者被纳入本次民意调查。他们的回答进入天主教徒样本。根据需要对这三个样本进行合并和加权，以进行估算。

这项调查以《民意测验中美国天主教徒看到一座与世隔绝的教堂》为题在头版刊出。调查结果表明，"四分之三的受访者表示，他们认为本尼迪克特辞职是个好主意。多数人希望下一任教皇是一个年轻的、具有新想法的人"(《纽约时报》，2013年3月5日，第1页)。

这项调查两次使用了双重框架抽样（以及列表辅助随机数字拨号）。首先，使用手机抽样框解决固定电话抽样框中的遗漏问题。其次，使用已知的天主教徒的抽样框（通过先前对总体人口的随机抽样确定，因此大概是美国天主教徒的随机抽样）来获取其他天主教徒样本，而无须从总体人口中筛选。

双重框架设计抽样还可以用于解决网络用户没有抽样框的问题。例如，我们（Blair & Blair, 2006）讨论了使用在线小组有效定位稀有人群的可能性，结合电话随机数字拨号筛查以达到更广泛的人群覆盖面。

应对遗漏问题的简要评论

我们介绍的处理遗漏问题的所有方法均分为两大类。在某些情况下，我们会扩大列表，也就是说我们使用列表并以某种方式对其进行补充。半开放式间隔和双重框架设计都属于此类。在其他情况下，我们创建或寻找一个更合适的列表。用于电话调查的纯随机数字拨号和基于地址的抽样均属于此类。我们不采用电话号码列表，只能使用完全的随机数或邮寄。增加或替换列表（或仅仅忽略这个问题）取决于我们对有关遗漏问题可能导致覆盖偏差的程度、提出的方法将减轻这些问题的程度以及解决方案的成本效益所做出的实际判断。

对这些方法的审查还表明，遗漏问题给总体人口的网络调查带来了特殊挑战。在计划对一般人群进行到户调查或邮件调查时，可以获取相对完整的地址列表，最不济可以请人列出某些地区的住宅区或场所。计划开展电话调查时，可以使用随机拨号来覆盖总体人口。在对某地游客的调查中，可以使用一个计数框并对通过抽样地点的人员进行计数。但是网络调查无法完全覆盖一般人群。如果目标人群在我们拥有的电子邮件地址列表中，那么这不是问题，但是对于总体人口而言，无法获取完整的抽样框意味着网络调查最终必须依赖某种形式的基于模型的估计，而不是基于概率的估计。我们将在第 7 章中对基于模型的估计进行深入讨论。

2.2.4　无效样本的应对

下一个有关抽样框的问题是无效样本。这些在抽样框中的元素无法代表合格的总体成员。例如，如果要研究在即将举行的选举中可能的投票者的政治倾向，并使用随机数字拨号的电话号码作为抽样框，那么这些号码将包括许多不太可能投票的人。

处理无效样本的方法很简单，那就是不要选择他们。因为他们不在总体中，所以也不应该在样本中。

有两种方法可以将无效样本排除在样本之外。一种方法是在抽样之前对整个列表进行资格审查，删除列表中所有不合格的样本。由于是否符合资格在列表中不可见，因此这种方法通常不切实际。例如，随机数字拨号的号码列表不会显示人们是否打算在即将举行的选举中投票。另一种方法是在抽样后对元素的合格性进行审查，此时，无效样本将被删除。这是通常使用的方法。在某些情况下，如果从不同的特征来界定总体，则通过某些方法可以看到资格信息，而有些则不可以。例如，如果将总体定义为某大学每周至少运动 3 次的本科生，那么当从校园名录中选取抽样名录时，有可能会删除研究生，然后按照选定的本科生的运动频率进行筛选。

删除无效样本仅仅意味着删除，而非替换。没有经验的研究人员常常认为无效样本应该用列表中的下一个来代替，但是此过程为无效样本之后的选择提供了更多的变数，并可能导致样本偏差。正确的方法是通过调整样本规模来减少由于资格不符和删除无效样本导致的样本数量减少的情况。

如何抽样

调整样本规模的步骤如下：如果 e 是列表中有效样本的比例，那么调整后的样本大小为 n/e，其中 n 是计划样本规模。例如，如果您想在某所大学中抽取 300 名新生作为样本，而学院名录中只有 20% 的名字是新生，那么，从名录中选择的调整样本规模为 300÷0.20＝1 500。从名录中抽取 1 500 个名字可以得到 300 个新生样本。

合格率的估计值可以从先前的经验中得到，也可以通过研究少量的试调查样本来获得。由于这些估算值可能并不完全准确，因此最好从较低的一端估算出合格率，这样就可以确保获得足够的样本量。比如，假设新生占到大学名录的 20%，但是您认为任何给定样本的合格率可能在 15% 到 25% 之间。那么我们将采用 15% 这一比例。换句话说，如果想要抽取 300 名合格者，就要抽取 300÷0.15＝2 000 个初始样本。然后，如果这个样本合格率为 20%，将产生 400 个有效样本，那么可以随机选择保留 300 个或删除 100 个。这样，结果得到的仍然是随机样本：在随机样本中抽取的随机样本还是随机样本，从一个随机样本中随机删除一部分样本也仍然是随机样本。

当通过筛选访谈确定资格时，确定样本量应该同时使用低位和高位两种资格估计数。在我们的示例中，估算的最低合格率为 15%，这意味着要产生 300 个有效样本，样本量可能需要多达 2 000 个。估算的最高合格率为 25%，这意味着可能最少需要 1 200 个样本（300÷0.25＝1 200）。在这种情况下，为了保险起见，应抽取 2 000 个样本，但不要对整个样本进行筛查。相反，要从 2 000 个样本中抽取 1 200 个子样本；如果需要全部或部分样本，请取用这个子样本，并保留其他 800 个样本备用。如果前 1 200 个选择样本产生 240 个有效样本（合格率为 20%），那么要从备用样本中抽取 300 个样本，以得到剩下 60 个有效样本（60÷0.20＝300）。这一程序可以提供多种选择，并不会产生昂贵的费用和多余的数据。

在稀有人群的研究中，样本量的潜在差异（取决于合格率的变化）可能很大，以至于您可能会倾向于选择较小的样本规模，对这种样本进行处理，然后使用所得到的有关合格率的信息进行重新抽样。例如，1% 的合格率需要 100 000 个样本，才能得到 1 000 个有效样本，而 2% 的合格率将仅需要 50 000 个样本。在一项关于城市男同性恋者的研究中，其中一位作者指出，在不同地理区域进行抽样的初始样本是基于自我识别的男同性恋者不超过总人口 4% 的假设。然而，合格率通常大约为 2%，因此还需要大量的观测样本，但是第一阶段的抽样结果对于第二阶段的样本设计来说非常有用。

一个常见的错误是抽取较大规模（在我们的示例中为 2 000）的样本时开放整个样本以进行数据收集，并在获得所需数量的有效样本后就停止调查。这一程序是错误的，因为第一个有效样本将是最容易获得的。举例来说，在对公众的调查中，这些样本可能是家庭主妇和退休人员。开放用于数据收集的任何样本都应全部保留，以避免出现偏向便于观察的受访者的情况。

调整样本量来处理无效样本，也应对预期的应答率进行调整。调整后的样本量为 $n/(e*r)$，其中 n 为计划样本量，e 为合格率，r 为预期应答率。例如，如果想要获得 300 个有效的观测样本，预计有 20% 符合条件，而在这 20% 中又有 20% 会配合调查，则需要的初始样本规模为 $300 \div (0.20 \times 0.20) = 7\ 500$。

2.2.5 重复样本的应对

如果从包含某些重复元素的列表中抽取样本，但是没有重复选择任何重复元素，那么重复元素是否会带来问题？答案是肯定的。

重复样本的基本问题是，它使得总体成员中群体进入样本的概率不成比例。即使单个重复元素的选择不超过一次，这些元素所在的群体被抽中的概率也会更高。与只出现一次的总体成员中的群体相比，在列表中出现两次的总体成员中的群体被抽中的概率要高一倍，在列表上出现三次的总体成员中的群体被抽中的概率要高两倍，以此类推……如果研究中重复元素与未重复元素在某些感兴趣的变量上存在差异，那么重复元素这种较高的代表性就会导致样本偏差。

举例来说，假设您计划抽取一所大学的学生样本，而抽样程序是随机选择班级，然后选择班级内的学生。上 4 门课的学生有 4 次被抽中的机会，而上 2 门课的学生只有 2 次机会。这会导致全日制学生的代表性比非全日制学生要高（请注意，直接从学生名单中抽取学生不会遇到这一问题。这份名单可能存在其他问题，例如遗漏或样本无效，但每个学生应仅出现一次。这表明对同一总体采用不同的抽样框，可能会出现不同的问题）。

我们有 3 种方法可以纠正重复列表。比较耗费精力的方法是对列表进行交叉检查，识别重复项并将其删除。如果列表是数码化的，则这种方法可以实现。

第二种方法是抽取样本并专门对所选元素进行检查，以确定它们在总体列表中重复多少次。然后，为了保证相等的抽样概率，在列表中出现 k 次的样本成员将以 $1/k$ 的概率进入样本（即在列表中出现 2 次的成员有 $1/2$ 的比率保留在样本中，而在列表中出现 3 次的成员有 $1/3$ 的比率保留在样本中）。这一方法适用于非数码化的列表。它会造成样本数量的缩减，可以按照应对无效样本造成样本减少的方法进行处理。①

在调查中可用的第三种方法是询问选定的总体成员在列表中出现的次数。使用这种方法时，所有收集的数据都要保留，因为丢弃已完成的调查案例会很浪费，但是观察样本是按列表中所选定的总体成员出现次数的倒数进行加权的。也就是说，被列出 k 次的样本成员的权重为 $1/k$。

最后一种方法显然要求样本成员知道他们在列表中出现的次数（比如，他们参加了多少门课程）。只有有充分理由相信这一假设是正确的并且检查列表出现困难或不可能的时候，才能使用这一方法。

类似的，当总体成员拥有唯一的标识（例如电话号码）时，对列表进行交叉检查最有效。否则，同一家庭可能由名字不同的人代表，同一人也可能会代表不同的姓名或地址。查看家里收到的垃圾邮件可能会看到这些类型的变体。由于存在这些差异，因此数码化的交叉检查通常不会删除列表中的所有重复项，但应将其减少到样本偏差可忽略不计的水平。

---

① 这种方法也是对列表中重复项严重性进行评估的一种方式。如果问题不严重，那么可以忽略它。

2.2.6 集群样本的应对

最后一个要讨论的问题是集群样本。集群样本与重复样本类似，因为它涉及总体成员中某些群体的不公平的代表性，而不是完全排除或纳入。不同之处在于，集群元素在样本中的代表性不足，而重复元素的代表性则过高。

这里有一个集群样本的例子。一个城镇有10万名成年人，其中5万人已婚，5万人单身。5万名已婚成年人构成2.5万个家庭，每个家庭都有一个固定电话号码。5万名单身成年人形成5万个家庭，每个家庭也都有一个固定电话号码。抽取300个电话号码样本，会产生100个"已婚"号码和200个"单身"号码，因为单身人士占电话号码的2/3。如果每个电话号码都访问一个成年人，那么样本将包含100个已婚成年人和200个单身成年人。这一抽样中，对家庭而言抽样是公平的，但对个人而言并非如此。总体中已婚人士占城镇成年人的1/2，但由于他们是列表中的集群者，因此样本中他们仅占成年人的1/3。

总体单位是个人（例如潜在的选民）就可能会出现集群问题，不管是在邮件、电话或家庭调查中，只要抽样框是家庭列表（例如住所地址或固定电话列表）。在手机号码列表或大多数情况下网络调查中的电子邮件地址列表通常不会出现集群问题，因为这些列表与个人相对应。但是，如果您有个人列表但所需的总体单位是家庭，则来自同一家庭的人将成为该列表中的重复项。

当组织中嵌套所需的总体单位时，组织调查中也会出现集群问题。一个例子是案例学习2.2中，其中客户对访问进行了应答，但调查的目标总体是销售额。

应对集群问题的基本方法有以下三种：

第一种方法是从选定集群中的所有总体元素收集数据。在我们的已婚/单身的示例中，您可以从不管是否"已婚"电话号码的成年人那里收集数据，这将为您提供200个已婚人士和200个单身人士的数据。如果数据收集的预算只允许300次访问，那么需要对初始样本量进行调整。

这种方法为总体中的每个成员提供了一个公平的入选概率。不幸的是，如已婚/单身示例中那样，它也会产生一个包含相关集群成员的样本。在400个总体成员的样本中，有200人分别是丈夫和妻子，这可能会导致受访者之间交谈造成相互影响的问题。这也意味着与同等规模的无关观测样本相比，样本的异质性更低，因此所包含的信息更少（请参见第6章中关于整群抽样的讨论）。鉴于这些问题，只有在以下情况才可以采用整群抽样：（a）集群相对较小，而且数量相对较少；（b）根本不可能将这些要素分开，像公司内部的销售额那样。

第二种方法，可以以某一固定的比率对集群中的总体成员进行抽样。对家庭中的个人进行抽样的比率一般为1/2。在已婚/单身示例中，您将仅保留"单身"家庭的一半样本（并剔除其他家庭），然后收集每个"已婚"家庭中随机选择的人的数据。这将产生包括来自100个"已婚"家庭的100人和来自200个"单身"家庭的100人的样本。需要调整样本量才能获得300个有效样本。

这种方法为总体中的每个成员提供了一个公平的入选概率。但是，这是一个耗费相对大的过程，因为您需要支付找到一定数量"单身"家庭的费用，然后剔除其中的一半。

第三种方法，可以从每个选定集群中随机选择一个总体成员，并根据集群规模对观察值进行加权来应对集群问题。在已婚/单身示例中，将从原始样本的100个"已婚"家庭和200个"单身"家庭中分别获取一个观测样本，但"已婚"观测样本将被加权为2倍，从而使他们的权重总计为200人。

户内抽样

基什（Kish，1949）最早提出随机选择家庭中个体的方法。他开创了一种方法，需要列出家庭中的所有成员，然后根据称为基什表的预设规则抽取一个成员。这一方法成为户内调查的标准方法。

在电话调查中，发现基什法的效果较差，因为受访者看不见访问人员，也不太愿意提供家庭成员的信息。一种替代方法是使用楚德和卡特（Troldahl & Carter，1964）提出的方法。这种方法仅需要两条信息：家

第 2 章 界定总体与确定抽样框

庭中的成年人数量和男性（或女性）数量。然后通过四个选择表轮换来选择个人。楚德-卡特（Troldahl-Carter）法不需要列出所有家庭成员，但是仍然存在一些偏差，因为并非所有家庭成员在四个表中都有相同的入选概率，而且单身成年人家庭的性别构成存在差异。由于丈夫去世的女性和单身母亲没有室友或同居的伴侣，单身女性家庭往往会更多（此外，单身女性家庭往往被低估，因为独居女性可能不会告诉来电者家中没有男性）。

后续方法是选择最近过完生日的家庭成员（O'Rourke & Blair，1983）或下一个过生日的家庭成员（Lind，Link，& Oldendick，2000）。尽管理论上没有偏差，但采用最后（或下一个）过生日的方法在实践中会带来一些偏差，因为最早的受访者不成比例地声称自己是适当的受访者。研究发现，这一方法确定合适的受访者的概率为 75% 到 90%（Lavrakas, Bauman, & Merkle, 1993; Lavrakas, Stasny, & Harpruder, 2000; Lind, Link, & Oldendick, 2000; O'Rourke & Blair, 1983）。尽管不够完善，但由于该方法便于管理，因此它是电话调查中户内抽样最普遍使用的方法。

里佐、布里克和帕克（Rizzo, Brick, & Park, 2004）曾提出一种户内抽样的方法，这种方法的干扰性程度很低，能够减少抽样过程对家庭应答的影响。他们的方法基于这样一个事实，那就是一个或两个成年人的家庭约占美国所有家庭的 85%。单身成年家庭的选择问题并不大。在两个成年人的家庭中，一半选择接听电话的成年人，另一半选择另一个成年人。然后，仅在剩余 15% 的家庭中使用更复杂或更麻烦的方法。

根据适当总体单位对数据进行加权

在本章的案例学习 2.2，我们给出了一个示例，客户回应了访问，但调查的目标总体是销售额。这是市场研究中一个常见的问题：目标单位是支出，但是受访单位是人或公司。

从抽样框的角度来看，这个问题可以看作集群的一种形式。正如在我们的已婚/单身示例中每个"已婚"家庭中有两个成年人一样，案例学习 2.2 中每个公司的潜在销售额为 X 美元。在已婚/单身的示例中，我们如果想要的总体单位是个人而不是家庭，就可以在家庭中随机选择成年人，但是在案例学习 2.2 中我们无法在公司内部抽样美元,因为美元无法说话。相反的是,我们让一个受访者代表一家公司的所有销售额,然后根据集群规模(即销售额)对这些答案进行加权。

2.2.7　在没有列表的情况下划定总体抽样框

在某些研究项目中,必须在没有总体列表的情况下进行抽样。例如,想调查某网站或购物中心的访客,您将找不到访客列表。从"计数抽样框"中进行没有列表的抽样,流程如下所示:

- 估计总体规模。
- 在 1 到 N 之间的编号选择一个样本,其中 N 是总体规模。
- 计算总体规模并从适当编号的成员那里收集数据。

例如,在某购物中心的访客样本中,如果希望在访问期间有 10 000 名购物者进入购物中心,并且从中选择 500 人,那么可以在 1 到 10 000 之间随机选择 500 个编号。或者,可以在随机抽样开始之后(10 000÷500＝20),每 20 个编号取一个。然后,在购物者进入中心时对他们进行计数,并采访合适编号的购物者。

计数抽样框与列表有相同的问题,即遗漏、无效样本、重复样本和集群样本问题。遗漏问题是由于低估了总体(或总体子群)的规模。例如,如果您估计购物者的数量为 10 000,而这个估计值太小,那么 10 000 位以后的购物者将没有入选的机会,因为他们没有出现在抽样框中。

无效样本是由某些不符合总体特征的元素导致的。例如,如果您对每个访客进行计数,那么对购物中心的访客进行计数是最简单的,但是某些访客可能无法满足总体要求(年龄、性别、产品使用情况或其他要求)。无效样本还源于对总体(或总体子群)规模的高估。您得到的样本可能比预期的要少,因为在访问期间只有 9 412 名购物者光顾了购物中心,而您的预期为 10 000 名。实际上,编号 9 413 到 10 000 是抽样框中的无效元素。

重复样本和集群样本问题通常是计数单位和总体单位之间不匹配导致的。例如,您可能需要在某个购物中心购买物品者的样本,但是隐含的计数单位是来购物中心的人。有些人比其他人来购物中心的次数更多。如果想要的抽样单位是人，那么多次来购物中心的人就构成重复计数（Blair，1983）。

通常，解决计数抽样框问题的可行方案要比解决列表中问题受到更多限制。通过简单估算总体规模上限可以解决遗漏问题，通过筛选不合格的样本可以解决无效样本的问题。重复样本和集群样本问题一般通过数据收集后的数据加权来解决，因为缺少列表文件使得我们无法在收集数据之前清理或检查抽样框。

2.3 本章小结

本章讨论了界定总体和抽取样本两个议题。关于总体的界定，我们注意到抽样总体是想要得出结论的元素集合。要假定总体，必须指定总体单位和总体边界。总体边界必须以特定的操作术语加以说明。

关于样本框架，我们注意到一个框架是一个列表或系统，可以象征性地标识出总体中的每一个成员。理想情况下，框架应与总体成员一一对应。这种理想的情况因为遗漏、无效样本、重复样本或集群样本问题，可能并不会出现。

如果问题较小，对遗漏问题的处理是忽略它；如果问题可能导致样本偏差，那么只能解决这个问题。随机数字拨号和手机结合的双重框架设计、可能基于地址或基于注册的抽样被用于处理电话调查中未列出的号码。处理遗漏问题的其他方法是使用半开放间隔或更常用的双重框架设计。

对无效样本的处理方法是在遇到时剔除它们。如果在抽样框中无法识别不合格的元素，那么可能需要在现场进行筛选。无论哪种方式，初始样本量都应考虑由于不合格而造成的样本损失。

对重复样本的可能应对方法如下：（1）在抽样前从框架中删除它们；

(2) 以一定的比率来保留选定的元素，这一比率与每个选定单元被列出次数呈反比；(3) 询问样本中参与者在列表中被列出多少次，并按列表数的倒数对观测结果进行加权。

对集群样本的可行处理方法如下：(1) 纳入所选集群的每个成员；(2) 在集群中进行抽样；(3) 在每个集群中随机选择一个元素，并对集群规模进行加权处理。

练习和讨论题

习题 2.1

一位研究者想要研究具有重要地位的商业领袖，以了解他们对大城市面临的问题的看法。请用特定的操作术语界定这一总体。

习题 2.2

"大学城"的管理者想要调查当地居民对公园和娱乐方面的需求。请用特定的操作术语界定这一总体。

儿童有资格去应答吗？如果有，那么居住在城市之外的人呢？本地可以使用大学设施的大学生呢？住在集体宿舍的学生呢？兄弟会或姐妹会中的学生呢？在当地监狱里的囚犯呢？无家可归的人呢？疗养院里的人呢？

习题 2.3

您的一个朋友正在竞选当地学校董事会的席位，您同意通过调查当地选民了解哪些问题最重要以及他们希望学校董事会做什么来帮助她。您可以获得居住在学区的注册选民名单吗？如果可以获得，名单是否包含邮寄地址？电话号码呢？电子邮件地址呢？

除此之外，是否还有可以用于调查的电话号码列表？邮寄地址目录呢？电子邮件地址列表呢？

第3章

抽取样本与执行研究

界定目标总体并获取抽样框后,就可以准备抽取样本并执行研究。本章讨论的问题就是怎么来抽取样本并执行研究。在本章中,您将学习以下内容:

- 如何抽取样本,以便所有总体元素都有公平的入选概率。
- 控制可能的无响应偏差的方法。
- 如何计算应答率。

3.1 抽取样本

抽取概率样本有两种基本方法,您将会使用最简单易行且最符合具体情况的方法。这两种方法分别如下:(1)简单随机抽样;(2)系统抽样。[1]

---

[1] 在第1章中,我们提到了分层抽样和整群抽样。在分层抽样中,我们将总体划分为若干个称为"层级"的子群,并在每个子群分别抽取样本(详细信息请参见第5章)。在整群抽样中,我们将总体划分为若干个称为"整群"的子群,并抽取整群作为样本(参见第6章)。在两种情况下,当涉及实际抽取样本时,我们使用简单随机或系统的选择程序,在层级内抽取元素,或抽取整群和元素。

3.1.1 简单随机抽样

简单随机抽样使用随机程序直接从抽样框中抽取总体成员。这可以通过客观选择程序或更普遍地使用随机数字来完成。

客观选择程序的一个示例是列出每个总体成员，并将他们的标识一一写在纸条上，把纸条放入容器中打乱，然后抽取纸条来获取样本。另一个客观程序是将总体成员一一编号，并通过旋转带编号的轮子或抽取数字球来获取样本。这些客观程序之所以有吸引力，是因为它们是有形的，每个人都熟悉使用这些程序的随机游戏。但是，客观程序可能很麻烦。比如说，想象一下花多长时间才能为镇上的每个成年人写一张纸条，如果需要500个样本，就得从箱子中取出500张纸条。客观程序在保证随机性方面也会遇到一些难题。完全打乱纸条并不容易，以至于所有模式都被破坏。比如下面这个例子：

案例学习3.1[①]

1969年12月1日，美国的选择性服务系统进行了抽签，以确定在1944年至1950年间出生的人在越南战争中服兵役的顺序。这次"选拔"发生在从第二次世界大战到1973年的军事征兵时期。

一年中的所有日期（包括2月29日）用写在纸条上的数字1到366表示。将纸条分别放在塑料胶囊中，在一个箱子中混合打乱，然后倒入深玻璃罐中。每次从罐子中取出一个胶囊。

第一个号码是258（9月14日），因此所有当天出生的注册者都被分配到1号签。第二个号码对应于4月24日，依此类推。抽中的前195个日期出生的男性后来被要求服兵役。

人们很快意识到，签的编号在这一年中被抽中的概率分布不均。特别是11月和12月出生的，即编号为306至366是在此程序中相对较

[①] http://en.wikipedia.org/wiki/Draft_lottery_(1969) and David E. Rosenbaum, "Statisticians Charge Draft Lottery Was Not Random," *New York Times*, January 4, 1970.

> 早被抽取的，被抽中的要少。12月（12月2日、12日、15日、17日和19日）只有5天被抽中的概率高于要抽取的195个日期。这导致人们抱怨抽签不是随机的。
>
> 　　对程序的分析表明，在箱子中混合的366个胶囊在被倒入玻璃罐之前没有充分打乱。胶囊是从1月到12月逐月放入盒子中，随后的混合工作不足以克服这种顺序（箱子被"摇晃了几次"，抬过三个台阶，然后又放下了）。
>
> 　　抽签的结果可以接受，但人们对程序的公正性很不满，至少被征召入伍的12月份出生的男性是如此。

　　抽取简单随机样本的更佳方法是使用随机数。传统的随机数方法是为总体成员分配数字，并抽取随机数字以确定选择成员。例如，假设我们要从15名成员中抽取5个人作为样本。我们首先要说明一下对总体成员进行编号的规则——通常是它们出现在抽样框中的顺序（他们出现在列表中的顺序、他们进入场所的顺序等等）。我们不必写下序号，只需要知道如何应用它们即可。然后，我们在1到15之间（或分配给总体成员的任何数字）抽取5个随机数。我们只要选择与这些数字相对应的总体成员即可。

　　随机数字可以有多种来源。您的计算器可能具有随机数功能，Excel软件具有随机数功能，您也可以使用谷歌（Google）搜索"随机数生成器"（random number generator），甚至可以使用印制的随机数表。根据使用的随机数表，您可能会得到一些比总体规模还大的数字。例如，如果要抽取两位数的随机数字来从有15名成员的总体中选择元素，那么两位数中的某些数字将大于15。这些数字将被丢弃，所有重复的数字也将被丢弃，直到您获得想要的样本量。

　　表3.1提供了一个具体说明。我们从表中显示的15名成员开始举例。我们按照出现的顺序将它们编号为1到15，然后使用Excel软件的RANDBETWEEN函数在1和15之间抽取5个随机数。抽取的数字分别为7、5、4、15和14，所选元素用星号标出。

　　请注意，该样本似乎并不是完全随机的。从元素1（Ann）开始，我

如何抽样

们会遇到 3 个未抽中元素，然后是 4 个元素中的 3 次抽中，然后是 6 次未抽中，再然后是 2 次抽中。当然，这是实际抽样中的变数。样本是随机的，但是大多数随机样本表现出一些特殊性（样本越小，看起来越奇怪的可能性越大，我们将在第 4 章中对此进行讨论）。拒绝一个"看起来不正确"的样本是不对的。显然，这会破坏样本的随机性。

表 3.1　简单随机抽样的示例

	1	Ann
	2	Bob
	3	Carl
*	4	Dave
*	5	Edna
	6	Frank
*	7	Griselda
	8	Hamza
	9	Isabel
	10	Jose
	11	Kevin
	12	Luther
	13	Maria
*	14	Noy
*	15	Opal

抽取简单随机样本的一种可能更快的方法是直接将永久随机数字（permanent random numbers）[①] 分配给总体中的元素，对其进行排序，并获取所需的样本规模。如果总体是在 Excel 文件中列出的，那么可以按以下步骤进行：

- 在总体列表中新建一列，一般把它作为电子表格中的第一列。
- 使用 RAND 函数在新建列中创建随机数字。这会为总体中的每个成员分配一个 15 位的随机数。
- 复制该列随机数，将其粘贴回列中并粘贴为数值。这使这些数字成

---

① 永久随机数字是一次分配给一组元素的数字。每个元素会根据对样本或子样本的不同需求保留其随机数（例如，创建主要样本和补充样本，将样本分为独立的随机小组以在不同的时间点使用等）。

为永久数字，因此在操作列表时并不会改变它们。

- 根据这些随机数（按您选择的升序或降序）对列表进行排序。总体元素就以随机顺序出现了。
- 将前 n 个元素作为所选样本。

表 3.2 对此进行了具体说明。我们同样使用一个有 15 名成员的总体，为每个成员分配随机数，按降序对其进行排序，然后选择前 5 个随机数。

如果出于某种原因想要使用大于 15 位数字的随机数对总体进行排序，那么可以在两个不同的列中创建随机数，将其设为永久随机数后把它们相乘。

表 3.2　基于永久随机数字的简单随机样本

*	0.95621172263443100	Edna
*	0.95529589891009300	Dave
*	0.95031621511811900	Isabel
*	0.90142567105138400	Maria
*	0.87603942643812900	Kevin
	0.82253995726832500	Frank
	0.60169540845067400	Ann
	0.59862117130896600	Carl
	0.47783527407634200	Jose
	0.42387453801472000	Hamza
	0.37273035992107500	Noy
	0.24560028470083000	Bob
	0.22650088973448900	Luther
	0.17737231327867700	Griselda
	0.03267881450417860	Opal

一旦把永久随机数字分配给总体成员，就可以将其用于多个抽样阶段，或者将总体划分为多个层级。例如，我们如果决定要将某一总体分为男性和女性，并抽取由 3 名男性和 3 名女性构成的简单随机样本，那么可以简单地将总体划分两组，然后选择 3 名男性和 3 名女性的最高（或者最低）随机数字。

3.1.2 系统抽样

系统抽样是在 1 到 i 之间的随机抽样开始之后，抽取总体中的所有第 i 个成员的程序。例如，要从 15 人的总体中抽取 5 个样本，您可以执行以下操作：

- 将总体规模除以所需的样本规模，以获得抽样间隔 i，i 取与之最接近的整数。在我们的示例中，$15 \div 5 = 3$，这意味着我们将在某个随机抽样开始之后抽取三分之一的总体。
- 在 1 和 i 之间抽取一个随机起点 s，使用随机程序确保每个总体成员都有平等的入选机会。
- 依次选取总体成员中编号为 s、$(s+i)$、$(s+2i)$、$(s+3i)$ 的成员。

表 3.3 提供了具体的说明。我们同样使用一个有 15 名成员的总体。按照出现的顺序将这 15 名成员编号为 1 到 15。我们将总体规模除以所需的样本量以得到 3 的抽样间隔，并使用 Excel 的 RANDBETWEEN 函数抽取 1 到 3 之间的随机起点。抽取的随机数为 2，因此我们依次选择总体成员中编号为 2、5、8、11 和 14 的元素。抽取的元素标有星号。

从计算机化的列表中抽样时，与简单随机抽样相比系统抽样并不会节省很多时间，毕竟计算机在做这项工作。但是，在介质抽样中系统抽样却可以节省大量时间，这将在本章的下一部分中讨论。当没有总体列表并且必须使用计数框时（例如，在对某个地点的访客进行抽样时），系统抽样也可能会更容易，因为只需保持与上次选择的间隔，而不是对总体进行累积计数。

表 3.3 系统样本的示例

	1	Ann
*	2	Bob
	3	Carl
	4	Dave
*	5	Edna
	6	Frank
	7	Griselda

续表

*	8	Hamza
	9	Isabel
	10	Jose
*	11	Kevin
	12	Luther
	13	Maria
*	14	Noy
	15	Opal

就样本质量而言，系统样本通常被认为与简单随机样本相同[1]，但是不同的方法可能会产生差异。简单随机抽样不仅为总体中的所有元素提供了相等的入选概率，而且为元素的所有可能组合（即所有可能的样本）提供了相等的入选概率。不过，其中一些组合可能看起来很奇怪。例如，在简单随机抽样示例中，我们注意到该样本具有一些特殊性。相比之下，系统抽样会为所有单个元素提供相等的概率，但不会为所有可能的样本提供相同的概率。实际上，系统抽样仅仅允许 i 个可能的抽样。例如，如果 $i=3$，则系统抽样将仅允许 3 个可能的样本：总体的第 1 个元素和每 3 个后续元素；总体的第 2 个元素和每 3 个后续元素；总体的第 3 个元素和每 3 个后续元素。

因此，系统抽样具有潜在的优点，因为它可以将选择范围扩展到整个抽样框，并且不会像简单随机抽样那样将选择堆叠在一起。您如果需要把某个感兴趣的变量作为抽样框，则可以利用这一优点。例如，如果您要从列表中抽取一所小学样本，并根据每所学校中有资格获得政府午餐补助的学生的百分比来对列表进行排序，那么系统样本将确保按比例代表具有"不同比例的低收入学生"这个条件的学校（这称为隐式分层，我们将在第 5 章中讨论分层抽样）。

系统抽样也有潜在的缺点。如果抽样框表现出周期性（periodicity，即总体成员的循环序列），并且抽样间隔与这种周期性一致，那么系统抽

---

[1] 例如，我们通常将同等规模的简单随机样本和系统样本视为具有相同的抽样误差，尽管严格来讲不能以这种简单的方式来计算系统样本的抽样误差。

样可能会产生毫无代表性的样本。例如,我们曾经看到一个社群组织列表,按丈夫-妻子、丈夫-妻子的顺序进行排列,依此类推,直到抽取一个具有均匀抽样间隔的系统样本并且所有选择都是女性才会意识到这个问题。这类问题很少发生,但是在抽取系统样本之前先了解一下有关抽样框的所有信息并定期检视,是一个合适的做法。另外,如果可以不费吹灰之力就重新组织抽样框架,那么最好将框架按某种顺序排列(女性先于男性,大企业先于小企业等),这样不仅确保了系统抽样程序将选择范围分散到不同类型的总体成员中,而且同时规避了可能存在的周期性。

系统抽样的简单应用通常会产生与所需样本规模不同的样本量。例如,如果需要从 500 人的总体中抽取 200 个成员作为样本,那么计算出的抽样间隔为 $500 \div 200 = 2.5$。您如果将间隔取值为 2,则将获得 $500 \div 2 = 250$ 个样本,该样本量大于计划样本量。您如果将间隔四舍五入为 3,那么将获得 $500 \div 3 \approx 167$ 个样本,该样本量小于计划样本量。

在这个示例中,您可以从每 2 个元素或者每 3 个元素中选取样本,但是更通用的解决方案是选择会产生较大样本的间隔取整,并随机删除多余的样本。与样本量小和添加样本相比,较大的样本量和删除样本总是要更容易的。删除可以用系统的方法来完成。例如,如果您选取样本时仅跳过第 5 个,那么初始样本量将由 250 个减少为 200 个。

当达到所需的样本量时,您不应在列表中停止抽样,因为这会导致样本分布偏向列表的前面部分,而要继续抽取全部样本,然后删除多余的样本。

3.1.3 介质抽样

有时需要从介质来源(例如印制的名录或包含档案记录的文件柜)中进行抽样。在这些情况下,最快的抽样方法是基于介质测量的系统抽样。

从名录中进行抽样

从印制名录中进行系统抽样的方法如下:

- 将所需的样本数量除以名录页数,以计算每页的选择数目。例如,如果在一个 176 页的名录中列出了 33 207 名成员的总体,而计划样本量为 500,则每页选择 $500 \div 176 \approx 2.84$ 个(每页最多取 3 个,而不是 2 个,以保证样本量充足)。

如果页数大于所需的样本大小,用页数除以样本量来确定页面的抽样间隔。例如,如果名录有 176 页,而所需的样本数量为 25,那么每 176÷25＝7.04 页选择 1 个(样本量较充足时,向下取值为 7)。

- 根据需要随机选择每页中的具体位置抽取一个样本。例如,假设名录每页打印 4 列,每列包含 104 行,并且您希望从每页中抽取 3 个样本。在这种情况下,请选择一个介于 1 到 104 之间的随机数来表示每一列中的选定行,并选择一个介于 1 和 4 之间的随机数来表示您将在每一页上跳过的一列。这样,每页将产生 3 个样本。

- 制作一个模板以便于抽样。拿一块至少与名录页一样长的轻质纸板(马尼拉信封或文件夹是不错的模板)做模板,将模板的顶部与名录中打印列的顶部对齐,然后在模板上标记选定的行。

- 将模板放在名录的适当列上,并选择模板上标记所指示的总体成员作为样本。将模板与第一条打印线对齐,而不是页面顶部,因为打印位置可能因页面而异。从名录的第一页到最后一页重复这一过程。获得所需样本量后不要停下来,在整个名录中完成抽样,并随机删除多余的样本。

因为行是基本的打印单位,所以用行而不是名录中的列表来描述这一过程。

在某些名录中,不同的列表行数可能不同。发生这种情况时,抽样程序应采用最常见的列表长度。例如,如果大多数列表采用两行,有些采用三行,而少数采用四行,那么应将位于第三行和第四行的视为无效样本。如果选定的行与列出总体成员的前两行之一相对应,那么位于该行的应纳入样本；如果所选行对应于列表的第三行或第四行,那么应该忽略这两行。这样可以防止多行的列表有更多的入选机会。另外,任何空白行都应视为无效样本。在计算合格率和样本量时应考虑这些因素。

名录也可能包含完全不合格的条目。通常,最好在使用名录之前浏览一下以发现可能的问题,并将其考虑在抽样过程中。

只要名录采用常规方式打印,列表占用相似的行数并且没有很多不合格条目,用这种方式来抽样比简单随机抽样或对列表第 i 个元素进行计数

如何抽样

要快捷得多。如果打印不规则，列表的长度相差很大，或者有很多不合格条目，那么采用简单系统抽样最佳。

从文件柜中进行抽样

从其他类型的抽样框中进行介质抽样所遵循的程序类似于在名录中进行介质抽样。为了简单起见，我们以存储在文件柜中的记录样本为例，尽管您不太可能遇到这种特定情况。举例来说，感兴趣的档案记录保存在25个文件柜中，每个文件柜有4个抽屉抽取100条记录的样本，要执行以下操作。

- 测量抽屉的宽度，例如每个30英寸。
- 计算记录的总长度：25个文件柜×4个抽屉/文件柜×30英寸/抽屉＝3 000英寸。
- 将总长度除以所需的样本大小即可获得介质抽样间隔：3 000英寸÷100个样本＝30英寸/样本。
- 随机抽取一个起点，以英寸或毫米为单位。
- 压实第一个抽屉中的记录。在这些记录上放一个卷尺（或尺子和准绳），随机定位一个起点。抽取与该点相对应的记录和在起点之后以适当间隔出现的记录。

为了使用方便的抽样间隔，将间隔取值到最接近的英寸可能会有所帮助。这将产生样本超额，就像对间隔向下取值会使名录抽样产生样本超额一样。同样，记录的厚度可能不同。例如，由于诊断经历的不同，患者的医疗档案文件可能会更厚或更薄。如果对文件进行 EPSEM 抽样，那么必须使用某一标准厚度，并将超过这一标准厚度的文件视为无效样本。这与列表可能在名录中占用不同行数的情况是类似的。

3.2 执行研究

抽取样本后，剩下的就是执行研究了。我们将这一步骤作为抽样程序的一部分，称为执行研究，因为必须很好地执行才能保持原始样本的质量。来看以下示例：

案例学习3.2

美国中西部的一家电力公司决定为居家用户提供"能源咨询"服务。为了收取费用，公司代表会到客户家中分析如何使家中的能源更高效，并告知成本和收益可能的改变。

该公司开展了一项调查，用以评估这项服务在客户中的受欢迎程度，以协助规划人员配备和支持力度。问卷调查表和三月份的电费账单一起被邮寄给所有住宅用户约计20万名。大约10 000名客户对此进行了回应。寄回的调查问卷表明客户对该服务非常感兴趣，因此电力公司已做好充分准备以应对大量需求。但是，事实证明实际需求远远低于调查结果展示的那样。

这项调查产生误导性结果的原因至少有三个。第一，在客户支付了一系列冬季电费账单后立即进行调查，因此对这项服务的兴趣可能被夸大了。第二，对人们而言，说想要服务比会为服务付费更为容易。第三，也是我们最感兴趣的是，由于研究执行不力，获得的样本存在偏差。

要注意我们说的是获得的样本是有偏差的。原始样本没有任何问题，实际上这是一次普查。出现问题的是在执行和跟进环节。回应的10 000名客户仅是接受问卷调查的客户总体的5％，应将其视为志愿者样本，而不是来自总体的随机样本。

实际上，解释这一数据的最佳方法可能是假设没有寄回问卷的95％的客户对服务不感兴趣。邮件调查中的合作通常受到受访者对该主题的兴趣程度的影响，并且与电话调查和当面访谈不同，电话调查和面对面调查通常是人们在不了解该主题之前就拒绝了。应该假设邮件调查中没有应答的人看了问卷，并判断他们对此不感兴趣。这种偏差永远不会完全从邮件调查中消失，但会随着应答率的提高而变小。

如何抽样

这个例子表明,如果研究人员在执行过程中未能保护研究的完整性,或者换句话说,如果没有给所有总体成员同等的入选机会,那么好的初始样本就没有用处。被采访或观察到的机会均等,这取决于研究的执行方式。该示例还显示,一个大样本(在这种情况下为 10 000 人的样本)不一定是一个好的样本。该公司本来能做得更好,可以将同样的钱花在较小的研究上,而减少无应答偏差带来的风险。

至少在美国,无应答是现代调查研究中的一个巨大问题。图 3.1 展示了皮尤研究中心(Pew Research Center)报告的电话调查应答率的下降趋势。皮尤研究中心的报告指出,从 1997 年以来美国电话调查应答率已从 36% 下降到 9%,因为潜在的受访者越来越难以联系上,即使联系上也不太可能会配合调查。邮件和互联网等其他管理方法的应答率的下降没有那么严重,因为要联系上并不难,但应答率在所有形式的调查中都是问题。

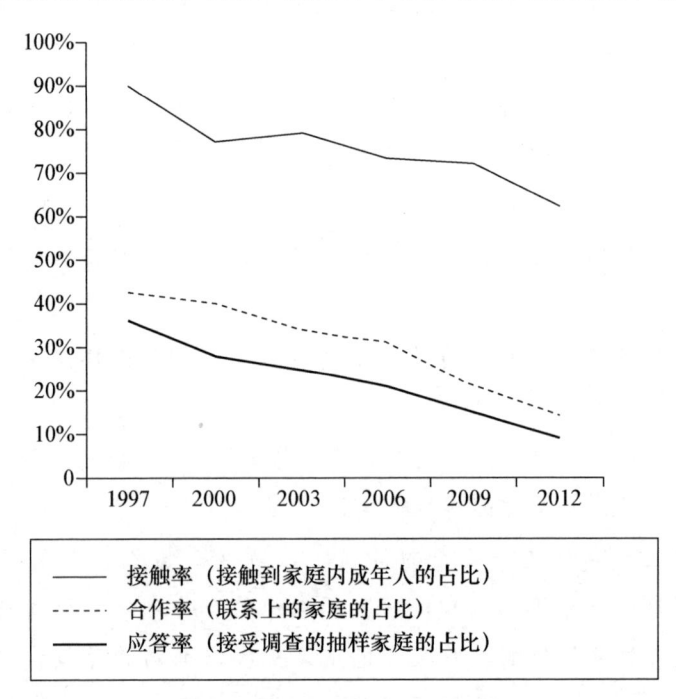

图 3.1　1997 年以来美国电话调查应答率的下降趋势

资料来源:皮尤研究中心. 评估民意调查的代表性. (2012-05-15) [2014-09-23]. http://www.people-press.org/2012/05/15/assessing-the-representativeness-of-public-opinion-surveys.

3.2.1 控制无应答偏差

一种或多种方法的组合被用来控制无应答偏差。这些方法在图 3.2 中列出，并在下面进行讨论。

最大限度提升应答率

> - 最大限度提升应答率
> - 配额抽样
> - 配额的概率抽样
> - 根据应答率进行加权处理
> - 比较不同时期的应答者
> - 无应答者的追访研究

图 3.2　控制无应答偏差的方法的概述

研究中无应答偏差的大小取决于两个方面：（a）应答率；（b）应答者在目标特征上与无应答者的差异程度。如果应答率很高并且无应答者相对较少，那么应答者和无应答者之间的差异将使结果产生偏差。应答率越低，我们就越应该关注。因此，控制无应答偏差的最佳方法是最大限度提高应答率。

最大限度提升应答率的第一步是选择一种可能获得高应答率的操作方法。使用任何一种方法时，下一步是使用可确保联系并鼓励应答的程序。布莱尔等（Blair, Czaja, & Blair, 2013）对这些问题进行了广泛的讨论，并提出针对各种研究的最佳实践建议。因为这些问题与数据收集有关而不是抽样本身，所以我们在这里不对它们进行讨论，但是要意识到它们对于控制无应答偏差至关重要。

配额抽样

在某些研究中，样本的组成（以及由此导致的无应答偏差）是通过配额而不是追访来控制的。这在商业市场研究人员开展的电话调查、对购物中心或其他地点的路人进行的拦访和通过邮件或在网络小组进行的调查中很常见。

在电话调查中，配额抽样的工作方式如下。先选择并拨打数字的随机样本。如果没有人接听电话，访问人员将跳过该号码，转到下一个号码。

在没有控制的情况下使用这种方法，会产生大量的退休人员和家庭主妇样本，因为这些人最有可能接听访问人员来电。为了控制这种显而易见的偏差，研究人员会采用配额手段，通常是针对年龄和性别的。例如，研究人员可能会设置配额以匹配55岁以下的男性、55岁及以上的男性、55岁以下的女性和55岁及以上的女性的人口百分比。这将防止获取到不成比例的55岁及以上人口样本或女性样本。

配额抽样至少在设置配额的角度上会产生看似合理的样本，并且与追访相比，数据收集更快捷，也更加便宜。

但是，如果在找到有效样本之前拨打过很多电话号码，就无法避免抽样程序会找到人口中最不活跃且最容易接近的成员这一事实，这可能是研究中造成样本偏差的因素。来看以下示例：

案例学习3.3

让我们来认识一下奥利里家的两姐妹布丽奇特（Bridget）和凯瑟琳（Kathleen）。两姐妹都是18岁到34岁之间的未婚女性。

布丽奇特是个派对女孩。她经常光顾俱乐部、电影院和饭店。在家时她也爱吃冷冻食品或叫外卖。她爱买衣服，但不买家具。给她打电话时与她联系上的概率是20%。

凯瑟琳是个宅女。她的爱好是制作爱尔兰祝酒词的刺绣（例如，"愿您在魔鬼知道您已死之前的一个小时进入天堂"）。她喜欢购买香料、创意食品、手工艺品和其他物品来点缀她的公寓。给她打电话时与她联系上的概率是80%。

假设世界上像布丽奇特和凯瑟琳这样18岁到34岁的未婚女性各占到一半（50%），然后您正在使用配额抽样进行电话调查，并为这个群体设置了200个样本的配额。

您的第一批200通电话，会拨打给100个布丽奇特式女性和100个凯瑟琳式女性。您将得到20个在家中的布丽奇特式女性和80个凯瑟琳式女性。如果每个人都配合调查，这将会带来100个受访者。

第 3 章　抽取样本与执行研究

> 您的第二批 200 通电话再次转到 100 个布丽奇特式女性和 100 个凯瑟琳式女性。同样，您得到 20 个布丽奇特式女性和 80 个凯瑟琳式女性。如果她们都配合调查，您将再次获得 100 个受访者，完成配额任务。但是，配额样本由 40 个布丽奇特式女性和 160 个凯瑟琳式女性构成，并不是理想的 100/100 的比率。这是为什么呢？
>
> 抽样可以看作一个多阶段过程，其中某一总体成员出现在获得的样本中的概率为被选择的概率乘以被选择时能联系上的概率再乘以能联系上并配合调查的概率。在这里，布丽奇特式女性被选择的概率和联系上并配合调查的概率与凯瑟琳式女性相等，但是对凯瑟琳式女性而言，被联系上的概率是布丽奇特式女性的 4 倍（80% 比 20%）。这就是尽管总体数量相等，但样本中凯瑟琳式女性的数量是布丽奇特式女性的 4 倍的原因。

在电话调查中进行回拨是为了努力使样本中所有成员被联系上的概率都为 100%，由此，受访者的可获得性不会造成偏差。本质上，回拨通过管理过程来确保调查结果的质量。相反，配额只管理结果而不处理过程。配额可以防止群体分布明显不同带来的不良后果。但是正如布丽奇特和凯瑟琳的示例所示，它们总是在配额组内留有一些可获得性偏差。因此，配额没有用于控制无应答偏差的回拨好。

配额抽样留下的可获得性偏差在多大程度上造成无应答偏差的出现，取决于可获得性与研究主题的相关程度。如果我们出于调查健康状况的目的对布丽奇特式女性和凯瑟琳式女性进行抽样，则可能没有多大差异，但是如果我们由于研究烹饪习惯和在餐厅吃饭的频率而进行抽样，那么差异可能会存在。

另外要注意的是，我们已经介绍了一种形式的配额抽样，这种形式使用概率抽样进行初始选择和替换选择。许多形式的配额抽样并不使用概率抽样，例如在第 1 章中描述的老式盖洛普民意测验以及大多数市场研究公司开展的对购物中心的研究中，对个人受访者的选择没有进行适当控制，访问人员可以随意调查任何人。类似的，商业邮件和网络小组可以平衡用于反映人口和地理情况的配额，但这些样本通常由已招募而非抽取的志愿者组成。在这些情况下，配额抽样是非概率抽样的一种形式，并且会受到选择偏差和无应答偏差的影响。例如，购物商场中的访问人员只能只会接近"看起来不错"的人。

配额的概率抽样

如我们在布丽奇特和凯瑟琳的示例中所见，如果配额单元中的各个元素被接触的概率不同，即使这些元素是随机抽取的，配额样本中也会出现可获得性偏差。被接触的概率没有差异，这一程序将不会产生可获得性偏差。为了说明这一点，让我们来看下面的案例学习：

案例学习3.4

与之前一样，假设世界上18岁到34岁的未婚女性是由50%的布丽奇特式女性和50%的凯瑟琳式女性组成。另外，我们假设布丽奇特式女性中共和党人和民主党人的比例是40/60，凯瑟琳式女性中这一比例为60/40。

假设您的研究采用了配额抽样，并且为18岁至34岁的未婚女性设定了200个样本的配额。因为您意识到不进行控制的话，将无法恰当地代表布丽奇特式女性和凯瑟琳式女性，所以您专门设置了100个布丽奇特式女性和100个凯瑟琳式女性的配额（不考虑如何实现这一要求）。

您第一批200次通话呼叫了200名18岁到34岁的未婚女性，其中有100个布丽奇特式女性和100个凯瑟琳式女性。对布丽奇特式女性而言，呼叫了40个共和党人和60个民主党人，联系上8个共和党人和12个民主党人（各20%）。如果每个人都合作的话，您就会获得20个布丽奇特式女性的受访者，共和党人和民主党人的人数分别为8人和12人。对凯瑟琳式女性而言，拨打了60个共和党人和40个民主党人的电话，联系上48个共和党人和32个民主党人（各80%）。如果每个人都合作的话，您会获得80个凯瑟琳式女性的受访者，共和党人和民主党人的人数分别为48人和32人。

第 3 章 抽取样本与执行研究

> 在 250 次通话后,您呼叫了 125 个凯瑟琳式女性,并与其中的 100 个(80%)联系上,共和党人和民主党人各有 60 人和 40 人。至此,您完成了对凯瑟琳式女性的配额任务。
>
> 在 1 000 次通话后,您呼叫了 500 个布丽奇特式女性,并联系上其中的 100 人(20%),共和党人和民主党人各有 40 人和 60 人。至此,您完成了对布丽奇特式女性的配额任务。
>
> 请注意,共和党人和民主党人样本分别在布丽奇特式女性、凯瑟琳式女性以及总体中都有适当的代表性。共和党人和民主党人样本可以适当地代表布丽奇特式女性,因为对布丽奇特式女性的接触率是相等的:共和党人布丽奇特式女性和民主党人布丽奇特式女性都有 20% 的被接触的机会。因此,由于可获得性较高,两个党派的人数都没有被高估。基于相同的原因,共和党人和民主党人样本也可以代表凯瑟琳式女性:共和党人凯瑟琳式女性和民主党人凯瑟琳式女性都有 80% 的联系机会。因此,由于可获得性较高,这两个党派的人数都没有被高估。
>
> 在布丽奇特式女性和凯瑟琳式女性之间,被接触概率是不等的,并且正如我们已经看到的那样,如果不加以控制,这一差异将导致可获得性偏差。我们通过给各个小组设置配额,并努力与较难联络到的群体联系上来解决布丽奇特式女性和凯瑟琳式女性之间的差异。

正如案例所示,如果使用概率抽样来抽取配额样本的元素,并且在可以保证组内的接触概率相等的情况下来界定配额组,那么配额抽样将不会受到可获得性偏差的影响,并且可以正确代表目标人群(组与组之间的联系概率不会也不需要相等,因为配额分配将确保在这一层面上有适当的代表性)。苏德曼(Sudman, 1967)将这种类型的抽样称为配额的概率抽样(probability sampling with quotas),或概率配额抽样(prob-quota sampling)。

与追访的概率抽样相比,概率配额抽样几乎无法节省成本,因为这不会减少尝试联系的次数。例如,在追访中如果一个受访者被联系上的概率为 20%,那么平均需要 5 次呼叫来建立联系。在概率配额抽样中如果这名受访者被另一个具有 20% 被接触概率的选择替换,则其他受访者仍然平均需要 5 次呼叫才能建立联系。减少联系次数的唯一方法是替换为具有更高联系概率的元素，这意味着会出现可获得性偏差。换句话说，配额抽样通常比追访概率抽样的成本更低，是因为配额抽样具有可获得性偏差，如果消除可获得性偏差，成本也就无法节省。实际上，使用概率配额抽样比进行追访概率抽样可能要花费更多，因为在追访中初次致电可能会得到受访者日程安排的相关信息，从而提高以后拨打电话时联系上的概率。

概率配额抽样的最大潜在优势是速度。通过概率配额抽样，电话访问操作可以在一个晚上完成对总体细致的抽样，而追访至少需要一周的时间。这对时间紧迫的研究（例如通宵的政治民意调查）而言是一大优势。举例来说，概率配额抽样的最早应用之一是研究总统肯尼迪遇刺后造成的公众反应（Sudman，1967）。紧急健康监测是这一方法可能有效的另一个应用领域。例如，前些年意外的流感病毒急需替代疫苗，这需要快速评估人们接种新流感疫苗的意愿来估计疫苗的产量。

概率配额抽样的操作性问题在于能够界定一组紧凑的配额群组，这些群组组内具有相等的接触率。如果界定了太多的群组，那么完成最难找到的群组配额的成本将变得非常高，但是如果群组太大，那么它们的同质性将会降低，并且会出现可获得性偏差问题。在 20 世纪 60 年代中期，当家户调查成为总体人口调查的常用方法时，苏德曼（Sudman，1967）建议设置个人调查中的四个配额群组：受雇女性、无业女性、18 岁到 29 岁的男性和 30 岁及以上的男性。几乎可以肯定，由于方法的改进和社会条件的变化，当前对群组的定义也会有所不同。

概率配额抽样是一个有趣的想法，值得考虑。比如说，在需要严格的概率样本但无应答率总体较高的情况下使用概率配额抽样，但据我们所知，这一程序在当前的应用很少，尚不清楚要界定哪些群组才能有效消除其他配额抽样方法中存在的可获得性偏差。

根据应答率进行加权处理

如果最大限度提高应答率，或者使用配额抽样，那么可以通过控制样本的组成来控制无应答偏差。另一种方法是对样本进行加权，以进行统计上的控制。

第 3 章 抽取样本与执行研究

加权可以通过多种方法完成。第一种方法是采用外部标准对样本进行加权，将获得的样本与已知总体特征的任何可用变量进行比较。比如说，可以将对性别、年龄和收入进行了测量的一般总体样本与人口普查的变量数据进行比较。如果没有显著的差异，那么可以认为没有证据显示无应答偏差是一个问题，不用做任何处理。如果观测到显著差异，那么可以通过对数据进行加权在有差异的变量上匹配总体分布来控制这种偏差。例如，如果观察到的样本中 40% 的受访者年龄小于 55 岁，而 60% 的年龄在 55 岁及以上，并且已知相关人群中 80% 的人年龄要低于 55 岁，而 20% 的人年龄在 55 岁及以上，那么，年龄在 55 岁以下受访者的权重就是 80/40，也就是 2（应代表的样本比例和实际所占的比例之间的比重），而年龄在 55 岁及以上的受访者的权重为 20/60，或者说是 1/3。一般而言，第 i 个群组的权重为 π_i/p_i，其中 π_i 是该群组在总体中的比例，而 p_i 是在样本中的比例。

第二种方法是对应答率进行加权。例如，假设在全国性电话调查中大城市电话交换机的应答率为 10%，其他电话交换机的应答率为 40%，总体的应答率为 20%。显然，所获得的样本不足以代表大城市。在此示例中，大城市交换机数据的权重为 0.2/0.1，也就是 2（理论应答率和实际应答率的比重），而来自其他交换机数据的权重为 0.2/0.4，也就是 0.5。一般而言，第 i 个群组的权重为 r/r_i，其中 r 是整个样本的应答率，r_i 是该组的应答率。在网络群组的研究中，这种类型的加权称为应答倾向加权（response propensity weighting），是指个人或群体应答的倾向。

第三种方法是对接触率进行加权（理论上可行，但在实践中往往不可靠，因此很少被使用）。例如，波利茨和西蒙斯（Politz & Simmons, 1949）提出一种方案，其中收集的数据没有回拨或配额，但受访者被问及在前 5 个晚上是否方便，并且数据的权重与可获得性成反比。所有 6 个晚上都方便的受访者的权重被设置为 1，所有 6 个晚上都不方便的受访者的权重被设置为 6，假设只有 1/6 的受访者只在其中某一天晚上方便。按照类似的逻辑，诺埃尔和斯坦利（Nowell & Stanley, 1991）提出，不加控制的购物中心调查应根据现场自我报告的时间进行反向加权，其前提是被拦截的概率与在现场的概率成正比。

如何抽样

第一印象，群组加权似乎是控制无应答偏差的一种非常有吸引力的方法。无须为细致的方法和追访付费，只需做一些简单的工作，真实呈现样本，然后通过加权进行修正。但是，这种方法存在一些较大的问题。

第一个问题是，可以将对群组的加权视为一种配额方案，其中配额是事后分配而非预先设定的[①]，而且如果抽样不是随机的话，这种方法具有潜在相同的可获得性偏差和选择偏差。如果研究的应答率较低，那么可以乐观地假设没有应答偏差，只是因为样本的人口统计学特征恰好与总体人口相匹配，或者声称已经通过对明显的瑕疵进行加权解决了这一问题。比如说，您的样本中18岁到34岁的女性占比合适，或者已经将她们加权到恰当的比例，但是您是否有布丽奇特式女性样本或凯瑟琳式女性样本的问题？假定加权可以将不良样本变成优质样本是错误的。

第二个问题是加权会增加抽样误差（与样本相关联的随机变化水平），因为对一个不成比例的样本加权得到合理比例的样本，其抽样误差要比合理比例的样本更高（除非不成比例的方案已被设计用来充分利用群组差异或成本优势，这将在第5章中进行讨论）。我们将在第7章中更详细地讨论加权对抽样误差的影响，现在我们只需要注意，抽样误差的增加是加权带来的不良后果。

第三个问题是，权重必须可靠才能发挥作用，而问题可能就会出现在这里。例如，波利茨-西蒙斯（Politz-Simmons）法取决于受访者报告的可获得性。已经发现受访者在提供这一信息方面不太可靠，因此这一方法收效甚微。

鉴于这些问题，加权不应被视为控制无应答偏差的主要方法。加权适用于控制由棘手问题（如不可减少的无应答）引起偏差的可能性，但应对无应答偏差的第一道防线应始终是谨慎的数据收集程序。

比较不同时期的应答者

有时可以通过比较早期和晚期受访者来评估无应答偏差的程度。从逻

[①] 实际上，这种方式的加权还有另一个名称，即事后分层或者群组数据的事后分析。对此，我们将在第5章分层抽样中再次提及。

辑上来说，最早的受访者最容易获得，后面的受访者获得的难度比较高，而无应答的受访者最难获得，因此获取难度上存在一种趋势。在这种逻辑指导下，如果早期和晚期受访者在关键问题上的结果有所不同，那么差异表明难度与结果之间存在关联，因此存在无应答偏差的风险。相反，差异不大表明两者没有关联，因此无应答偏差不足以成为问题。

不幸的是，这种方法几乎总是在应答率低的邮件或网络调查中被使用，因此可信度受到质疑。举例来说，如果一项网络研究的应答有一半是在1天之内完成的，另一半中的大部分是在接下来的2天之内完成的，总应答率为8%，那么假设第1天和第2~3天的受访者在提供有92%无应答者的可靠信息方面没有明显差异，是相当夸张的。总之，我们认为这是一种较差的方法。

无应答者的追访研究

即使研究者在调查实践中尽可能做到最好，无应答偏差还是可能构成威胁。对于调查研究人员而言，过去20年里样本合作率一直在平稳下降。电话调查的应答率可能低于15%，而基于邮件和互联网的调查的应答率通常在10%以下。在这种情况下，控制无应答偏差的终极方法是对其进行测量和调整。这就要求从无应答者样本中获取数据，以便与应答者进行比较。

对无应答者的追访研究规模通常不大。例如，在一项具有几百个回复的邮件调查中，可能会尝试获取不超过50个无应答者的样本。我们的目标不是对这个群体进行精确的估算，而只是检查他们是否与受访者不同。如果未观测到明显差异，那么无论应答率如何，研究者对研究的普遍性更有信心。如果观测到明显差异，那么就发现了一个问题。在这一点上，至少可以记录该问题。如果（初始）无应答者的样本足够大，并且具有足够高的应答率，那么通过加权和合并应答者和无应答者的数据来修正研究结果就可能是合理的。

从无应答者那里收集数据看起来似乎是矛盾的，但并非不可能。一些受访者会对另一种执行方式做出回应。例如，没有退回邮件调查问卷的人可能会回复电话访问，反之亦然。即使在相同的执行模式下，承担扭转拒访者任务的数据收集者的能力通常高于一般水平，或者在一个更合适的时

如何抽样

间再次请求配合可能会争取到受访者。此外，对无应答者的访谈可能仅限于几个关键问题，这样更容易说服他们参与调查。最后，由于想要在无应答者的追访中获得尽可能高的应答率（试图获得"硬核"和"软核"无应答者），因此提供现金奖励以诱导无应答者参加追访研究变得越来越常见。

网络调查可能特别适合针对无应答者的混合追访，至少部分是因为网络调查一开始往往具有较低的应答率。库珀等（Couper, Peytchev, Strecher, Rothert, & Anderson, 2007）报告了一项有关在线体重管理干预措施的研究，其中85%的基线参与者在12个月的测量期内未对网络问卷做出回应。300名无应答者被随机分配到电话追访，而400名被随机分配到邮件追访中。如图3.3所示，两种追访方法均从以前未回复在线请求的人们那里获得了50%以上的应答率。

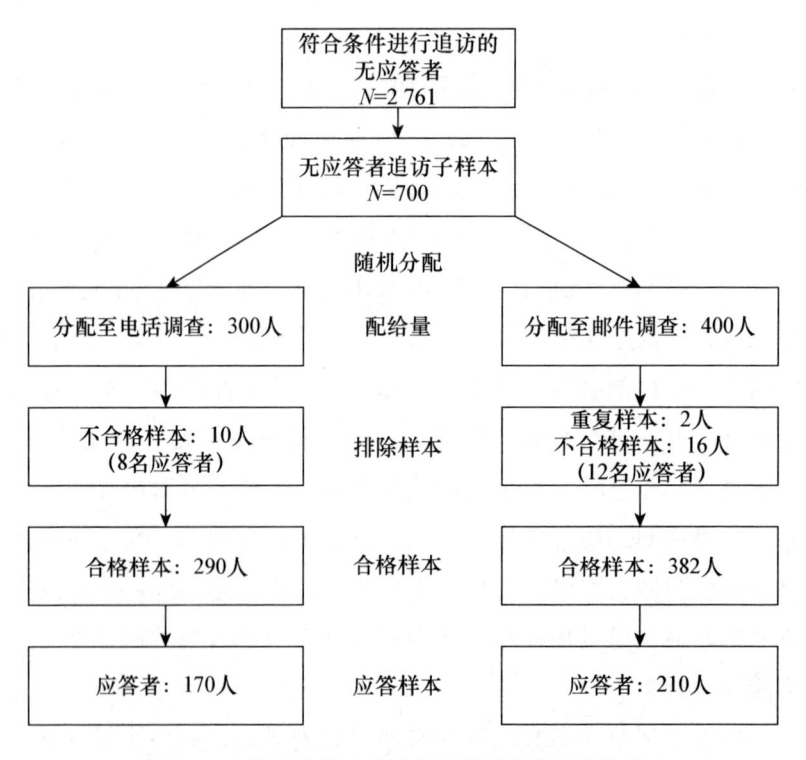

```
符合条件进行追访的
   无应答者
   N=2 761
      │
      ▼
无应答者追访子样本
   N=700
```

随机分配

分配至电话调查：300人	配给量	分配至邮件调查：400人
不合格样本：10人（8名应答者）	排除样本	重复样本：2人 不合格样本：16人（12名应答者）
合格样本：290人	合格样本	合格样本：382人
应答者：170人	应答样本	应答者：210人

图 3.3　可能会获得无应答者的数据收集替代性方法

资料来源：版权© Mick P. Couper, Andy Peytchev, Victor J. Strecher, Kendra Rothert, Julia Anderson，初次发表在《医学互联网研究杂志》（the Journal of Medical Internet Research）（http://www.jmir.org, 2007-06-13），根据知识共享署名许可协议进行发布。

第 3 章　抽取样本与执行研究

如果可以有效地完成对无应答者的追访研究，像库珀他们那样能够直接测量无应答偏差并且可以估计所有测量变量的无应答偏差，那么这一方法可以带来很多好处。不利的一面是，对无应答者的追访会延长数据收集时间，而且成本高昂，还无法确保延长周期和增加投入会获得回报。由于其不菲的成本和对时间的要求，初始研究预算和进度安排必须能够支持追访研究。

总的来说，与机构或企业调查相比，对家庭中无应答者的追访可能更有用。家庭无应答者中很大一部分是联络不上的，这需要额外的努力。相比之下，拒访是机构调查中无应答的主要原因，而且这些原因通常是追访请求无法起作用的，比如公司政策。

3.2.2　计算应答率

我们对最终获得样本的描述将包括有关应答率的信息（有关样本报告内容的完整讨论，请参见第 9 章）。

这并不像看起来那样简单，应答率（response rates）、拒访率（refusal rates）、合作率（cooperation rates）和完成率（completion rates）等术语被不同的研究人员用来表示完全不同的事物。尽管已经有人对这些比率的计算和表达方法提出了建议（Council of American Survey Research Organizations，1982；Groves & Couper，1998；Hidiroglou，Drew，& Gray，1993），但并没有被普遍采用。最近的尝试是美国民意调查协会（American Association for Public Opinion Research，2011）的出版物，他们在这本书中提出了电话调查和当面调查的标准定义和公式。①

我们提出了两种简单的应答率测量方法，但更重要的是我们主张研究人员应确切报告研究的应答率是如何计算的以及应答率中应用了哪些规则来处理样本。

我们的第一个指标是应答率，用于测量从所有合格的样本成员那里获

---

① 美国民意调查协会标准定义报告和 AAPOR（Excel）应答率计算器 V3.1 均可从 http://www.aapor.org/Standard_Definitions2.htm 下载。

取数据的效率。应答率的计算公式为：

$$应答率 = I/[(I+R+NC+O)+e(U)]$$

其中，

  I＝受访者的人数或观测次数；

  R＝拒访的人数；

  NC＝被认为合格但无法接触者的人数；

  O＝因其他原因（如语言问题）而未获得的案例数量；

  U＝无法确定资格的案例数量；

  $e = I/(I+SO)$，这里，I 是受访者的人数或观测次数，SO 是被筛选为不合格的案例数量。

测量应答情况的第二个指标是合作率，用于测量从能够获得的选定的总体成员中获取数据的能力。合作率的计算公式为：

$$合作率 = I/(I+R+O)$$

请注意，计算合作率必须区分无法接触者和拒访者。在邮件调查和网络调查中这是无法实现的，因此从这些研究中获得的反映应答情况的指标只有应答率。

3.3 本章小结

本章对抽取样本和执行研究中的相关问题进行了讨论。我们探讨了两种基本抽样方法：简单随机抽样和系统抽样。简单随机抽样可以使用随机数来确定并抽取总体成员。系统抽样是在随机抽样开始后从总体中每 i 个成员里抽样。在必须从像印刷名录或包含档案记录的文件柜等介质来源中进行抽样的情况下，最快的抽样方法是基于介质测量的系统抽样。

有关研究执行的主要抽样问题是无应答偏差。为了保持样本的完整性，请尝试最大限度地提高应答率，选择一种鼓励尽可能多的目标总体成员参与调查的方法，使用回拨或追访程序来确保几乎所有选定的总体成员都能够被联系上，并遵循"最佳做法"来进行研究。还有其他控制无应答偏差的方法，包括配额抽样、使用配额的概率抽样、对不同应答率进行加权以及比较早期和晚期应答者，但是这些方法都比最大限度提升应答率的效果要差。如果即使尽最大努力应答率仍然很低，那么请尝试从无应答者样本中收集数据。可以将这些无应答者的数据与应答者的数据进行比较分析，以检验无应答偏差是否存在，并为调整后的估计值打下基础。

对最终获得的样本的描述将包括应答率的有关信息。我们提出以下两种方法建议：应答率，测量从所有合格样本成员中获取数据的效率；合作率，衡量从能够访问的选定的总体成员中获取数据的能力。

练习和讨论题

习题 3.1

获取班级花名册或其他任何列表，然后从中抽取一个简单随机样本和一个系统样本。

练习 3.2

在一项有关公园和休闲的调查中，40%的受访者年龄不到 55 岁，60%的年龄在 55 岁及以上。已知相关总体中，年龄小于 55 岁的占 80%，年龄在 55 岁及以上的占 20%。未经加权的调查结果表明，有 26%的本地居民希望在城市公园中拥有更多的儿童游乐场，其中年龄在 55 岁以下的受访者占所在群组的比例为 50%，55 岁及以上的受访者占所在群组的比例为 10%。如果对这些结果进行加权以调整年龄结构，那么该地区居民中有多少想要更多的儿童游乐场？

第二部分
样本规模与样本效率

在第一部分，我们概述了抽样的过程，从总体界定到研究执行，还讨论了抽样过程中每个步骤可能导致样本偏差的路径，并介绍了以最小样本偏差获取样本的抽样程序。

在第二部分，我们将转向样本规模和样本效率的问题。第一部分着重于控制样本偏差，而本部分着重于控制抽样误差。抽样误差与某种观点有关，这种观点认为偶然的变化会导致大多数样本与总体有所不同，即使抽样程序没有偏差。

阅读完这一部分的内容后，您应该知道以下内容：(a) 样本规模与抽样误差之间的关系；(b) 如何计算能够容纳一定程度抽样误差的样本规模；(c) 能够保证研究结果精度可以被接受的确定样本规模的其他方法；(d) 能够提高样本的成本效益的抽样方法（即在相同的研究预算下产生较低抽样误差的抽样方法）；(e) 如何运用这些方法。

本部分假定您已学习过统计学导论课程，并且熟悉均值、方差和标准差的概念。您如果熟悉这些术语，即使还没有上过这门课程，也应该可以继续学习。

第4章

确定样本规模

本章将在开篇讨论如何设置样本规模来控制抽样误差。正如我们看到的那样,样本大小决定抽样误差的水平,这意味着可以通过计算来得到样本规模,以使得抽样误差水平能够被接受。在本章中,您将学习以下内容:

- 抽样误差与样本规模之间的关系。
- 如何计算得到抽样误差可被接受的样本规模。
- 如何基于假设检验来计算样本规模。
- 如何根据信息价值来计算样本规模。
- 设置样本规模的非正式方法。

本章中的讨论都是建立在假定使用简单随机抽样的基础之上的。在某些情况下,可以通过分层抽样或整群抽样来提高抽样效率。这些抽样程序将在后面章节中进行讨论。

4.1 抽样误差

通过展示较小总体的样本，可以清晰地说明抽样误差的概念。表 4.1 列出这样一个总体：5 个人的名字分别是 Ann、Bob、Carl、Dave 和 Edna。Ann 是 24 岁的女性，Bob 是 36 岁的男性，Carl 是 48 岁的男性，Dave 是 60 岁的男性，Edna 是 72 岁的女性。这 5 个人的平均年龄为 48 岁，男性占到总体的 60%。

表 4.1 一个小型总体

总体成员	年龄	性别
Ann	24	女
Bob	36	男
Carl	48	男
Dave	60	男
Edna	72	女

表 4.2 展示的是可以从该总体中提取的所有大小为 1、2、3、4 和 5 的样本，假设样本中没有任何重复的总体成员（即不更换样本）。当然，数量为 5 的样本是对总体的全面普查。表 4.2 还呈现了每个样本的平均年龄、每个样本中男性的比例以及某一特定样本中的平均值。同样，这些都是可以从我们的 5 人总体中抽取的样本。

表 4.2 从较小总体中提取的所有可能的样本

	年龄平均值	男性百分比
样本量 $n=1$ 的所有样本		
Ann	24	0
Bob	36	100
Carl	48	100
Dave	60	100
Edna	72	0

第4章　确定样本规模

续表

	年龄平均值	男性百分比
总体均值	48	60
样本量 $n=2$ 的所有样本		
Ann、Bob	30	50
Ann、Carl	36	50
Ann、Dave	42	50
Bob、Carl	42	100
Ann、Edna	48	0
Bob、Dave	48	100
Bob、Edna	54	50
Carl、Dave	54	100
Carl、Edna	60	50
Dave、Edna	66	50
总体均值	48	60
样本量 $n=3$ 的所有样本		
Ann、Bob、Carl	36	67
Ann、Bob、Dave	40	67
Ann、Bob、Edna	44	33
Ann、Carl、Dave	44	67
Ann、Carl、Edna	48	33
Bob、Carl、Dave	48	100
Bob、Carl、Edna	52	67
Ann、Dave、Edna	52	33
Bob、Dave、Edna	56	67
Carl、Dave、Edna	60	67
总体均值	48	60
样本量 $n=4$ 的所有样本		
Ann、Bob、Carl、Dave	42	75
Ann、Bob、Carl、Edna	45	50
Ann、Bob、Dave、Edna	48	50
Ann、Carl、Dave、Edna	51	50
Bob、Carl、Dave、Edna	54	75
总体均值	48	60
样本量 $n=5$ 的总体样本		
Ann、Bob、Carl、Dave、Edna	48	60

从表 4.2 中可以看到以下三个重要的事实：

- 为给定规模的所有样本计算样本均值（或比例）的平均值时，它们的平均值与总体相同。这就是统计学家所说的，样本均值的"期望值"等于总体均值。

- 任何给定样本的平均值（或比例）不一定与总体的平均值相同。实际上，大多数样本的均值与总体不同，这不是因为系统偏差造成的，而仅仅是由于样本构成的变化。这种类型的变化在抽样误差的概念中定型。

- 随着样本数量的增加，样本均值（或比例）的分布越来越紧密地集聚在总体均值周围。也就是说，随着样本规模的增加，抽样误差的水平出现下降。

最后一点在表 4.3 中进行了说明。表中的总体均值范围展示了 60% 的可能样本年龄的均值。当 $n=1$ 时，60% 的可能样本落在 36 和 60 之间，或者在总体平均值 48 ± 12 的范围内。当 $n=2$ 时，60% 的可能样本在 42 和 54 之间，或者在总体平均值的 48 ± 6 范围内。当 $n=3$ 时，60% 的可能样本在 44 和 52 之间，或在 48 ± 4 的范围内。当 $n=4$ 时，60% 的可能样本介于 45 和 51 之间，或在 48 ± 3 的范围内。当 $n=5$ 时，样本包含整个总体，样本与总体没有差异。

表 4.3　60% 可能样本的年龄平均值的区间

$n=5$	48
$n=4$	45 — 51
$n=3$	44 — 52
$n=2$	42 — 54
$n=1$	36 — 60

抽样误差的水平被量化为特定大小样本的样本均值（或比例）分布的标准差。若用统计符号，则抽样误差用 $\sigma_{\bar{X}}$（或百分比用 σ_p）表示。抽样误差的计算公式为：

$$\sigma_{\bar{X}} = \sqrt{\frac{\sigma^2}{n} \times \left[\frac{N-n}{N}\right] \times \left[\frac{N}{N-1}\right]} \tag{4.1}$$

其中 σ_X 是抽样误差，σ^2 是总体成员在目标变量上的方差，n 是样本数量，N 是总体规模。

$(N-n)/N$ 是有限总体校正系数（finite population correction），它对以下事实进行修正：随着样本在总体中所占的比重越来越大，样本之间的差异变得越来越有限。最终，如果整个总体被纳入样本，$n=N$，那么有限总体校正系数将变为零，这样抽样误差也将变为零。也就是说，如果样本包括全部总体成员，那么将没有抽样误差。这是一个重要的概念，但是为了简化计算，我们通常会删除这一术语，除非样本至少构成总体的10%，这在组织人口的调查中经常发生，但在家庭人口的调查中却很少见。

$N/(N-1)$ 是无替换抽样校正系数（correction for sampling without replacement），它对以下事实进行调整：不允许重复元素可以稍微增加样本之间的差异。这个术语通常并不重要，为了简化计算几乎总是被删除。

如果我们删掉有限总体校正系数和无替换抽样校正系数，那么我们将得到公式：

$$\sigma_X = \sqrt{\frac{\sigma^2}{n}} \tag{4.2}$$

因此，我们可以看到抽样误差的水平与总体方差的大小成正比，而与样本数量呈负相关关系。请注意，除非有限总体校正系数变得有意义，否则总体规模和样本规模占比都不会影响抽样误差。

4.2 基于置信区间的样本规模测算

样本规模的置信区间的逻辑如下所述。我们知道，由于样本构成的变化，样本平均值（或比例）可能会与总体参数值有所不同。我们可以通过样本大小来控制来源于此的误差的置信区间（有时也称为误差范围，即 margin of error）。

样本均值在重复样本中的分布为正态分布。在正态分布中，95%的样本均值落在该均值±1.96个标准差（$\sigma_{\bar{X}}$）的区间内。我们将抽样误差$\sigma_{\bar{X}}$定义为样本均值分布的标准偏差，则95%的样本均值将落在样本均值平均数（the average sample mean）的±1.96个标准差的区间内，也就是说在总体均值的±1.96（$\sigma_{\bar{X}}$）之内。换句话说，任何给定的样本均值都有95%的机会落入此区间内（假设抽样程序没有偏差）。

在本章的前面，我们列出的公式中与$\sigma_{\bar{X}}$相关的因素有相关变量的方差、样本规模以及使用有限总体校正系数时的总体规模。因此，如果我们为±1.96个标准差（$\sigma_{\bar{X}}$）指定一个期望值，也就是说，如果我们指定期望的"95%的置信区间"，我们将其表示为$I_{95\%}$，而且对方差和总体大小进行估计，那么我们可以使用以前的公式来解决产生此结果所需的样本量。

具体来说：

$$I_{95\%} = 1.96(\sigma_{\bar{X}})$$

如果我们使用公式4.1代入$\sigma_{\bar{X}}$，那么将得到：

$$I_{95\%} = 1.96 \times \sqrt{\frac{\sigma^2}{n} \times \left[\frac{N-n}{N}\right] \times \left[\frac{N}{N-1}\right]}$$

得到n：

$$n = \frac{\sigma^2 \times \left[\frac{N}{N-1}\right]}{\left\{\left[\frac{I_{95\%}}{1.96}\right]^2 + \left[\frac{\sigma^2}{N-1}\right]\right\}} \tag{4.3}$$

如果我们不采用有限总体校正系数和无替换抽样校正系数，并使用更简单的公式4.2，那么：

$$I_{95\%} = 1.96 \times \sqrt{\frac{\sigma^2}{n}}$$

得到n：

$$n = \left[\frac{1.96 \times \sigma}{I_{95\%}}\right]^2 \tag{4.4}$$

第 4 章　确定样本规模

我们可能需要注意以下几点：

- 我们通常使用公式 4.4，除非样本占总体的 10% 以上。
- 公式 4.3 和公式 4.4 适用于 95% 的置信区间。您如果想要 90% 的置信区间，那么在公式中应该使用 1.645，而不是 1.96（正态分布中 90% 的值在均值的 ±1.645 个标准差的区间内）。
- 当我们的研究目标是在可接受的抽样误差水平下估计某些变量的均值时，公式 4.3 和公式 4.4 是相关的。平均值（mean）代表平均水平；当您回答"某个变量的平均值是多少"时，您正在估计平均值。在某些情况下，我们希望估算比例。比例（proportions）是百分比；当您回答"总体中有多少具有某些特征"时，您正在估计比例。如果研究的目的是估计比例而不是平均值，那么这些公式中应该用 $\sqrt{\pi \times (1-\pi)}$ 来代替 σ，其中 π 是具有目标特征的总体比例。同样，如果我们试图估计任何其他类型的统计信息（相关系数、回归系数等等），那么我们将用适当的公式来代替标准差这一统计值。
- 均值和比例也构成估计群体规模和总数的基础。群体规模例如美国持有枪支的人数，是通过估计比例得到的。对美国人进行抽样调查，估计拥有枪支的比例，然后将该比例乘以美国的人口数量 N，得出对拥有枪支的总人数的估计值。同样，总数例如美国人在生日礼物上花费的总金额，是通过对均值的估算获得的。对美国人进行抽样调查，估算他们在生日礼物上的平均支出，然后将其平均数乘以 N 就可得出总额的估计值。因此，如果研究项目的目的是估计群体规模或总数，那么可以使用这里给出的均值或比例组成的公式重新表达。
- 求解公式 4.3 或公式 4.4 需要我们估计 σ（或作为比例的 π）。换句话说，它要求我们在研究总体之前先估算总体的特征。我们将在本章稍后讨论如何来执行这一操作。
- 公式 4.3 或公式 4.4 的求解还要求我们指定所需的置信区间。如果不确定想要的置信区间，可能需要进行以下操作：(1) 以某种非正式的方式设置样本规模，如本章后面所述的那样；(2) 计算目标变量的相关置信区间；(3) 考虑这些置信区间是否符合您的研究目标。如果没有，请尝试其他样本量，直到满意为止。

4.2.1 计算案例

我们来看用置信区间方法计算样本规模的例子。假设我们想要估算某类人群平均每年用于生日礼物的总支出，而且希望样本均值有 95% 的概率落在总体均值的 ±20 美元的范围内。进一步假设总体规模约为 4 000 000，而我们对该群体中每年生日礼物支出的标准差的先验估计为 400 美元。使用公式 4.3，达到我们的置信区间目标所需的样本量为：

$$n = \frac{400^2 \times \left[\dfrac{4\,000\,000}{4\,000\,000-1}\right]}{\left\{\left[\dfrac{20}{1.96}\right]^2 + \left[\dfrac{400^2}{4\,000\,000-1}\right]\right\}} = 1\,536.05 \text{ 或 } 1\,537$$

使用公式 4.4，忽略有限总体校正系数，我们得到：

$$n = \left[\frac{1.96 \times 400}{20}\right]^2$$

$$= 1\,536.64 \text{ 或 } 1\,537$$

因为总体样本较大，这两个公式产生的结果接近。但是，如果假设总体规模为 400，而不是 4 000 000。使用公式 4.3，达到我们所需置信区间的样本量为：

$$n = \frac{400^2 \times \left[\dfrac{400}{400-1}\right]}{\left\{\left[\dfrac{20}{1.96}\right]^2 + \left[\dfrac{400^2}{400-1}\right]\right\}}$$

$$= 317.54 \text{ 或 } 318$$

使用公式 4.4，我们得到：

$$n = \left[\frac{1.96 \times 400}{20}\right]^2$$

$$= 1\,536.64 \text{ 或 } 1\,537$$

如此一来，结果大不相同，而忽略有限总体校正系数的公式得出的样

第 4 章　确定样本规模

本规模大于总体规模，这显然是不可能的。在这种情况下，考虑有限总体校正系数很重要，因为总体规模很小。

来看另一个例子。假设我们想要估计赞成某项社会政策倡议的人口的比例，并且希望样本比例有 95% 的概率落在总体的 ±0.02（2%）范围之内。进一步假设总体规模约为 4 000 000，而我们对该倡议所占比例的先验估计为 0.50（50%）。由于总体较大，因此使用公式 4.4，将 σ 替换为 $\sqrt{\pi \times (1-\pi)}$，那么，达到我们的置信区间目标所需的样本量为：

$$n = \left[\frac{1.96 \times \sqrt{0.5 \times (1-0.5)}}{0.02}\right]^2$$
$$= 2\,401$$

关于这些计算有以下两点需要指出：

- 结果可能是样本量超过研究所能负担的样本规模。如果发生这种情况，那么您必须接受更大的且更不精确的置信区间。通常您可能希望在计算机电子表格中输入样本量公式，然后考虑到计划数据的使用情况尝试用不同的置信区间值来找到精确度（根据置信区间）和成本（根据样本量）的良好平衡。

- 这些计算适用于对整个总体的估计。您如果希望获得总体子群的单独估计，那么每个子群将有自己的抽样要求。例如，您如果希望对支持某项政策倡议的男女比例进行单独估算，并且希望每个子群的估算的 95% 置信区间为 ±0.02（2%），那么将需要 2 400 名男性和 2 400 名女性。如果您想要对美国的英裔男性、英裔女性、西班牙裔男性、西班牙裔女性、非裔男性和非裔女性进行单独估计，并且希望每个估计值的 95% 置信区间为 ±0.02（2%），那么这 6 个子群中每一个都需要 2 400 个样本。这些目标可能会超出可用资源，因此必须在精确度和成本之间进行折中考量。

大多数研究项目有许多目标，这些目标有些可以用少量样本实现，而另一些则需要大量的样本。资源限制通常要求在最难的目标上有所妥协。

4.2.2 如何估计 σ 和 π

要使用置信区间方法计算所需的样本量，您需要估计目标变量的标准差 σ 或目标比例 π。如果还没有进行研究，那么将从哪里得到这些估计值呢？

让我们从 π 开始，因为它是更容易解决的问题。我们有 3 种方法可以获取此估算值。第一种方法是使用 50% 来进行估算，因为 50% 会产生 $\sqrt{\pi \times (1-\pi)}$ 的最大可能值，会产生最大（最保守）的样本要求。第二种方法是根据其他类似研究的结果或其他类似变量来估算 π。第三种方法是开展一项试调查，并收集数据来估计 π（试调查也可以用于检验问卷质量、测试现场程序和评估样本框）。通常，安全的方法是将 50% 假定为估计比例。

对于所测量变量的标准差 σ 的估计值，不能利用 50% 产生保守估计的事实。因此，最好的选择是根据其他相似研究的结果或其他相似变量来估算 σ，或者通过试调查来估算 σ。

4.3 基于假设检验的样本规模[①]

样本规模的"置信区间"方法假设想要估计总体中的某些关键统计量，并且希望在估计中达到一定的精确度。但是，相比于参数估计，您可能对假设检验更感兴趣，特别是如果您从事的是学术研究。

举个例子，假设您正在衡量公众对某些政策议题的意见，并且希望检验以下假设：赞成这项政策的人的比例在男女之间是存在差异的。在这种情况下，您并不想说希望总体的 95% 置信区间为 ±0.02（±2%）。男性和女性的 95% 置信区间为 ±0.02（±2%）也无济于事。您想要的是

---

① 本章的这一部分假定您已经学习过介绍假设检验的统计学入门课程。

第 4 章 确定样本规模

在假设检验中拥有足够的统计检验效力,从而在假设正确的情况下达到统计意义。[①]

这一目标可以通过下列步骤来实现。首先,确定用于检验假设的程序(即 t 检验、F 检验或其他)。其次,估计您希望在检验中获得的数值(样本数量除外)。最后,得到所需的样本规模。

举例来说,假设您认为赞成政策的男女比例相差约 0.10(10%)(此估算值可能来自一般经验或建议、先前对类似主题的研究或者初步研究)。这一差异的统计显著性将通过 t 检验的形式进行检验:

$$t = \frac{p_1 - p_2}{\sqrt{\left[\frac{p_1 \times (1-p_1)}{n_1}\right] + \left[\frac{p_2 \times (1-p_2)}{n_2}\right]}}$$

其中,t 表示 t 统计量,p_1 是支持该政策的女性的样本比例,n_1 是女性样本量,p_2 是支持该政策的男性的样本比例,n_2 是男性样本量。

正如从统计学课程上回想的那样,使用双尾显著性检验,如果要以 95% 的置信度来支持假设,t 至少为 1.96。将这个值与 $(p_1 - p_2)$ 的估计值 0.10 一起代入方程式中。我们还要在分母中为 p_1 和 p_2 输入 0.50 的值;我们希望两个比例之间相差 0.10,但是将两个值都设置为 0.50 将使 $p*(1-p)$ 项最大化,并为我们提供最大或最保守的样本量。结果方程为:

$$1.96 = \frac{0.10}{\sqrt{\left[\frac{0.5 \times (1-0.5)}{n_1}\right] + \left[\frac{0.5 \times (1-0.5)}{n_2}\right]}}$$

假设两组的样本量相等(即 $n_1 = n_2$),求解 n_1(或 n_2)我们得到:

$$n_1(\text{或 } n_2) = 192.08 \text{ 或 } 193$$

因此,如果男女之间的差异如预期的那样为 0.10,并且支持政策的子群比例在 0.50 左右,那么您需要 193 名男性和 193 名女性的样本规模

[①] 统计检验效力(the power of a statistical test)是当无效假设为假时它正确拒绝无效假设的概率——在这种情况下,我们正确地拒绝了认为男性和女性赞成政策议题比例相同这一无效假设的概率。

如何抽样

才能呈现统计意义上的差异。

如果发现很难建立这种类型的直接计算，那么可以通过模拟来得出相同的结果。组成一个小样本数据集，或进行初步研究。复制这些数据（例如，您如果有 20 个观测样本，那么将它们复制 4 次得到 100 个观测样本），并在各种样本量下测试假设，直到达到统计上的显著性。

4.4 基于信息价值的样本规模

置信区间方法是用于计算样本规模的传统统计方法，您可能会在介绍性统计文本中找到这种方法。但是，正如我们刚刚看到的，如果研究目的是检验假设，那么它并不能直接满足需求。它也没有解决市场研究、政府支出决策以及其他商业和政策议题研究中的成本收益问题。置信区间方法无法区分每个观测成本为 1 000 美元的研究与每个观测成本为 10 美元的研究，也不会将耗费巨资的研究与花费不高的研究区分开。影响这种方法的唯一因素是置信区间目标和总体内部的变异性。研究的成本和决策的价值等因素不会进入计算，除非根据这些因素使置信区间变大或变小。相反，一般用"信息价值"方法来计算样本规模，明确地把这些因素考虑在内 (Schlaifer，1959；Sudman，1976)。

4.4.1 为什么信息有价值

要了解信息方法对样本量的作用，我们首先必须了解为什么研究具有价值。我们将在市场研究的背景下阐释这种观点。其理念是决策是由管理者做出的，但由于市场的不确定性，即使是最有经验和明智的管理者有时也会犯错。信息的价值在于它使管理者能够更容易做出正确的决策，从而增加公司的利润。在政府统计数据的背景下，它允许更好地决定执行或取消监管和公共项目。

例如，假设某管理者制定了 100 个新产品引进决策。考虑到该管理者的经验和判断力，可以说她在没有进行市场调查的情况下有 65％ 的可能做出正确的决定。那么我们可以说，市场研究将使她有 75％ 的可能做出正确的决定（研究信息永远不会是完美的，竞争对手可能会以意想不到的方式做出反应）。

那么，什么是信息的价值？为简单起见，我们假设在一个特定的时间段内正确决策的利润为 100 万美元，而错误决策的损失为 100 万美元。做了 100 个决策后，正确的 65 次将使公司获得 6 500 万美元，而错误的 35 次将损失 3 500 万美元，净利润为 3 000 万美元。经过市场研究后正确决策的概率为 75％，净利润为 7 500 万美元减去 2 500 万美元，也就是 5 000 万美元。公司利润在有和没有进行市场研究两种情况下的差额为 2 000 万美元，即每个决策 20 万美元。这就是研究的价值。

请注意，我们并没有说该公司从 100 个研究项目中每个赚了 20 万美元。平均而言这是正确的，但是任何特定研究项目的价值都可能不同。同样，任何项目的价值都无法事先确定。只有当信息让错误决定变为正确决定并且事先不知道这种转变何时会发生时，信息才对特定项目有价值。但是我们要注意到，只有决策者改变主意时信息才有意义。如果研究目的是"发挥安全作用"并强化而不是挑战管理假设，它就不会有回报。

4.4.2 信息价值的相关因素

信息的价值与下列因素有关：

• 对采取正确措施的事先不确定（prior uncertainty）。您会为明天早上太阳升起的方向这一信息支付多少钱？大概一分钱都不会给，因为答案已经知道了。随着对最佳行动方案的不确定性，或者在我们的示例中那样随着正确决策的先验机会变小，信息会变得越来越有价值。

• 决策可能带来的收益或损失（gains or losses）。谁会为一个研究项目支付更高的价格，一家投资额为 1 000 万美元的大型公司还是投资额为 1 万美元的小公司？答案是大公司，因为大公司拥有更多的资金。

顺便说一句，请注意，信息的价值不取决于支付的能力。并不是说大公司有更多的钱可以花，而是说大公司更容易从一个好的决策中获益或从一个坏的决策中受损。

- 接近收支平衡（nearness to breakeven），表明研究影响决策的可能性。例如，假设一家公司正在考虑推出新产品并且该产品的收支平衡销售量为15万个，如果公司对潜在销量的最佳估计为20万个，那么比估计为100万个的研究更有价值。当估算值接近收支平衡点时（无论低于还是高于），新的信息很有可能影响决策。此外，当估算值远高于或低于收支平衡点时，决策不太可能会受到影响。在下面的示例中可以看出这一点。

案例学习4.1

我们曾为一家大型石油公司提供了3个项目的咨询。这3个项目都涉及公司可能推出的新服务项目。

第一项服务涉及针对较小的石油公司的油井钻探合同。我们访问了与项目有关的10个潜在客户。与这10个客户交谈之后，很明显感到这项服务没有市场吸引力。我们停止了访问，公司放弃了这个项目。

第二项服务涉及某类工厂的能源管理服务。我们访问了与该项目有关的15个潜在客户，发现客户对这项服务有一定的兴趣，但似乎潜在收入不太可能每年超过200万美元。这种潜在收入远远不能满足公司对新业务的需求，因此我们停止了访问，公司放弃了这个项目。

第三项服务涉及对以前的工业区进行消毒的环境净化服务。早期的访问表明这项服务可能具有很高的潜在收益，但是尚不清楚收益是否足够高到可以抵消进入市场的大量成本和风险。因此，我们计划开展一项研究使我们能够对潜在收益进行相对精确的估算。这项研究涉及100多次的个人访谈（对工业研究而言是很大的数量），费用超过10万美元。

这3项研究共同说明了信息的价值。如果早期信息表明潜在的产品或服务远高于或低于公司所要求的收益，那么无须进一步研究。如果情况不是很清晰而决策的好坏会导致大量资金的增益或损失，那么昂贵的研究可能是合理的。

4.4.3　样本规模与信息价值

信息具有价值，但也要花费成本才能获得。与所有商品一样，在除去成本之后，我们力求信息净收益的最大化。收益的最大化是通过以下的步骤来实现的。信息的每个新单位（例如，每次调查访问）都会使我们对所关注主题的认识有所改善，从而带来一些边际价值。边际价值随着信息单位的增加而减少，因为我们知道得越多，从其他单位的信息中获取的价值就越少。每个信息单位也要承担一些边际成本。这种边际成本往往在单位之间保持不变，当信息的某个新单位的边际收益刚好等于其成本时，最佳样本量就出现了。

如果我们量化构成信息价值的因素（即事先不确定性、收益或损失、接近收支平衡点）并指定收集信息的可变成本（例如进行每次调查访谈的成本），那么在边际收益等于边际成本的情况下就有可能计算出最佳的样本量。在苏德曼（Sudman，1976）和布莱尔（Sudman & Blair，1998：Appendix 14.2）的相关著述中可以看到这些计算的一个例子。计算是复杂的，并且在我们的经验中很少使用这种类型的正式计算（仅仅是因为决策者不知道该方法）。但是，决策者在制定项目预算时通常会使用暗含信息价值的概念。

4.5　确定样本规模的非正式方法

我们在前面讨论过一些用于确定一个研究项目样本规模的正式的、量化的方法。研究人员还使用了几种非正式方法。这些方法间接反映了与我们的正式方法相同的考虑因素，包括以下内容：

- 根据先行研究或典型做法设置样本规模。
- 使用"神奇数字"设置样本规模。
- 在子群的分析中用最小元素规模来设置样本规模。

- 根据资源限制设置样本规模。

4.5.1 采用先行研究或典型研究的样本规模

对于进行重复性项目的研究人员来说，通常根据以前的工作来设置样本规模。例如，我们知道一家制药公司通常使用50个样本来衡量医生对研制的新药的看法。如果一种新药被认为特别重要，该公司将使用100名医生的样本。这家公司的决策者已经习惯这些样本量，并对此感到满意。

如果情况相似并且先前的样本数量令人满意，那么重复样本规模的简单方法会很好地发挥作用。但是不同的情况可能需要不同的样本量，意识到这一点是重要的。每次简单地做同样的事情，可能导致相对于信息价值而言花费过多或过少。

一种类似的方法是"随大流"，它使用类似于其他研究人员使用的样本规模。使用相同逻辑并具有相同陷阱的样本规模，就像重复自己的样本规模一样——"如果以前有用，那么就会再次有用"。不同的情况包括对同一类型数据的不同分析，可能需要不同的样本量。

在许多情况下，样本规模标准与我们在本章前面讨论的置信区间计算有关，并且与信息的价值有关。图4.1描述了随着样本量的增加，比例估计周围的"抽样误差区间"（margin of sampling error，即置信区间）下降的趋势。样本数量达到200个时，抽样误差区间急剧下降；样本数量达到1 000个时曲线变得平缓，置信区间的缩小也很难实现。因此，根据我们的经验，在许多类型的研究中典型的样本规模为200个并不奇怪，而国家政治民意调查通常使用的样本量为1 000个到1 500个。但当样本增加到2 500个或5 000个时，尽管总体子群的估算精度提高了，民意调查的总体精度并没有太大变化。

图4.1还说明了为什么样本规模很小的"质性"研究者经常使用非概率抽样以便通过判断来控制样本的特征，而不是随机选择样本。随着样本规模变小，抽样误差将会变得非常大。

第 4 章 确定样本规模

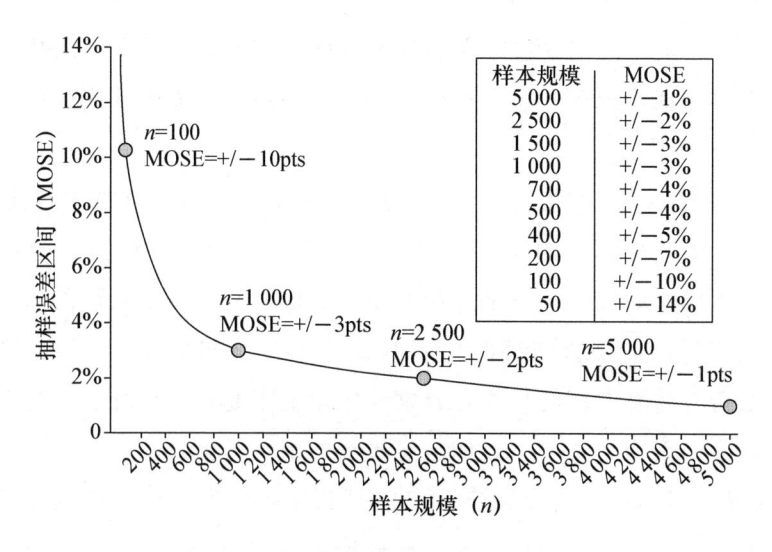

图 4.1 样本规模和抽样误差区间趋势图

样本规模	MOSE
5 000	+/−1%
2 500	+/−2%
1 500	+/−3%
1 000	+/−3%
700	+/−4%
500	+/−4%
400	+/−5%
200	+/−7%
100	+/−10%
50	+/−14%

资料来源：© AAPOR/News U.

4.5.2 采用"神奇数字"

确定样本规模的第二种非正式方法是使用我们所谓的"神奇数字"。"神奇数字"是指一个数字，该数字看起来适合那些被要求根据研究支撑决策的人们。

挑战传统思维并提出新的运作方式时研究是最有帮助的，毕竟您不需要研究来告诉自己继续以相同的方式来处事。但是，提出新的运作方式的研究几乎总是会遇到阻力。怀疑者和反对者会寻求否认或使结论无效的方法，最常见的一种说法是该研究基于"仅有"的 n 个观测样本。根据我们的经验，这种情况在教育评估中并不罕见，在这种情况下学生成绩的意外变化与过去的趋势不一致可能会产生重大影响。

为了让研究结论的接受程度最大化并使其更有价值，研究人员应在研究项目开始时评估用户对合适样本量的看法。直率地告诉他们"您知道，有时研究会产生出乎意料的发现"，并询问"如果这项研究的发现出乎意料，那么多大的样本量会让您乐于赞同这些发现是合理的而不是巧合?"来进行探究，直到您从将接受并采用项目发现的关键用户那里得到答案，然后确保样本数量超出这些预期。这种预防措施不能阻止所有对样本量的批评但会尽量减少批评，这是进行能够满足用户直接需求的研究的一个重要组成部分。

在进行大量研究的组织中，"神奇数字"很可能与之前的样本量相同。在测量医生对新药态度的制药公司中标准样本量为50和100，这些样本量已变成不成文的规定——没人想到质疑它们，并且基于它们的研究结果也被广泛接受。如果研究部门使用其他样本量（例如40或72）进行研究，那么所有注意力都将集中在异常样本量而不是研究结果上。这项研究将面临阻力，因为它违反了人们已经接受的组织标准。

在科研工作中，"神奇数字"可能是领域内已发表研究的典型值。在计划研究时请查看研究成果出来后想要投稿的期刊，以了解期刊对样本量的常规做法。

4.5.3 子群分析法

我们用于设定样本规模的第三种非正式方法是进行子群分析，并在最小子群中设置最小样本量。举例来说，假设一家医院计划调查住院病人（在医院至少住了一晚的人）对其在医院所接受的治疗和服务的满意度。这家医院计划报告各个科室病房（骨科、产科等）的单独分析结果，并希望所有报告要基于不少于50名患者。还假设神经科病房是该医院最小的病房，其住院病人仅占全院住院病人的4%。在这种情况下，医院的住院患者满意度研究必须执行以下操作中的一项：（1）使用的样本总数至少为1 250（50÷0.04＝1 250），这样样本才能产生不低于50名的神经科患者；（2）多抽取神经科患者，因此尽管总抽样数少于1 250也可以满足子群的最小值；（3）计划不发布神经科病房的报告。

这种设置样本规模的方法在社会研究中非常普遍，尤其是对于可能进行二次分析的大型且用途多的研究。如果您正在计划开展一个研究项目，那么我们强烈建议您考虑现在和将来如何使用子群数据并据此设计样本。同样，尝试进行交叉表分析或分组均值比较时要确保您的研究目标不会因为想获取足够的元素规模合并了元素种类而受到限制（例如，不得不将非裔美国人和西班牙裔美国人归入定义不明确的"少数族群"之中）。

4.5.4 资源限制法

设置样本规模的第四种常用方法是根据资源限制样本规模。这些资源可能是时间，也可能是资金。举例来说，您的样本量可能由在可用时间内可以进行的访问数量或能负担起的访问数量决定。

下面是基于预算的方法。向决策者询问想为特定研究项目支付的费用（或问问自己，自己负担得起的金额），把这个数目减去项目的固定成本，然后将剩余预算除以每次观察的预期成本，可以获得基于资源的样本量。

例如，假设医院管理者愿意花费不超过 25 000 美元进行患者满意度的电话调查。研究公司可能会开列以下项：几个小时来编写问卷并得到客户的认可，几个小时用于数据分析，几个小时用于报告准备，几个小时用于报告展示。这些工作时间可以按适当的付费标准做预算，包括间接费用和利润。研究公司还制定访问人员进行预调查的时间、计划和监督预调查的时间，对预调查和主要研究开展专业培训的时间，专门准备培训材料的时间等等方面的时间预算。这些是项目的固定成本。

举例来说，这些固定费用总计为 10 000 美元，这样就剩下了 15 000 美元的可变成本。现在，研究公司必须估算每次访问的可变成本，这将取决于筛选率、筛选和完成主要问卷的时间、所有电话费、编辑和编码成本（取决于开放式问题的数量）以及其他可变费用。举例来说，医院满意度研究中每次访问的费用为 50 美元。因此，15 000 美元的可变成本预算将允许 300 个访问样本（15 000÷50）。

根据我们的经验，基于预算的方法是在预算有限的情况下设置样本规模的最常用方法。这种方法具有本能的吸引力，因为它允许项目出资者以他们能理解的美元或美分来谈论研究。这一方法还基于财务状况。与先编制研究预算后询问项目出资者是否愿意支付的其他方法不同，基于预算的方法按照可用资金来开展研究工作。

基于预算的方法的缺点在于它没有明确地考虑信息目标。举例来说，300 次访问可能超出医院描述总体患者满意度的需要，也可能还不足以针对各个服务领域制定专门满意度报告。就像必须根据预算来核对统计估算以发现预算是否负担得起这一样本规模一样,最好根据信息需求考察基于预算的样本规模以判断样本是否令人满意和有效。

4.6 本章小结

本章在假定简单随机抽样的情况下讨论了设置样本规模的方法。一开始我们阐述了与样本规模有关的抽样误差的概念,然后讨论了如何基于以下4种方法来设置样本规模:(1)置信区间;(2)假设检验;(3)信息价值;(4)非正式方法。

抽样误差与某种观点有关,这种观点认为偶然的变化会导致大多数样本与总体有所不同,即使抽样程序没有偏差。对于任何给定的样本特征,例如某个变量的平均值,抽样误差的水平被量化为样本特征的标准差。抽样误差受到样本规模的控制。

用样本规模来控制抽样误差是通过样本量的置信区间方法来实现的。95%的置信区间是某个分布中95%的值将落入的区间范围。我们指定要接受的用于均值或比例估计的置信区间的宽度,然后求解产生该置信区间所需的样本规模。

相比于参数估计,您可能对假设检验更感兴趣,特别是如果您从事的是学术研究。在这种情况下,您想要的是在假设检验中拥有足够的统计检验效力,从而在假设正确的情况下达到统计意义。为了实现这一目标,您需要完成以下操作:(1)确定用于检验假设的程序;(2)估计您希望在检验中获得的数值(样本数量除外);(3)得到所需的样本规模。这是设置样本规模的第二种方法。

第三种方法是根据信息价值来设置样本规模。该方法考虑了在所研究的问题中财务的重要性和当前操作方式的不确定性。

除了这些计算样本规模的正式方法外,还可以使用各种非正式方法。

这些方法主要有以下四个：（a）根据先前研究或他人的做法来设置样本规模；（b）使用对决策者或评审者来说可信的"神奇数字"；（c）采用子群分析方法在小规模元素中设置最小样本规模；（d）根据可用资源来设置样本规模。

练习和讨论题

习题 4.1

一家医院的管理者正计划开展一项患者满意度调查，她想知道过去 3 个月在该医院接受治疗的大约 5 000 名患者中表示对医院的各个方面"完全满意"的患者比例。她想有 95% 的把握去相信估算值在每项指标的总体参数之内不超过 ±0.04（±4%）。她需要的样本规模是多少？她如果希望同一估计的置信区间为 ±1%（而不是 ±4%），那么需要多少样本？

习题 4.2

根据 4.4.1 小节中的信息，如果该管理者在没有信息参考的情况下从未改变主意并保持相同的 65% 的做出正确决策的概率，那么研究的价值是什么？如果研究将做出正确决策的概率提高到 85%，那么研究的价值为多少？如果每个决策潜在的收益和损失都是 10 000 美元，那又如何？

练习 4.3

一位大学讲师正在计划开展一个涉及电话调查的课堂项目。这位讲师的班上有 40 名学生，他希望每位学生在 2 周内为项目进行合理数量的访问。每个学生合理的访问次数是多少？最终总的样本量是多少？

第5章

分层抽样

我们在上一章中对样本规模的讨论假定抽取一个简单随机样本。在某些情况下,要提高研究项目的成本效益可以使用分层抽样来减少抽样误差,或者使用整群抽样来降低成本。本章将就分层抽样进行讨论。

分层抽样将总体划分为多个子群,称为"层",然后从每个子群中选择随机样本(有关图示,请参见图5.1和图5.2)。以这种方式抽样会产生一些额外的工作量和成本,但是在某些情况下与样本规模相同的简单随机样本相比,分层样本的抽样误差要低得多。与简单随机抽样相比,分层抽样可以用更少的样本量达到抽样误差目标,从而降低总的研究费用。

在本章中,我们讨论分层抽样。您将学习到以下内容:

- 分层抽样如何提高样本的成本效益。
- 何时使用分层抽样。
- 如何抽取分层样本。

第 5 章　分层抽样

5.1　何时使用分层抽样

假设特定行业的公司规模分为小型、中型和大型。如果要在某个维度上比较不同规模的公司或者大型公司之间存在的更大差异，那么可以使用分层抽样。

首先，将公司分为小型公司、中型公司或大型公司（见图 5.1）。

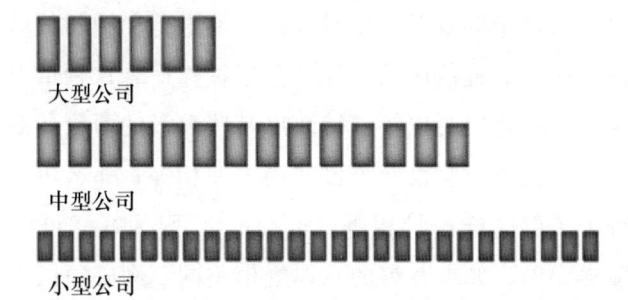

图 5.1　不同规模的公司分类

然后从各类公司中抽取一个随机样本，不必从每个层级中抽取相同数量的公司（见图 5.2）。

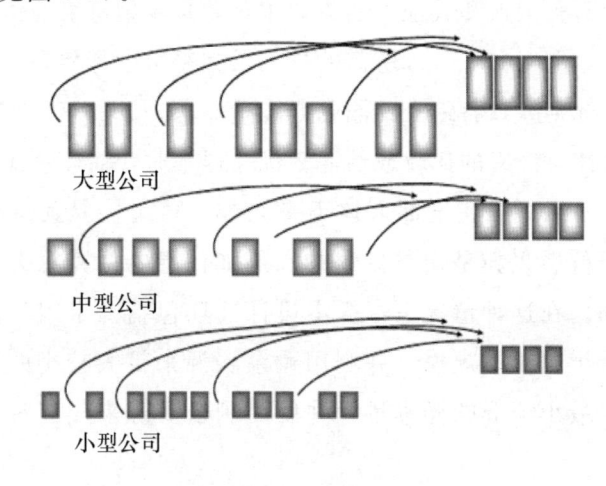

图 5.2　分层抽样说明

分层抽样在以下 4 种情况下具有成本效益:
- 层级直接关联。
- 对于某些正在研究的变量,不同层级的方差存在差异。
- 各层级的数据收集成本各不相同。
- 有关某些目标变量的先验信息在各个层级中有所不同。

这些情况我们将在下面进行讨论。

5.1.1 层级直接关联

分层抽样具有成本效益的第一个条件是层级直接关联。如果您的主要研究目标是比较人口子群或者计划对人口子群进行单独的估算,并且希望每个估算都满足期望的置信区间,那么分层抽样适合这种情况。

举例来说,假设您想要比较支持政府某些政策的西班牙裔美国人和非西班牙裔美国人的比例。假设两个群体的方差相等,那么用于比较的最佳样本设计是每个子群的样本量相等 ($n_1 = n_2$),因为这样可以最大限度地减少比较的抽样误差。如果各组的总体规模不同,则必须以不同的比率对它们进行抽样以获取相同的样本量。当然,这就要采用分层抽样。

更一般而言,只要您对子群设置单独的置信区间就可以进行分层抽样,即使您的目的不是比较这些子群。例如,如果您希望分别报告非裔美国人、西班牙裔美国人和其他人的失业率,并且希望每组的估计值具有相同的置信区间,那么实现目标所需的样本量在每组中都相同。群组间特异的置信区间目标则导致各组有不同的样本量需求。

当然,当针对群组的比较或估计来优化样本时,估计总体人口不再是最优的选择。如果对描述全部人口不感兴趣,这可能是无关紧要的,但是对总体和子群感兴趣是司空见惯的。例如,想要估算总失业率和主要子群的失业率。在这种情况下,样本设计选项包括确定用于按比例抽样的可接受的最小总样本规模,并利用剩余资源来扩大较小的子群;但更常见的是确定最小子群的样本量,并使用剩余资源来改善对总体参数的估计。

这里有一个例子:

第 5 章　分层抽样

> **案例学习 5.1**
>
> 一家连锁医院的服务质量经理曾使用分层抽样来解决门诊满意度调查中的问题。她说：
>
> 在我们集团的所有医院，我们每年都会对接受门诊服务的人员进行 2 400 次电话访问。我们要求这些人对我们在各个方面的表现进行评分，然后将结果用于评估每家医院以及特定护理部门的表现。
>
> 直到最近，我们仍使用门诊的随机样本来进行调查。但是，在一年的时间里我们可能会在医院的放射科（X 射线）治疗数千名患者，而在作业治疗（occupational therapy）室的患者要少得多。因此，从 2 400 名患者中随机抽取样本，我们可能会获得几百名放射科患者，而从作业治疗室获得的患者只有少数。这让放射科患者的置信区间更小，而作业治疗室患者的置信区间非常大。如果作业治疗室的结果不佳，科室主任就会抱怨样本太小而没有意义。
>
> 现在，我们使用一种新系统，这一系统可以分别设置每个部门的样本量，还会浏览每个医院的患者记录，并计算每个部门接受治疗的患者人数。然后，它为每个部门计算一个初始样本量，该样本量会提供感到"非常满意"的患者占比的估计值的 ±0.05（5%）置信区间。这些样本大小计算使用有限总体校正系数，因此，较小部门的样本量较小。所有部门的初始样本总数要少于 2 400，剩余的可用样本量将按其初始样本规模分配给各个部门。
>
> 这个系统避免了一个部门只有几个观测样本的情况，使我可以告诉每个部门的管理者结果的置信区间小于 5%。这使管理者对结果产生了更高的接受度。

5.1.2 层际方差不同

分层抽样具有成本效益的第二个条件是，总体子群中某些正在被研究的变量的方差不同。分层抽样之所以适用，是因为总样本的抽样误差平方或者抽样方差可以表示为各个层级中抽样方差的加权组合，如公式 5.1 所示。其中，σ_X 是目标变量的全体加权抽样误差，π_h 是第 h 个层级中包含的总体比例（N_h/N），$\sigma_{\bar{X}_h}$ 是第 h 个层级中该变量的抽样误差。

$$\sigma_{\bar{X}}^2 = \sum \pi_h^2 \sigma_{\bar{X}_h}^2 \qquad (5.1)$$

由于总抽样方差是分层抽样方差的加权组合，因此可以对方差较大的层级分配相对较大的样本量，对方差较小的层级分配相对较小的样本量，就能够得到较小的总抽样方差。

更具体来说，内曼（Neyman, 1934）指出，如果每个层级的样本配给与所研究变量的层级规模以及该层级的标准差成比例，那么可以获得最小的总抽样误差。因此，层级的最佳样本量由公式 5.2 给出，其中，n_h^* 是对第 h 个层级的最佳样本配给，π_h 是该层级中所包含的总体比例，σ_h 是层级中目标变量的标准差，n 是计划进行研究的总样本量。

$$n_h^* = \left[\frac{\pi_h \sigma_h}{\sum \pi_h \sigma_h} \right] n \qquad (5.2)$$

如果各个层级之间的方差（因此标准差）相等，那么可以简化公式 5.2，以显示每个层级的样本配给应与总体中的规模成比例。但是，当层级之间的方差不等时，在方差较大的层级中抽取更多样本的不成比例抽样是最佳的选择。

这种分层方法带来的收益是否足以弥补随之而来的不便，取决于层级方差的差异程度。例如，如果您研究中的核心估计量是比例，比如说赞成某一政策的潜在选民的百分比或已接种流感疫苗的成年人的比例，那么分层将很少能够收到成效。比例的方差受到严格限制，方差项 $\pi(1-\pi)$ 必须始终介于 0 到 0.25 之间，层级之间的差异通常不大。此外，如果核心估计量是经济变量的均值比如收入或支出，那么分层很可能会发挥作用。

高收入者和/或高支出者之间的差异通常会比低收入者和/或低支出者之间的差异要大得多。

层级方差的最大差异发生在与组织（企业、学校或学区、医院等）打交道的研究中。通常，大型组织之间比小型组织之间表现出更大的差异。因此，组织样本几乎总是按规模进行分层，这时从大型组织抽取的样本量更多。

在进行研究之前，组织的层级方差常常是未知的。在这种情况下，方差可用组织规模来近似测量，因为规模往往与方差高度相关。公式5.3是使用规模度量来进行最佳样本选择的公式，其中MOS是用来测量样本规模的，它代表本层级的总数（即平均每个层级的元素数量乘以具体层级中的元素数量）。

$$n_h^* = \left[\frac{MOS_h}{\sum MOS_h}\right] n \qquad (5.3)$$

规模度量可以基于组织的年度总收入、员工人数、学生人数、患者人数等等。如果可以使用一种以上的规模量度，那么应使用与研究中的核心变量关系最密切的规模度量。例如，在与招聘计划或人事工作有关的研究中，员工人数是比收入或资产更好的规模度量指标。不同的测量方式通常会产生相似的结果。

这里有一个取自苏德曼《实用抽样》（Sudman，1976）一书中的例子，这个例子论证了当层际方差不等时进行分层抽样的优点。假设您想要估计医院总体中员工规模和工资水平。总体具有表5.1所示的特征，您可以在此表中看到层级方差与规模度量之间的相关性（即标准差往往随着组织规模的扩大而增加）。

假设预算允许从总体中抽取1000个样本。表5.2列出了4种不同方案下的层级分配，以及每种方案下获得的关于平均工资和平均员工规模的总体估计方差。这4种分配方案如下：(1) 按比例分配；(2) 基于工资标准差（或方差）的最优配给；(3) 基于员工规模的标准差（或方差）的最优配给；(4) 根据床位数来代替标准差的最优配给。在最后一个方案中，

如何抽样

我们使用床位数类别的中心值用于该层级的规模度量,并假设最高的一类中心值是下界值的2倍。因此,我们的规模度量分别取每个层级的25、75、150、250、400和1 000,它们分别乘以对应层级的医院数量即可获得MOS_h。

表5.1 医院总体的相关信息

规模（床位数）	医院数量	π_h	平均工资	工资的σ_h	平均员工规模	员工规模的σ_h
少于50	1 614	0.246	266	183	54	25
50～99	1 566	0.238	384	316	123	51
100～199	1 419	0.216	1 484	641	262	95
200～299	683	0.104	3 110	1 347	538	152
300～499	679	0.103	5 758	2 463	912	384
500及以上	609	0.093	10 964	7 227	1 548	826
总计	6 570	1.000				

表5.2 层级样本配给

规模（床位数）	按比例分配的样本数量 n	基于工资σ_X的样本量 n^*	基于员工规模σ_X的样本量 n^*	基于床位数的样本数量 n^*
少于50	246	34	36	28
50～99	238	57	71	83
100～199	216	104	120	150
200～299	104	106	93	120
300～499	103	192	231	191
500及以上	93	507	449	428
总计	1 000	1 000	1 000	1 000
工资的$\sigma_{\bar{X}}^2$	4 908	871	908	941
员工规模的$\sigma_{\bar{X}}^2$	71.0	17.1	16.5	17.2

在这个例子中,包括仅基于医院规模的最优方案在内的所有最佳分配方案都会推出彼此接近的样本规模,而且所有方案产生的总体抽样方差都小于按比例抽取样本的方差的1/4。当然,如果根据工资的层级方差来优化样本配给,那么可以获得平均工资参数值的最小抽样方差;如果基于员工规模的层级方差来优化样本配给,那么可以获得员工规模参数值的最小抽样方差。但是如果根据其他变量来分配样本,包括规模的简单测量,则

结果相差无几。这个例子表明,最优的分层可以为组织样本在效率上带来非常大的收益,没有必要寻求完美的分配方法来实现样本效率的明显提高。即使您使用粗略或过时的规模度量,也可能会在效率上获得很大的提升。

在某些情况下,最佳配给计算可能会得出方差很高的层级样本量,这一样本量大于该层级中元素的数量。解决的办法是简单地获取这一层级中的所有元素,然后将其称为"必然"层级,因为其所有成员都包含在样本中。

更一般而言,当目标总体是数量很少但在总体中占比很大的超大型组织时,没有对层级配给进行优化也可以大幅减少抽样误差。只需把所有超大型组织都纳入,以便消除层级的抽样方差。想想我们医院的例子。如果我们简单地将609家最大的医院的资料全部收集起来然后将剩余的391个观察值随机(按比例)分配给其余层级,那么工资和员工的 $\sigma_{\bar{x}}^2$ 分别为2 030和44,虽然不是最佳情况,但仅仅是没有分层的一半。

5.1.3 层际成本差异

内曼(Neyman,1934)还指出,各层级之间的最佳样本配给取决于各个层级收集信息的成本。发生这种情况时,有必要在信息成本较低的层级中获取不成比例的更多信息,而在成本较高的层级中获取不成比例的更少信息。

具体而言,最佳配给与不同层级中易变的数据收集(单位)成本的平方根成反比。将这一结果与公式5.2相结合,公式5.4给出了更一般的最优选择,其中 c_h 是在第 h 层中数据收集的单位成本,其他术语在前面已经做过界定。

$$n_h^* = \left[\frac{\frac{\pi_h \sigma_h}{\sqrt{c_h}}}{\sum \frac{\pi_h \sigma_h}{\sqrt{c_h}}} \right] n \qquad (5.4)$$

如果成本(而不是方差)因层级而异——这在调查研究中有时会发生,那么公式5.4将简化为公式5.5。

$$n_h{}^* = \left[\frac{\frac{\pi_h}{\sqrt{c_h}}}{\sum \frac{\pi_h}{\sqrt{c_h}}} \right] n \qquad (5.5)$$

在调查研究中，层级之间成本不同主要有两种情况。第一种情况是结合使用不同的数据收集方法来提高研究的成本效益，例如通过电话追访的网络调查。

层际成本差异的第二种情况是，特定的目标人群如西班牙裔美国人或非裔美国人在地理空间上出现了集聚的现象，因此由于位置不同，筛选成本会有很大的差异。例如，假设您要在某个地区对西班牙裔美国人进行抽样的电话调查。为了简化示例，假设该地区的某些西班牙裔美国人住在 100% 西班牙裔的居住区，而其他人则生活在仅有 5% 西班牙裔的居住区。假设每次访问的成本为 25 美元，而筛选家庭以确定他们是否为西班牙裔的成本为每个 10 美元。因此，在 100% 西班牙裔地区，每个完成样本的总成本为 35 美元，因为每次 10 美元的筛查电话将获取一次 25 美元的有效访问，而在 5% 西班牙裔生活的地区每个样本要花费 225 美元，因为要进行 20 次筛查才能完成 1 次访问，每次筛选费用为 10 美元。由于 $\sqrt{35/225}$ 为 0.394，因此在西班牙裔罕见的地区，采样率应为居民全是西班牙裔的地区的 40%。

5.1.4 层际先验信息不同

分层抽样具有成本效益的最后一种情况是层际先验信息不同。您如果从某个层级开始获得比其他层级更多的信息，那么在信息较少的层级中不成比例地收集更多数据是合理的。埃里克森（Ericson，1965）展示了在已知某些信息的情况下，如何确定最佳分层样本。

我们将不讨论这些计算的细节，有关详细信息和示例请参见苏德曼《实用抽样》（Sudman，1976）一书。本质上，他们将层级有关的先验信息转换为等量的样本。举例来说，假设您想要估算参加某种培训计划后人们收入的平均增长情况。假设某些层级内的人，例如未完成高中学业的人平均收入增长的标准差（σ）为 2 500 美元。进一步假设您基于先前的信息，认为该层级中的平均收入增长有 95% 的可能落在 7 000 美元到 8 000 美元之间。由于 95% 的样本均值将落在总体均值的 ± 1.96（$\sigma_{\bar{x}}$）之内，因此这意味着 7 000 美元到 8 000 美元之间的 1 000 美元的区间代表 ± 1.96（$\sigma_{\bar{x}}$）的范围，$\sigma_{\bar{x}}$ 大约等于 250 美元。因为 $\sigma_{\bar{x}}$ 等于 $\sigma/\sqrt{n}$，并且 σ 等于 2 500 美元，所以这意味着 $\sqrt{n}$ 等于 10，或者说 n 等于 100。换句话说，给定该变量在层级中的标准差就可以说有 95% 的可能性该层级中的平均收入增长落在 1 000 美元的区间内，这意味着先验信息等于 100 个观测样本。因此，实际上您将使用本章前面讨论的程序对这一层级进行最佳样本配给，然后从分配的样本量中减去 100，因为已经拥有了足够的信息。

在某些情况下，如果先验信息是可获得的并且收集额外信息的成本很高，那么这些计算有可能让我们根本不会对某些层级进行抽样。

5.2 分层方法的其他用途

不信任概率的人有时会要求对样本进行分层，从而使得年龄、种族、性别或收入等变量与普查数据完全一致。换句话说，他们要求按比例分层（proportionate stratification）来控制样本，而不是不按比例分层（disproportionate stratification）以使样本更高效。这可能会带来额外的抽样和筛选成本，并且收益是极小的。分层通常不被应用来确保样本具有精确的代表性，不过在样本量足够大且不控制概率的情况下也可以生成具有较高代表性的样本。

但是，在某些情况下按比例分层是合理的。当可以很容易地用一些可能与研究问题相关的变量对抽样框进行分类时，就会发生这种情况。例如，假设我们想要研究县政府的社会服务支出，并且我们计划以此为目的抽取县级的样本。假设我们掌握了每个县的收入低于贫困线的家庭比例的信息，并且我们希望这一变量与社会服务支出有关联。根据贫困率对县进行排序很容易，而不是让它们按字母顺序或随意排列。然后，如果需要，可以很容易地按比例抽取贫困率较高和贫困率较低的县。实际上，如果列表是在此基础上进行排序的，那么使用系统的选择程序来确保列表的所有部分都将被抽取可以产生成比例的样本。以这种方式对列表进行排序并抽取系统样本以确保按比例分配给所有群组，这称为隐式分层（implicit stratification）。

研究人员有时还会在收集数据之后采用事后分层来减少无应答偏差。即使没有以不成比例分层设计抽取的样本，不同的无应答也可能导致某些群组的样本比其他群组要多。在这些情况下，研究人员可以对群组进行加权使它们重新获得成比例的代表性。这种加权的逻辑与不成比例分层的加权类似，但有明显的区别。当样本设计导致群组代表性的差异时，这些差异会先验地计入样本中，我们确切地知道如何删除它们，让样本重新获得与 EPSEM 相同的代表性。当差异化的无应答导致群组代表性的差异时，这并不是计划得到的结果，而是后验的观察结果，而且权重是否能真正纠正潜在偏差尚不明确。我们将在第 7 章中进一步讨论此问题。

表 5.3 对分层抽样及其适用条件进行了总结。

表 5.3 分层抽样概览

什么是分层抽样	• 将总体分为子群，并从每个子群中抽取样本
绝对有用的情形	• 层级直接相关（包括群组之间的比较） • 层级在关键变量上的方差存在差异 • 层级之间数据收集的成本各不相同 • 有关核心变量的先验信息在各层级中有所不同
可能有用的情形	• 可以很容易地根据可能与研究中所研究的问题相关的某些变量对抽样框进行分类（隐式分层） • 收集数据后试图通过加权减少无应答偏差（事后分层）

5.3 如何抽取分层样本

抽取分层样本的机制取决于层级是基于独立框架还是混合框架。在某

第 5 章　分层抽样

些情况下，框架是独立的。例如，如果一个学区想要抽取一个有孩子在小学、初中和高中就读的家庭的分层样本，那么抽样框可以由各个学校的名册组成，这些名册可以汇总到小学、初中和高中的单独列表中。或者，如果正在进行研究以比较参加某项培训的低收入工人与未参加培训的工人的就业情况，那么参加者可能会被列在培训名册上，而未参加者则在普通人群中。在其他情况下，层级的框架是混合的。例如，医疗费用高的人和医疗费用低的人在普通人群中混杂在一起。

如果框架是独立的，那么将以最适合每个层级的方式分别抽取每个层级的样本。例如，可以通过从培训名册中获得的系统样本来抽取培训计划参与者的样本，而通过普通人群中的随机数字拨号选择没有参加培训计划的样本。这使混合模式调查成为可能。例如，如果培训参与者的名册中有电子邮件地址可以在网络上对他们进行调查，而通过电话调查没有参加培训计划的人。

如果框架是独立但并不互斥的，那么一个层级的成员可以从另一层级的抽样框中选择。比如，可以在普通人群样本中抽取培训计划参与者。一般规则是将"错误框架"选择视为不合格，以避免为在多个框架中列出的总体成员提供额外的入选机会的可能性。因此，将筛选出在普通人群样本中的培训计划参与者。

如果层级包含在同一框架中，那么可以分别选择它们也可以一起选择它们，只要效率更高。通常，一起选择它们会更有效率，尤其是在框架中无法识别层级成员的情况下。这样做的步骤如下：（1）选择一个初始样本，该样本要足够大到可以在具有最高采样率的层级中获取所需数量的样本；（2）从初始样本中对其他层级进行二次抽样。来看下面的例子：

案例学习 5.2

一家政府机构想要在低收入地区进行研究，比较目前失业的与在业的劳动力的工作经历、教育背景以及对培训项目的态度。这家机构希望每个群体各有 500 个样本。

> 该地区的总人口有10万人，据估计其中在业人口有9万人，失业人口有1万人。两个群体在地区内均匀分布，并且只能通过筛查来定位，因为抽样框中没有显示就业状况。
>
> 要从1万名失业者中抽取500名样本，就需要500/10 000或每20个人中抽取1个的采样率（暂不讨论由于预期的不合作或资格不符而导致的任何过多抽样）。如果在全部10万人口中使用这一采样率，那么将产生5 000名受访者的初始样本，其中有4 500名在业者和500名失业者。两组将在筛选访问中分开，所有选择的失业者样本都将用于研究，而在业者群组中只有1/9（500/4 500）被保留。
>
> 当然，所有这些都假定人口构成的估计是正确的（就业人口为90%，而失业或未充分就业的人口为10%），并且所抽取的样本将反映人口的构成。成分不同可能会导致获取的层级样本大于或小于预期的500，在这种情况下有必要在对样本进行抽取或调整之间进行选择。

5.4 本章小结

在分层抽样中，总体将被划分为多个子群，然后从每个子群中分别抽取样本。在某些情况下，分层抽样将样本量不成比例地分配给各层级可以使研究具有更高的成本效益。具体来说，适合使用分层抽样的情形有以下几种：

- 层级直接关联。
- 层际方差不同。
- 层际成本不同。
- 层际先验信息不同。

分层抽样的目的是为现有资源提供最小的抽样误差，从而提供最多的信息。

当层级之间有直接关联，不同层级的信息目标的存在需要各层级不同的样本规模时，最有效的样本设计可能是在所有层级中采用相同的样本量而无论总体中各层级的规模如何。如果想要对总人口以及各个层级进行估算，那么可能需要对不同目标下最有效的样本之间做出一些折中选择。

当各层级的方差不同时，通过在方差较大的层级中采用不成比例抽取较大样本，在方差较小的层级中采用不成比例抽取较小样本，可以降低总体抽样误差。这种情况在组织人口调查中尤为常见。当组织人口的层级方差未知时，使用规模度量可得出层级方差的近似值，并且要抽样误差产生实质减少的简易方法就是直接选择所有的大型组织。

当各层级的成本不同时，在信息成本较低的层级中不成比例地获取更多信息而在成本较高的层级中不成比例地获取更少信息是合理的。这种情况的发生主要有两种情形。第一种情形是结合使用不同的数据收集方法来提高研究的成本效益，例如通过电话追访的网络调查。人们会为便宜的方法分配更多的样本。层际成本差异的第二种情形是，特定的目标人群如西班牙裔美国人或非裔美国人在地理空间上出现了集聚的现象，因此由于位置不同筛查成本会有很大的差异。在这种情况下，相对较多的样本将分配给低成本的区域。

当某些层级具有先验信息时，应从具有更多先验信息的层级中获取较小的样本。如果某些层级的研究成本很高，那么先验信息的可用性可能让不在成本较高的层级中进行抽样成为最佳选择。

所有这些情况都涉及让样本更有效地进行不成比例分层。按比例进行分层通常无法控制样本的构成，但是如果可以很容易地用一些可能与研究问题相关的变量对抽样框进行分类，那么可以使用分层抽样。以这种方式对列表进行排序并抽取系统样本以确保按比例分配给所有群组，称为隐式分层。同样，即使没有以不成比例分层设计抽取的样本，不同的无应答也可能导致某些群组的样本比其他群组要多。在这些情况下，研究人员可以对群组进行加权，使它们重新获得成比例的代表性。这种加权又被称为事后分层。

在抽取分层样本时，可以区分以下情况：(a) 层级中包含互斥的独立框架；(b) 不互斥的独立框架；(c) 混合框架。如果框架是独立的并且互斥，那么将以最适合每个层级的方式分别抽取每层的样本。如果框架是独立的但不互斥，那么选择"错误框架"将被视为不合格。如果层级包含在同一框架中，则可以分别选择它们，也可以一起选择它们，只要效率更高。通常，一起选择它们会更有效率，尤其是在框架中无法识别层级成员的情况下。

练习和讨论题

习题 5.1

请参见本章的表 5.1 和表 5.2。在表 5.2 中显示了基于按比例分配和工资的 σ_h 的样本配给量，以及所得的工资和员工规模的抽样方差。如果床位数少于 50 张的医院（如表 5.1 所示）为 2 614 而不是 1 614，这些数字将会发生怎样的变化？

习题 5.2

按照 5.1.3 中给出的示例，假设该地区中的某些西班牙裔美国人住在 100% 西班牙裔的居住区，而其他人则生活在仅有 5% 西班牙裔的居住区。假设每次访问的成本为 25 美元，而筛选家庭以确定他们是否为西班牙裔的成本为每个 10 美元。与全部是西班牙裔的居住区相比，在西班牙裔很少的居住区中的采样率应该是多少？

第 6 章

整群抽样

与分层抽样类似，整群抽样可以在一定条件下提高研究的成本效益。在整群抽样中总体被划分为子群，称为集群，整群样本也是从中抽取的。对总体成员进一步的抽样可以在集群中进行，并且多阶段整群抽样也是可以实现的（即对集群内的集群进行抽样）。例如，在对学龄儿童的调查中我们可能先抽取学校样本，然后抽取学校里的教室样本。图 6.1 描绘了整群抽样的图式。

整群抽样与分层抽样的一个不同之处在于整群抽样使用的是集群样本，而分层抽样则在每个层级中抽取一个样本。整群抽样和分层抽样的另一个不同之处是分层抽样专注于减少抽样误差，而整群抽样旨在降低成本。实际上，集群样本比同等规模的简单随机样本具有更高的抽样误差，但是在适当的条件下集群样本允许样本规模增加到足够大以抵消其低效能，从而在预算有限的情况下降低总体抽样误差。

整群抽样的逻辑在全美家庭住户调查中可见一斑。假设需要在全美抽取 500 个家庭样本。从全美超过 1 亿个家庭中随机抽取 500 个家庭的样本，就会得出以下结果：在艾奥瓦州锡达拉皮兹市抽取一个家庭；在佛罗里达州迈尔斯堡抽取一个家庭；在蒙大拿州海伦娜抽取一个家庭……访问假设要对特定行业的公司进行抽样。这些公司分布于几个不同的城市。如果有必要到选定的每个公司进行研究并且希望将研究人员需要前往的城市数量减至最少，那么整群抽样具有成本效益。

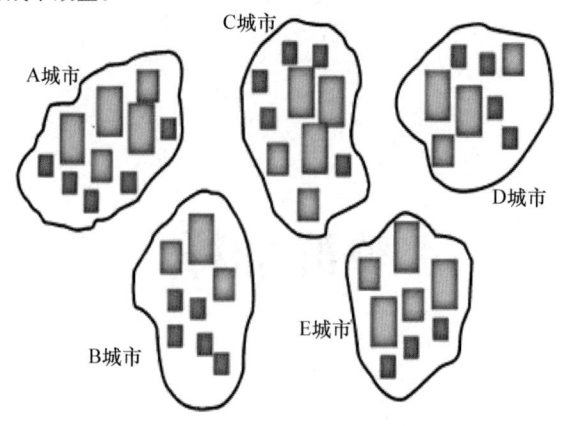

首先，将公司总体划分为若干集群（在本例中，集群为城市）并抽取集群（城市）样本。在这里，抽取集群 B 和集群 D。

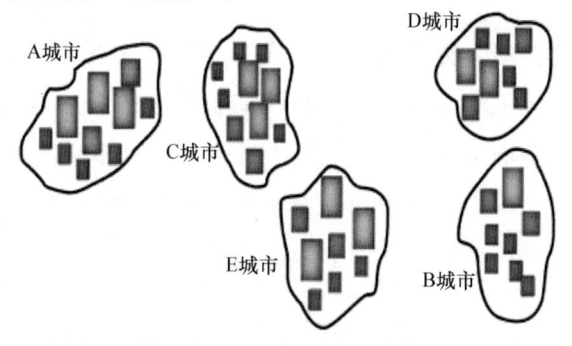

然后，在每个集群中抽取一个样本，构成抽样样本。

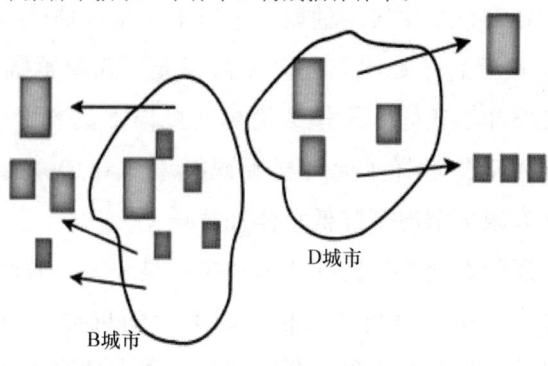

图 6.1　集群抽样说明

第 6 章 整群抽样

这些样本的差旅和培训费用将是惊人的。

每次访问时访问人员都会从一个城市出差到另一个城市，因此每次访问的成本至少需要一次城际出差（如果需要回访则会更多）。

如果 500 个家庭样本是在集群中而不是逐个抽取的，那么抽样成本将大大降低。例如，我们在全美范围内抽取 25 个县，每个县抽取 4 个地区，每个地区抽取 1 个人口普查区，每个人口普查区抽取一个街区，每个街区抽取 5 个住户。我们仍将有 500 个家庭样本，但访问将集中在 25 个县，每个县进行 20 个访问，访问人员只会在每个县的 4 个地区开展访问。这种方法比简单随机样本成本要低得多。或者如果预算相同的话，那么这一方法将允许超过 500 次的访问。

在本章中，我们将讨论整群抽样。您将学到以下内容：
- 整群抽样如何提高样本的成本效益（实际上我们刚讨论过）。
- 何时适用整群抽样方法。
- 如何抽取整群样本。

6.1 何时适用整群抽样

在以下四种一般情形下，整群抽样具有成本效益：
- 数据收集会产生大量的差旅费用。
- 每个数据收集点都有大量固定成本。
- 有集群列表，但没有单个总体成员的清单。
- 集群可以提高定位特殊群体成员的效率。

下面，我们将对这些情形逐个进行讨论。

6.1.1 差旅成本

但凡当面收集数据的研究项目，差旅成本都是重要的考虑因素。在这类项目中，往返于访问样本（或观察点）的成本可能会比进行访问的成本要高，就更倾向于使用整群抽样。

如果访问是在不同的城市进行的，那么这一点就很明显，这与工业营销研究或高级政策研究中的情况一样。如果研究人员位于芝加哥而访问将在洛杉矶进行，那么机票、酒店和差旅时间的费用将远远超过开展访问的费用。但是，即使访问是在本地进行的，差旅也是一个重要因素。由于专业的访问人员所有差旅时间包括往返于其家中都要支付报酬，而且由于他们在使用汽车时要给付里程津贴，因此本地差旅费用可能是数据收集费用的重要组成部分。例如，访问人员为了一个30分钟的访问计划可能要花一个小时的往返时间。

如果抽取整群样本以便可以同一天在同一地点进行多次访问，那么往返于该地点的成本将分摊到多个观测样本，并且每次访问的成本会更低。同样，鉴于在访问人员来访时选定的受访者可能不方便接受访问，因此整群抽样会在一次出差中增加不止一次访问的可能性。面试过程中成本最大和最令人沮丧的一种遭遇可能是，走了20英里或30英里去执行访问但发现无人在家，从而使这次出差无功而返。

应当指出，差旅费用只是当面收集数据时才考虑的因素，而非网络调查、邮件调查或电话调查中的考虑因素。

6.1.2 固定成本

某些研究具有与每个研究地点相关的大量固定成本。例如，您如果正在从学校的学生中收集数据，并且必须经过耗时的审批流程才能在任何给定的学校中进行一次访问，那么在每个地点开展多次访问是有意义的。同样，在大型购物中心进行的调查中，无论在任何给定位置进行多少次访问，启动和培训的费用都是固定的。在每个购物中心开展多次访问，可以将这些固定成本分摊到这些访问。

6.1.3 列表成本高

整群抽样会影响抽样和数据收集的成本。在某些研究项目中集群列表可用，但没有单个总体成员列表。举例来说，您可能有城镇列表但没有人口列表，可能有学校列表但没有学生列表，可能有企业列表但没有管理者或工人列表，等等。在这些情况下，您可以抽取集群，然后仅在所选定集群内获取（或构造）总体元素列表。例如，假设您希望在一个区域中抽取一个学龄儿童的样本，您拥有学校列表，但没有学生列表。与其尝试获取完整的学生列表，不如选择学校然后仅列出选定学校中的学生，这将成本更低，也更快捷。

6.1.4 定位特殊人群

某些研究对象是没有可用列表的特殊人群（例如收入低的西班牙裔人群、都市同性恋者等）。因为没有列表，所以必须通过筛选一般人群来找到这群人。如果人群并不常见，成本可能会非常高。例如，如果特殊人群占一般人群的2%，那么将需要筛查50人来获得一个合格的观察样本。

如果特殊人群趋向于在地理空间上集聚，正如在收入群体和种族群体中经常出现的那样，那么整群抽样（结合分层抽样）可能会削减筛查成本。在这种情况下将有许多地理区域，其中一些区域没有特殊人群，而其他区域中有少量的特殊人群。如果剔除了没有特殊人群的空白区域并且对有少量特殊人群的区域进行抽样，那么可以减少筛选工作量。我们将在第8章关于特殊人群的抽样部分中进一步讨论该主题。

表 6.1 概述了整群抽样及其适用条件。

表 6.1 整群抽样概述

什么是整群抽样	• 将总体划分为若干子群，并从这些子群中抽取样本
整群抽样适用情况	• 数据收集会产生大量的差旅费用 • 每个数据收集地点都有大量固定成本（例如访问或培训费用） • 有集群列表，但没有单个总体成员的清单（因此列表可以限于选定的集群） • 集群可以提高定位特殊群体成员的效率

6.2 整群抽样造成的样本异质性上升

如果成本是设计整群抽样时唯一要考虑的问题，那么顺着这一逻辑的方法是在一个集群中收集所有数据。毕竟如果您可以通过把 500 个访问样本分解成 25 个县，每个县 20 个访问样本来省钱，那么为什么不在一个县里完成全部 500 个访问，从而节省更多费用呢？

答案显然是担心样本的代表性。某个县域范围内的家庭可能具有该地区的特征，即使某个县在某些特征（例如年龄或收入分配）方面看起来很有代表性，但对所有变量来说并非都是典型的。因此，来自一个县的研究结果可能无法较好地反映整个国家的概况。举一个简单的例子，试想政治调查中有些县是"红营"（共和党），而另一些县是"蓝营"（民主党）。

这里的问题是抽样误差，而非样本偏差。如果我们对所有可能的县进行抽样，那么调查将覆盖整个国家，并且样本会平均反映全部人口的总体特征。但是，逐县调查的样本将包含从怀俄明州农村到曼哈顿市中心的所有信息。如此，样本之间的差异比一系列包含全国各地人口的规模相等的样本要大。

用统计术语来说，整群抽样会增加抽样误差，因为集群成员之间存在关联。艾奥瓦州锡达拉皮兹的两个家庭的行为和态度可能比一个来自锡达拉皮兹的家庭和一个来自佛罗里达州迈尔斯堡的家庭之间的关联更强。较高的相关度意味着来自锡达拉皮兹的第二个住户给样本带来的新信息要少于来自迈尔斯堡的住户，因为前者不是第二个独立的观测结果。实际上，如果锡达拉皮兹的住户完全同质，那么锡达拉皮兹的第二个住户将不会增加任何新信息，因此也就没有研究价值。以下案例说明了这个问题：

第 6 章 整群抽样

案例学习 6.1[①]

假设您想要估计一个城市中非裔美国人的比例。整群样本设计要求抽取 20 个街区，每个街区抽取 10 个家庭，总共抽取 200 个家庭。进入城市后了解到，所有街区都完全被种族隔离。也就是说，这些街区要么全部是非裔美国人，要么全部不是非裔美国人。在这种情况下，样本产生了多少个独立的观测结果呢？

如果访问人员敲开某街区第一所房子的门，受访者是非裔美国人，那么该街区的所有其他家庭也将是非裔美国人；如果受访者不是非裔美国人，那么所有其他家庭都不会是非裔美国人。显然，每个街区实际上只有一个独立观测样本，因此 20 个街区中只有 20 个独立观测样本。用这一程序抽取的重复样本将显示的抽样误差与 $n=20$ 相关，而不是 $n=200$。在这种情况下整群抽样没有任何帮助，或者换句话说，最佳集群规模是 1。在集群中抽取第二个元素，不会提供任何新的信息来证明成本增加的意义。

此外，假设使用相同的样本设计和街区，但是现在研究的目的是估计生育模式以发现人们是否更可能在某些月份生育孩子。众所周知，种族和生育模式之间没有关系，我们也不希望出生日期和邻居之间有任何关联。在这种情况下，样本包含 200 个独立的有效观测样本，而重复样本将呈现与 $n=200$ 相关的抽样误差。因为集群抽样不损失任何信息，所以从理论上讲从单个街区抽取样本可以最大限度地减少数据收集的成本。

这个案例说明，应获取的集群数量取决于集群的同质性，而集群的同质性取决于所考虑的变量。示例中的集群在种族方面完全相同，但在出生日期方面则不同。

6.2.1 集群内部同质性的测量

决定最佳集群规模的集群同质性水平是通过称为集群内同质性系数

[①] 案例学习 6.1 和本章的其他内容摘自苏德曼《实用抽样》（Sudman，1976）一书。

(intracluster coefficient of homogeneity) 的统计量来衡量的，用 ρ （rho）来表示。ρ 值为 0，表示集群中的元素是完全不相关的；ρ 值为 1，表示集群中的元素是完全同质的。

如果集群元素与目标变量呈现负相关，那么 ρ 可能为负值，但是除观察家庭中受访者的性别外很少出现这种情况。也就是说，如果两次访问来自同一个家庭，那么两位受访者的性别很可能会有所不同。这暗示如果研究者对比较男性和女性之间的医疗状况感兴趣，那么每户由两名受访者（一男一女）组成的集群可能是一种不错的设计。

通常情况下，ρ 是正值，其值的范围在 0 到 1 之间，并且大都小于 0.05。如果关注的变量与组织有关，例如退休金计划或工作特征，那么 ρ 接近 1 的情形可以在组织集群例如公司内的工人中找到。对于地理空间上的集群，ρ 很少会高于 0.4，而且通常要低得多。在美国，观测种族（由于族群倾向于共同生活）、住房状况（因为大多数社区住房条件相差不大）以及在农村地区的农场种植（因为在任何特定地区的农场倾向于种植类似的农作物）通常 ρ 值较大。同样，诸如家庭收入、资产持有量和贫困率之类的经济变量的 ρ 值往往在 0.15 到 0.3 之间，因为居住在附近的人们的经济状况往往相似。

由于大多数社会变量在一定程度上受到经济变量的影响，并且住房选择反映了家庭之间在其他方面的相似性，因此对于大多数其他变量发现了一定程度的地域同质性，但 ρ 通常很小。例如，对个人或家庭在某类产品上的支出进行度量的 ρ 值范围在 0 到 0.05 之间，与健康相关的变量也是如此，例如各种疾病的发病率。如果政治态度与种族或经济地位高度相关，那么政治态度可能具有较高的 ρ 值。否则，大多数态度度量值的 ρ 值将为 0 到 0.05。

这些准则在某种程度上取决于集群单位。例如，由于县的同质性要低于城市街区，城市街区家庭收入的 ρ 值可能为 0.3，而县城家庭收入的 ρ 值则为 0.1。通常，较小集群的同质性较高，因为比邻而居的人比城镇中的人更相似。

6.2.2 整群抽样的设计效应

前面我们已经提到,集群减少了独立观测样本的数量,并增加了抽样误差。抽样误差的增加是集群规模和 ρ(集群内同质系数)的函数。汉森等(Hansen,Hurwitz,& Madow,1953)提供了一个有用的公式,该公式将集群样本与相同规模的简单随机样本关联起来。他们指出,如果 $\bar{n}$ 是每个集群样本的平均规模,那么大小为 n 的集群样本的抽样方差与相同规模的简单随机样本的抽样方差之比为:

$$\sigma^2_{\bar{x}(cluster)}/\sigma^2_{\bar{x}(srs)} = 1 + \rho(\bar{n}-1) \tag{6.1}$$

尽管这个公式只近似为真,但如果集群规模大致相同,那么近似值在实际使用中是足够准确的。该公式的确假设样本中的集群数量相对于总体中的要少。如果不是这种情况,那么就要将有限总体校正系数应用于集群估计。

根据公式6.1,如果我们使用一个集群样本,每个集群有5个样本并且 ρ 等于0.05,那么这一设计的抽样方差是相同规模的简单随机样本的 $[1+0.05*(5-1)]=1.20$ 倍,换句话说,高出20%。如果我们将集群规模增加到每个集群25个样本,ρ 仍然等于0.05,那么此设计的抽样方差是简单随机样本的 $[1+0.05*(25-1)]=2.20$ 倍。抽样方差比这一术语(对于特定样本设计与相同规模的简单随机样本)是设计效应(design effect),因此在这一示例中每个集群有5个样本的整群抽样设计被认为具有1.20的设计效应,每个集群有25个样本的整群抽样设计的设计效应为2.20。

了解设计效应后,我们就可以计算与任何给定样本设计相关的有效随机样本规模。回顾第4章,简单随机样本的抽样方差计算为 σ^2/n(如果不考虑有限总体校正系数的话),换句话说,抽样方差和样本量成反比。因此,如果整群抽样设计的抽样方差是相同规模的简单随机样本的1.2倍,可见由于同样的原因整群样本的抽样方差与较小规模的简单随机样本的抽样方差相等。例如,设计效应为1.20的300个集群样本的抽样方差等于

$n=300/1.20=250$ 个样本的简单随机样本，设计效应为 2.20 的 300 个集群样本的抽样方差等于 $n=300/2.20=136$ 个样本的简单随机样本。

6.3 最优集群规模

从公式 6.1 中，我们已经看到，较大的集群规模导致较高的抽样方差。举例来说，当 $\rho=0.05$ 时，集群规模为 5 的整群样本的抽样方差是同等规模的简单随机样本的 1.2 倍，而集群规模为 25 的整群样本的设计效应将为 2.2。这表明，较小的集群规模要更好。

但是，也有必要考虑成本。如果每个集群都有大量的固定成本，比如说特定集群的培训成本，那么较大的集群中的每个观测样本的成本会相对较低，因为较大的集群将每个集群的固定成本分摊到大量的观测样本。因此，对于任何给定的研究预算，更大的集群规模将允许更多的总样本量。问题是，考虑到设计效应之后这种较大的样本量是否会提供更多信息。来看下面的例子。

案例学习 6.2

假设您正计划开展一项全国性的家庭调查，来测量人们的健康状况和健康行为。数据收集的总预算为 6 万美元，并且计划使用整群抽样来提高成本效益。每个集群的固定成本为 2 000 美元，主要用于派遣督导在每个站点进行访问人员培训的成本。完成每次访问用于本地车程、访问人员报酬和受访者激励措施的可变成本为 100 美元。您预计所关注的主要变量的 ρ 约为 0.05。

根据这些信息，如果您使用大小为 5 的集群，那么每个集群的总费用为 2 500 美元（固定成本 2 000 美元，加上 5 次访问，每次 100 美元）。在这种成本之下，6 万美元的数据收集预算将容纳 24 个集群。样本总数为120（24个集群乘以5个观察样本/集群）。设计效应将为1+0.05×(5−1)=1.20。因此，这一抽样设计将产生与规模为120/1.20=100的简单随机样本相等的抽样方差。

如果您使用大小为10的集群，那么每个集群的总费用为3 000美元（固定费用2 000美元，外加10次访问，每次100美元）。6万美元的预算将容纳20个这样的集群，样本总数为200（20个集群乘以10个观察样本/集群）。设计效应将为1+0.05×(10−1)=1.45。等效简单随机样本规模将为200/1.45=137。这对集群规模为5的等效简单随机样本100来说，有所改善。

表6.2显示了对集群大小分别为5、10、15、20、25、50和100的计算结果。在这些替代方案中，最佳选择是大小为20的集群，其总样本规模为300，相当于简单随机抽样的153个样本。集群大小为25、50或100时，将容纳更大的样本总数，但设计效应较高导致提供的信息较少。

这个案例说明了集群样本的一般特征：要权衡成本与抽样方差，才会获得最佳集群规模。未达到最佳集群规模前由集群规模增加而导致的成本降低超过抽样方差的增加，而超过最佳集群规模抽样后方差的增加超过成本的降低。

表6.2 集群抽样设计和简单随机抽样等效的示例

集群规模	集群成本（美元）	集群数量	总样本量	设计效应	等效简单随机样本规模
5	2 500	24	120	1.20	100
10	3 000	20	200	1.45	137
15	3 500	17	255	1.70	150
20	4 000	15	300	1.95	153
25	4 500	13	325	2.20	147
50	7 000	8	400	3.45	115
100	12 000	5	500	5.95	84

如何抽样

成本与抽样方差之间的最佳平衡点取决于以下两个因素：(1) 每个集群中固定成本与可变成本的比率，这决定了将固定成本分摊到较大集群规模上的相对价值；(2) 集群内部的同质性水平，它决定了较大集群规模导致较高抽样方差的程度。具体来说，汉森等（Hansen, Hurwita, & Madow, 1953）表明，最佳集群规模的计算公式为：

$$n_c^* = \sqrt{\frac{c_1}{c_2}\left[\frac{1-\rho}{\rho}\right]} \tag{6.2}$$

其中 n_c^* 是每个集群的最佳样本量，c_1 是与每个集群相关的固定成本，c_2 是集群内每个观测样本的可变成本，ρ 是目标变量在集群内部的同质性系数。

举例来说，按照案例学习 6.2 中的信息，最佳集群规模为：

$$n_c^* = \sqrt{\frac{2\,000}{100}\left[\frac{1-0.05}{0.05}\right]} = 19.49$$

因此，表 6.2 显示在集群规模为 20 时获得最佳效果也就不足为奇，因为这时最接近最佳集群规模。

不管最佳集群规模是多少，都没有必要将集群规模设置在如此精确的水平以发挥整群抽样的诸多优点。例如，请注意在表 6.2 中，集群规模为 15 或 25 时产生的等效简单随机样本规模非常接近在集群规模为 20 时获得的样本规模。大多数在最佳集群规模附近的样本规模的效率下降得非常缓慢。

6.3.1 典型集群规模

建立最佳集群规模的计算公式后，现在来探讨各种类型研究中集群规模的含义。

入户调查（in-home surveys）

苏德曼（Sudman, 1976）建议，在美国普通人群的户内调查中最佳集群规模通常在 15 到 30 之间。在此类研究中 c_1 与 c_2 的比率通常在 15 到

50 的范围内，因此如果 $\rho=0.05$，那么最佳集群规模将大致在 15 到 30 的范围内。因此，1 000 个美国家庭的整群抽样样本可能包含 50 个县，每个县 20 个观测样本。

重复调查（repetitive studies）

如果聘用和培训访问人员进行重复调查，那么培训的固定成本可以分配到访问人员的预期工作时间内（Sudman，1976）。举例来说，假设按照美国人口普查局当前人口调查的方式每月进行访问，并且平均每个访问人员的聘期约为一年，那么全国性调查的 c_1 与 c_2 之比可能会从 15~50 下降为 2~4。在这种情况下，假设 $\rho=0.05$，那么最佳集群规模在 5 到 10 之间。

购物中心研究（shopping mall studies）

当美国市场研究人员开展的研究要求从消费者群体中收集面对面的调查数据时，与在户内访谈相比他们更有可能在购物中心收集数据。人们可能会通过电话招募被请求去购物中心参加研究（通常，此类研究会提供大量的经济激励），更常见的是在穿过购物中心时被拦住请求参与调查（用少量的经济激励）。采取购物中心访谈的逻辑如下：（1）购物中心内有大量的消费者群体；（2）样本偏差被认为在可接受的水平内；（3）购物中心访问比入户访问成本要低。

在购物中心拦访研究中，c_1 与 c_2 的比率非常高。与购物中心相关的固定成本可能会因聘用费用以及培训和监督成本而增加，并且每次访问的可变成本很低，因为访问人员不必乘车去见受访者。这样，c_1 与 c_2 的比率可以达到 100 到 200，甚至更高。在此基础上，如果 $\rho=0.05$，那么最佳集群规模将在 40 到 60 或更高。因此，400 个访问的样本量可能由 8 个购物中心组成，每个购物中心 50 个访问样本。

如果出于研究目的邀请人们来到购物中心并对此给予激励，那么 c_1 与 c_2 的比率通常会下降到 15 到 50 的区间，因为经济激励使得每次观察成本较高。在此基础上，最佳集群规模在 15 到 30 的区间内。

研究生项目

对于一些小型研究，如果只考虑支付的费用，那么可能会采取非常粗糙的整群抽样方法。因此，一名研究生或单个研究者可能会执行与项目相关的所有访问和其他活动，并将这段时间视为完全或几乎免费。在这种情况下，只有自行支付的差旅费用才是真正重要的，并且可能会采取粗糙的整群抽样。即使这种粗糙的整群抽样对于小型研究而言是可以接受的，也应该认识到必须至少选择两个整群才能对整群以外的抽样方差进行估计，并且如果选择的整群数量很小，那么方差估计的可靠性将很低。

户内整群抽样

当家庭是理想的调查单位时，家庭里当然就不会有任何整群。但是，如果总体成员是个人，那么住户就代表自然的人口集群，必须决定从每个家庭中获取多少个观测样本。

对于某些研究，有关所有家庭成员的信息是从家庭中的一位成员那里获得的。这是非常高效的，因为这样获取有关所有家庭成员信息的成本比仅调查受访者的成本要略高一些。但是，只有在提供信息者知道家庭成员信息并且家庭成员与关注的现象没有高度关联的情况下，添加的信息才有价值。

如果必须分别从家庭中的每个成员那里收集数据，那么成本会大大增加，而且家庭成员相互讨论调查内容可能会造成受访者的相互影响。在这种情况下，一般的做法是每个家庭仅选择一名受访者，除非研究有一个目标是对丈夫、妻子和/或其他家庭成员的回答进行比较。

在家庭中选择个人可能会导致对较大家庭中的成员的偏差。一人家庭中一个人被选中的概率是 1/1，而两人的家庭中一个人只有 1/2 的被选中概率，三人家庭中一个人被选中的概率为 1/3，依此类推。一种常见的做法是在每个家庭中采访 1 个人，然后根据家庭中成年人的数量来对访问进行加权以抵消每个受访者被选中概率的降低。

如果户内抽样这一主题看起来很熟悉，那是因为我们在第 2 章讨论抽样框架中的整群抽样时谈到了这一问题。

第 6 章　整群抽样

6.4 界定集群

纵览本章，我们给出了可以用于抽样的诸多集群示例。我们讨论过学校里的学生集群、公司内的工人集群、家庭内部的个人集群、县和/或城市街区中的家庭集群。这只是一些可能的例子。表 6.3 列出了各种人群及可能的集群方式。

实际上，决定如何对总体进行聚类比决定集群规模更为重要。界定集群方式的选择取决于以下因素：

- 集群应当足够小到可以节约一些成本，否则集群点将没有意义。个人访谈通常使用县作为集群，而不使用州作为集群。

表 6.3　不同抽样目标的可能集群

总体	可能的集群
一般人群	县 标准都市区 人口普查区 城市街区 电话交换机 行政辖区 购物广场 家庭
大学生	大学 单元楼 班级
小学或中学的学生或教师	学区 学校 班级
业务量	县 设施设备

续表

总体	可能的集群
住院病人	医院 病房
飞机旅客	机场 飞机（航班）
某地游客	到访的时间段（例如工作日与周末，或 9：00—10：00 与 10：00—11：00）

- 不应使用集群内同质性较高的集群方案，因为由此导致的抽样方差的增加将抵消整群抽样的优势。例如，在研究退休金计划安排时没有必要在公司内部抽取工人集群，因为任何一个公司内所有工人的退休金计划都可能是相同的。

- 集群方案应当是可用集群的清单。实际上如本章前面所述，使用整群抽样通常是因为我们有集群的列表但没有总体的直接列表。

- 应当明确界定集群以使总体的每个元素都属于一个集群，并且只属于一个集群。如果某些元素属于多个集群（例如，某些特教教师在一所以上学校的教职员工中），那么这些元素将拥有不止一次被抽取的机会。这个问题可能不严重，但应该有所认识。

- 我们如果计划在集群中进行抽样，那么应该知道每个集群中的总体元素数量（或提供合理的估计）以确保所有总体元素都具有相同的入选概率。我们将在本章后面的多阶段抽样部分讨论这一问题。

我们没有必要在所有地方都采用相同的集群定义。举例来说，在对城市地区的个人或家庭进行抽样时集群通常是街区或街道，而在农村地区集群将是由道路和自然边界（如河流和湖泊）所包围的地理区域。

所有集群的规模也不必相同。通常，集群的规模千差万别，尤其是当集群的平均规模增加的时候。例如，美国有些县的居民有数百万之众，而有些县只有几千人口。我们将在多阶段抽样部分讨论解决如何应对这些差异。

第6章 整群抽样

6.5 如何抽取集群样本

抽取集群样本的通用方法有两种。如果选中就将抽取整个集群，或者如果集群规模近乎相等，那么将使用一种方法。如果将在集群内进行抽样并且集群规模差异很大，那么将使用另一种方法。

6.5.1 等概率抽取集群

如果在选取时抽取整个集群，那么使用简单随机抽样或简单系统样本来选择具有相同概率的集群是合适的。例如，假设我们要在某个学区中获取一份学生样本，并且我们计划在学区中的 1 247 间教室中使用学生集群样本。进一步我们假设计划抽取 50 间教室，并收集选取教室中所有学生的数据。在这种情况下，我们将使用简单随机抽样（或简单系统样本）从 1 247 间教室列表中抽取 50 间。每间教室被选中的概率相等，为 50/1 247，并且每个学生被选中的概率也相同，为 50/1 247，因为学生的入选概率与其教室被选中的机会完全对应。

现在，假设我们计划抽取 100 间教室，并在每间教室内抽取 10 名学生。如果教室人数大致相等，那么以相等的概率抽取他们仍然是可以接受的。设想有两名学生，一名在 23 名学生组成的班级中，另一名在 27 名学生组成的班级中。如果我们从 1 247 间教室清单中抽取 100 间教室的简单随机样本，那么两名学生的教室被抽取的机会等于 100/1247。然后，如果我们在每个选定的班级中随机选择 10 名学生，那么 23 名学生组成的班级中的学生在班级中被抽中的机会为 10/23，而 27 名学生组成的班级中的学生在班级中被抽中的机会为 10/27。较小班级中的学生被抽中的概率为 [(100/1 247)×(10/23)]，较大班级中的学生被抽中的概率为 [(100/1 247)×(10/27)][1]。这些概率不相等，但是所有教室的差异可能很小，

---

① 这一计算的思路是多阶段抽样的入选概率等于每个阶段的概率的乘积。在我们的案例中，抽取某学生所在教室的概率乘以假设选择该教室的情况下抽取这名学生的概率等于学生入选的总概率。

如何抽样

不足以引起对抽取样本偏差的担忧。

6.5.2 规模与概率成比例抽取集群

如果在集群中进行抽样并且集群规模的差异很大，那么用相同概率抽取集群是不合适的。这样做的问题可能如下所示。

假设想要在美国授予学位的四年制大学中抽取 1 000 名学生的集群样本。假定总体中大约有 1 000 万名学生，并且要抽取 1 000 名学生样本，那么总体采样率为 1/10 000（1 000÷10 000 000＝1/10 000）。

进一步假设您计划在 50 所大学中开展调查（即您将拥有 50 个初始集群），美国有 2 500 所大学，因此如果所有机构入选的概率相等，那么任何一所大学被抽取的概率将为 50÷2 500＝1/50。

为了确保每名学生入选的概率相同并获得 1 000 个样本，那么有必要在大学里的采样率为 1/200，因为所需的总体采样率为 [1/50]×[1/200]＝1/10 000。同样，我们认为多阶段抽样的入选概率等于每个阶段的概率的乘积。

在大学内部采用 1/200 的采样率，从一所有 3 万名学生的大学中抽取的样本量将为 30 000×(1/200)＝150，而从拥有 1 000 名学生的小型文理学院中抽取的样本量将为 1 000×(1/200)＝5。

这并非我们想要的结果。可以看出，从每个集群中获取相同的样本量时抽样误差最小。相同的样本量还有助于解决管理问题，例如在任何给定位置计划和进行的访问数量以及每个访问人员的工作量。因此，如果我们的目标是来自 50 所大学的 1 000 个观测样本，那么我们希望每所大学有 20 个观测样本。

但是，如果我们用均等概率抽取大学，那么尽管总体内部差异很大，不同规模的学校入选的概率将会相同。如果我们随后在每所选定的大学中抽取固定数量的学生，那么来自规模较大的大学的学生入选的机会要低得多。结果将使总体样本偏向来自规模较小的大学的学生。

因此，抽取集群样本的秘诀是在每个选定集群中抽取大小相等的样本，同时保证不同大小的集群中总体成员的入选概率相同。这样做的方法

第 6 章 整群抽样

称为概率与规模成比例抽样或 PPS 抽样（sampling with probabilities proportionate to size, or sampling PPS）。PPS 抽样的原理如下所示。

如果会有 50 所大学被抽中，并且一所拥有 30 000 名学生的大学在每次抽取中入选的概率等于 30 000/10 000 000（该大学学生总数相对于学生总体的规模），那么这所大学的综合概率为 50×(30 000/10 000 000)。如果这所大学被抽中并且我们在其中抽取了 20 名学生，那么这所大学中每名学生被选中的概率为 20/30 000。每名学生总的入选概率为 [50×(30 000/10 000 000)]×[20/30 000]，也就是大学的入选概率乘以大学内学生的入选概率。大学规模将被抵消，最终概率为 (50×20)/10 000 000，即 1 000/10 000 000（简化为 1/10 000）。

同样，如果一所拥有 1 000 名学生的大学在每次抽取中被选择的概率等于 1 000/10 000 000（该大学学生总数相对于学生总体的规模），那么这所大学的综合概率为 [50×(1 000/10 000 000)]。如果这所大学被抽中并且我们在其中抽取了 20 名学生，那么这所大学的每名学生被选中的概率为 20/1 000。每名学生总的入选概率为 [50×(1 000/10 000 000)]×[20/1 000]。大学规模将被抵消，最终概率为 (50×20)/10 000 000，即 1 000/10 000 000。

在这个示例中，规模较大的大学的学生在学校中被选中的概率较低，但是学校被选中的概率被人为提升。同样，规模较小的大学的学生在学校中被选中的概率较高，但学校被选中的概率相应较低。最终获得的是每所被抽中大学的学生人数均相同的 EPSEM 样本。

使用 PPS 的两阶段整群抽样，任何集群的入选概率可以写为：

$$\left[\frac{m \times N_{clus_j}}{N}\right] \times \left[\frac{n_c}{N_{clus_j}}\right]$$

其中 m 是要抽取的集群数量，N_{clus_j} 是第 j 个集群中的总体成员的数量，N 是总体规模，n_c 是每个集群中抽取的元素数量。可以看出，集群总体规模被抵消，使所有总体成员的入选概率为 $(m \times n_c)/N$ 即总的样本规模除去总体规模，与集群规模无关。

如果在两个以上的阶段中抽取 PPS 集群样本，那么在所有阶段中都将应用概率与规模成比例的方法。举例来说，假设我们先抽取了 10 个县，然后在每个选定的县选取 2 个城镇或地方，再然后在每个选定的城镇或地方选取 2 个人口普查区，再在每个选定区域选定 1 个街区，最后在每个街区抽取 5 个人，最终抽取了全州范围内 200 个家庭的一个样本。那么抽样概率将如下：

$$\left[\frac{10 \times N_{cou_j}}{N}\right] \times \left[\frac{2 \times N_{pla_j}}{N_{cou_j}}\right] \times \left[\frac{2 \times N_{tra_j}}{N_{pla_j}}\right] \times \left[\frac{1 \times N_{blo_j}}{N_{tra_j}}\right] \times \left[\frac{5}{N_{blo_j}}\right]$$

较大的县将被赋予较高的入选机会，然后较大的地方将被赋予在县内较高的入选机会，依此类推，直到最终每个选定街区抽出 5 个人。在每个阶段，集群总体规模都会被抵消，留下一个 EPSEM 样本。

PPS 抽样的执行步骤如下：

• 列出集群清单。

• 在每个集群附近标出累积规模值，直到所有集群的规模都被累加到总体规模为止。

• 通过将总体规模除以所需的集群数量来计算抽样间隔。

• 在 1 到 i（抽样间隔）之间选择一个随机起点。

• 使用随机起点和计算得到的间隔抽取系统样本。如果所选数字落入数字序列，即当所选数字大于所有先前集群规模的累加值但小于或等于包括该集群的累加值时，就将这个集群纳入样本。

有几点需要注意。第一，我们建议使用系统样本。只要愿意可以在任何阶段抽取一个简单随机样本，但是系统样本允许隐式分层，如后文所述。

第二，在多阶段集群抽样中这一过程将与每个抽样阶段相关。例如，当在某个州内抽取县的时候，我们将县的人口进行累加处理，直到得到该州的总人口。在抽取县内的城镇或地方时，我们将累加城镇或地方的人口，直到计算出整个县的总人口为止。在选择城镇或地方内的人口普查区域时，我们将累加人口普查区的全部人口，直到得到整个城镇或地方的总人口。以此类推。

第三，任何超过抽样间隔的集群都将毫无疑问地进入样本，而且某些

第 6 章　整群抽样

集群可能会被选择多次。如果一个集群被选择不止一次，那么该集群内的样本量将相应地增加。举例来说，假设我们先抽取了 10 个县，然后在每个选定的县选取 2 个城镇或地方，再然后在每个选定的城镇或地方选取 2 个人口普查区，再在每个选定区域选定 1 个街区，最后在每个街区抽取 5 个人，最终抽取了全州范围内 200 个家庭的一个样本。如果一个较大的县被选择了 2 次，那么我们只需抽取该县内的 4 个城镇或地方。如果一个较大的城镇被选择了 2 次，那么我们只需在该城镇内抽取 4 个人口普查区。

如果要确保我们的样本中既有大型又有小型的集群，比如全州范围内的样本涵盖小型的农村和大型的城区县，那么可以在抽取样本之前按规模对集群进行排序。这称为隐式分层，可以防止我们在列表中抽取样本时跳过较小的集群。

表 6.4 提供了 PPS 抽样的示例。假设我们要抽取马里兰州居民的全州样本，第一步是选取 10 个县。表 6.4 列出了马里兰州的 24 个县，各县的人口（根据美国人口普查局 2013 年的估算）及其累计人口。马里兰州的总人口是 5 928 814 人。由于我们想要 10 个县，因此我们的抽样间隔（i）为 592 881（即 5 928 814/10）。使用 Excel 中的 RANDBETWEEN 函数抽取 1 到 592 881 之间的随机起点，我们得到 403 641 这个随机起点。下一步是选择 996 522（$s+i$），然后是 1 589 404（$s+2i$），以此类推。我们的 10 个选择分别是

403 641

996 522

1 589 404

2 182 285

2 775 167

3 368 048

3 960 929

4 553 811

5 146 692

5 739 574

由于第一个选择 403 641 属于安妮阿伦德尔县所覆盖的累计范围，因此选择了该县（阿勒格尼县的覆盖范围是 1 到 73 521，安妮阿伦德尔县的覆盖范围是 73 252 到 629 264）。下一个选择是 996 522，将落在巴尔的摩县的累计范围内（涵盖范围从 629 265 到 1 452 279），以此类推。

请注意，乔治王子县有两个选择。另外需要注意，人口低于 10 万的县没有被选择。

表 6.4　PPS 抽样的示例

县	人口数	累计人口	抽取
阿勒格尼	73 521	73 521	
安妮阿伦德尔	555 743	629 264	x
巴尔的摩县	823 015	1 452 279	x
卡尔弗特	90 484	1 542 763	
卡罗琳	32 693	1 575 456	
卡罗尔	167 564	1 743 020	x
塞西尔	101 913	1 844 933	
查尔斯	152 864	1 997 797	
多切斯特	32 660	2 030 457	
弗雷德里克	241 409	2 271 866	x
加勒特	29 889	2 301 755	
哈福德	249 215	2 550 970	
霍华德	304 580	2 855 550	x
肯特	19 944	2 875 494	
蒙哥马利	1 016 677	3 892 171	x
乔治王子	890 081	4 782 252	xx
安妮女王	48 517	4 830 769	
圣玛丽	109 633	4 940 402	
萨默塞特	26 273	4 966 675	
塔尔伯特	37 931	5 004 606	

续表

县	人口数	累积人口	抽取
华盛顿县	149 588	5 154 194	x
维科米科	100 896	5 255 090	
伍斯特	51 620	5 306 710	
巴尔的摩市	622 104	5 928 814	x
总计	5 928 814		

表 6.5 重复了前面的例子，但是使用了隐式分层。各县按从大到小的顺序进行排序，累计总数也有相应的变化。样本的所有其他方面均保持不变。抽样间隔仍然是 592 881，随机开始于 403 641，并且 10 个选择仍然分别是 403 641、996 522、1 589 404、2 182 285、2 775 167、3 368 048、3 960 929、4 553 811、5 146 692 和 5 739 574。

与以前一样，选择集中于较大的县，这次蒙哥马利县和巴尔的摩县被抽取了两次。与以前不同的是，抽取了一个人口较少的安妮女王县。

大多数选择流向较大的县看似并不公平，但是要记住，与人口较少的县相比较大的县的人在县内被选择的机会要低得多。正如我们所看到的，概率将在样本的各个阶段之间完全平衡。

6.5.3 抽取分层整群样本

一开始本章就指出，分层和整群存在差异，但并不会相互排斥。分层整群样本是有可能的。举例来说，在对马里兰州居民的研究中我们可能想要在较小的县中抽取更多的样本来获取更多的农村居民样本，以对城市和农村地区进行比较。这样的样本可以通过以下步骤来抽取。

如果可以在抽样框中分离出这一层级，那么可以在层级内抽取集群。例如，在抽取马里兰州居民的样本时我们可以将县分为城市和农村，然后从每个组中抽取两个独立的集群样本。

如果无法在抽样框中分离出层级，那么在集群内对层级进行抽样。例如，我们假设以下情况：（1）我们正计划对健康状况进行家庭调查；（2）我们计划使用整群抽样以提高成本效益；（3）我们想要按年龄进行分层以使一半样本年龄为 65 岁及以上，另一半样本年龄小于 65 岁；（4）我们没有区分老年人和年轻人的列表。在这种情况下，我们将抽取一个足够大的集群样本以确保在最小的层级（65 岁及以上的群体）中拥有所需的人数，然后在集群内按照层级分配抽取样本。

这种方法有一个潜在的问题。如果使用固定的层级配额，但是集群的层级构成存在差异，那么各个总体元素入选的概率相应地也会不同。例如，如果我们在每个选定县的 65 岁及以上的层级中寻找 20 个人，并且这一群体占到某些县人口的 30%，而在其他县中占比仅为 10%，那么在 65 岁及以上人口较常见的县中个人的入选机会比这一群体较少的县中的个人入选机会要低。

表 6.5　使用隐式分层的 PPS 抽样示例

县	人口数	累积人口	抽取
蒙哥马利	1 016 677	1 016 677	xx
乔治王子	890 081	1 906 758	x
巴尔的摩县	823 015	2 729 773	xx
巴尔的摩市	622 104	3 351 877	
安妮阿伦德尔	555 743	3 907 620	x
霍华德	304 580	4 212 200	x
哈福德	249 215	4 461 415	
弗雷德里克	241 409	4 702 824	x
卡罗尔	167 564	4 870 388	
查尔斯	152 864	5 023 252	
华盛顿县	149 588	5 172 840	x
圣玛丽	109 633	5 282 473	
塞西尔	101 913	5 384 386	
维科米科	100 896	5 485 282	
卡尔弗特	90 484	5 575 766	
阿勒格尼	73 521	5 649 287	
伍斯特	51 620	5 700 907	
安妮女王	48 517	5 749 424	x
塔尔伯特	37 931	5 787 355	
卡罗琳	32 693	5 820 048	

续表

县	人口数	累积人口	抽取
多切斯特	32 660	5 852 708	
加勒特	29 889	5 882 597	
萨默塞特	26 273	5 908 870	
肯特	19 944	5 928 814	
总计	5 928 814		

有两种方法可以解决这一问题。第一，可以尝试在层级构成中最小化集群间差异的方式来对集群进行界定。这通常意味着更大的集群。例如，年龄在65岁及以上的人口百分比在各县之间的差异比社区与社区之间的差异要小。如果差异足够小，则您可以出于实践目标将其忽略。第二，如果您认为差异太大而无法忽略，那么可以跟踪所需的筛选率，在每个集群中找到各个层级，并使用这些筛选率对每个观察样本进行加权以获得特定聚类和层级的概率。

在某些情况下无法在抽样框中分离出层级，但是可以获得有关每个集群的层级构成的信息。例如，我们可能没有区分老年人和年轻人的列表，但是可能知道每个县中65岁或65岁以上人口的百分比。这样的话，我们可以基于百分比对集群（县）进行分组，从而形成就这一变量而言相对类似的集群组。界定这些群组可以允许我们以群组为基础，而非以集群为基础来对得到的数据进行加权。

我们将在第7章中更详细地讨论来自复杂样本的数据分析。

6.6 本章小结

与分层抽样一样，整群抽样可以在一定条件下提高研究的成本效益。整群抽样将总体划分为被称为集群的子组，然后抽取集群样本。对总体成员的进一步抽样可以在集群内进行，并且多阶段整群抽样是可行的（即对集群内的集群进行抽样）。

如何抽样

整群抽样在以下四种一般情形下具有成本效益：（1）数据收集会产生大量的差旅费用；（2）每个数据收集点都有大量的收集成本；（3）有集群列表，但没有单个总体成员的清单；（4）集群可以提高定位特殊群体成员的效率。在这些情形下，整群抽样将大大降低每次观察的成本，因此对于任何给定预算的研究都可以获得更多的观测样本。

尽管集群抽样可以降低研究成本，但由于集群中的重复观测可能不是完全独立的，因此也会导致较高的抽样方差。通过"设计效应"来衡量的增加程度取决于所考虑的集群内总体元素的同质性水平以及每个集群内要抽取的元素数量。同质性水平由称为 ρ 的统计量来测量，这一统计量表示所有可能的集群元素之间的平均相关性水平。

成本与抽样方差之间此消彼长，使得对于任何给定情况都存在最佳的集群规模。在美国进行的全国家庭调查的最佳集群规模通常在 15 到 30 之间。此外，购物中心拦访调查的最佳集群规模较大，高达 50 甚至更大。

抽取集群样本的正确程序取决于是否要获取整个集群以及集群规模变化的程度。如果抽取整个集群或者集群规模近似相等，那么以相同概率来抽取集群是合适的。换句话说，对集群进行简单随机抽样是合适的。但是，如果要在集群内进行抽样并且集群规模差别很大，那么应当抽取概率与规模成比例的集群。本章还对 PPS 抽样进行了介绍和说明。

练习和讨论题

习题 6.1

根据案例学习 6.2 中的信息，如果 ρ 为 0.25 而不是 0.05，那么最佳集群规模会是多少？如果 ρ 为 0.05，但每次观察的可变成本（c_2）是 20 美元而不是 100 美元，那么最佳集群规模是多少？如果 ρ 是 0.05，c_2 是 20 美元，每个集群的固定成本（c_1）是 4 000 美元而不是 2 000 美元，那么最佳集群规模是多少？

习题 6.2

假设您要在您所在的省份内抽取全省居民的多阶段集群样本，并且第一阶段是抽取 10 个县（如果您所在的省份没有 10 个县，那么抽取 10 个地方）。像 6.5.2 部分所做的那样，抽取 10 个县的 PPS 样本。

第三部分
抽样中的相关议题

在完成第一部分和第二部分学习之后，您应该知道以下知识：(a) 样本中的偏差是如何产生的；(b) 如何控制样本偏差；(c) 如何通过样本规模来控制抽样误差；(d) 如何通过分层或整群方法来提升样本的成本效益；(e) 如何抽取各类样本。

在此基础上，在第三部分我们将讨论与抽样和样本数据使用有关的其他各种议题。完成本部分的学习后，您应该知道以下知识：(a) 与根据样本估算总体特征有关的问题；(b) 如何在各种特殊调查情境中应用抽样原则；(c) 如何确定样本的质量，样本需要达到怎样的质量，以及应对有瑕疵样本的一般原则。

第 7 章

从样本估计总体特征

本书的最开始我们请您假设以下情境。您的一个朋友正在竞选当地学校董事会的席位,您同意通过调查了解当地选民关心的重要问题以及他们希望学校董事会做的事情来帮助她。

我们引入了一个想法,那就是您将依赖于总体的一个样本,而您的样本准确地代表了更广泛的人群。例如,如果您的数据显示 64% 的受访者希望学区更加重视阅读技能,那么您希望 64% 这一数字能够准确反映整个人群的想法。出现无法反映的情况的原因可能有以下 3 个:非抽样误差(不在本书讨论的范围之内)、样本构成的随机变化而引起的抽样误差以及无法覆盖总体、选择偏差或无应答引起的样本偏差。

本书的第 1 章至第 3 章介绍了如何通过抽样过程来控制样本偏差,第 4 章至第 6 章介绍了如何通过样本规模和样本设计来控制抽样误差。

在本章中,我们将讨论一些与样本估计准确性有关的其他问题。

第一,我们回到加权这一贯穿本书的议题。我们回顾了如何使用加权来弥补抽样或应答概率的差异,并对与之相关的问题进行了讨论。

第二,我们将对使用数学模型指导抽样和估计这一更宽泛的议题进行讨论。就像我们将看到的那样，这样的估计可以提高研究的成本效益，也可以从非概率样本中生成估计值并处理概率抽样假设的失效。

第三，我们将讨论如何测量从复杂或非概率样本中得出的估计值的不确定性。

在本章中，您将学习以下内容：

- 如何对样本数据进行加权。
- 何时对样本数据进行加权。
- 如何使用模型来减少样本估计值的方差。
- 如何使用模型来应对违反概率抽样假设的情况。
- 如何测量来自复杂或非概率样本的估计值的不确定性。

7.1 样本数据加权

对调查数据进行加权的原因有以下两个：（a）调整受访者之间不同的初始入选概率；（b）选取受访者后调整不同的无应答率。初始入选概率的差异可能源于样本设计，比如不成比例的分层抽样（disproportionate stratified sampling），或者源于抽样框架中的重复或集群样本。总体子群之间联系上或合作的比率的差异可能导致无应答概率的差异。

正如第3章中所述，基本的加权方法有两种。一种是将样本群组按总体中已知的比例进行加权。例如，如果所观测的样本中40%的受访者年龄小于55岁，而60%的人年龄为55岁及以上，并且已知相关人群中年龄小于55岁的年轻人占80%，55岁及以上的人占20%，那么55岁以下受访者的数据权重为80/40也就是2（即他们应代表的样本比例相对于他们实际代表的比例），而55岁及以上受访者的数据权重为20/60也就是1/3。也就是说，第i个群组的成员权重为(π_i/p_i)，其中π_i是该群组在总体中的比例，而p_i是其在样本中的比例。此外，将群组的总体特征（例如均值、比例或总数）简单地加权为π_i，并加总求和以得到总体人口的估计值。这种加权方法通常用于校正分层设计中不成比例的入选概率,并且可以用于调整不同的无应答情况。

第二种方法是对入选概率(包括接触率和应答率)进行加权。举例来说,假设在全国性电话调查中大城市电话交换机的应答率为10%,其他电话交换机的应答率为40%,总体的应答率为20%。在这个示例中,来自大城市电话交换机的数据的权重为0.20/0.10也就是2(它们应当具有的应答率相对于其实际的应答率),而来自其他电话交换机的数据的权重为0.20/0.40也就是0.5。也就是说,第i个群组加权为(r/r_i),其中r是整个样本的应答率或入选概率,r_i是该群组的应答率或入选概率。这种加权方法通常用于校正非EPSEM整群设计中不同的入选概率(包括受访者在家庭中入选机会不等或半开放式间隔中入选机会不等的情况),以及同时具有分层和集群特征的抽样设计。它也可用于调整群组之间不同的无应答率或无法接触的比率。

如果使用多个变量进行加权,那么可以通过简单地将每个变量的权重相乘来构造总的权重。例如,如果样本按收入类别的入选概率进行分层,而受访者因为家庭规模也拥有不同的入选概率,那么可能要把收入类别和家庭规模的权重相乘来构建针对所有受访者的总体权重。

以这种方式相乘的权重暗含一个假设——各个加权变量独立发挥作用。对于初始入选概率而言,这通常是一个很好的假设。举例来说,我们可能没有充分的理由相信来自大家庭的所有受访者入选概率的降低程度取决于该家庭的收入是高还是低。这一假设由于应答率的差异而难以成立,因为应答者的特征可能会相互作用而影响联系上或合作的概率。比如,男性应答的可能性可能小于女性,这一差异在年轻男性中尤为明显。

如果需要考虑这种交互作用,那么可以使用多种方法。一种方法是将权重相乘,但根据变量的类别对另一个变量使用不同的权重(例如,男性的权重随年龄类别发生变化)。第二种方法是界定多变量单元或权重类别,每个单元都有自己的权重(例如,较年轻的男性、较年长的男性、较年轻的女性、较年长的女性)。第三种方法是引入个体水平的模型,这一模型基于应答者多元特征(以及那些特征的任何可能的交互作用)来预测应答的概率，并根据他们在模型中的分数来对应答者进行加权。这称为应答倾向加权（response propensity weighting）。在广义的概念层面上所有这些方法都可以用来做同样的事情，但是这些方法的操作细节可能有所不同。

匹配已知总体分布的多元加权方法可能遵循的序列过程，称为耙取（raking）。研究人员从样本和总体分布上差异最大的变量（假设为年龄）开始计算权重来对该变量进行调整，然后应用这些权重。随后，研究人员检查其他潜在权重变量的分布。这些分布通常会比以前更接近总体。如果需要，研究人员从总体中选择差异第二大的变量（假设是性别）计算权重来对其进行调整，然后应用这些权重。这个过程一直持续，直到样本的加权特征被认为足够接近总体为止。该过程是迭代的，因为当包含每个加权变量时以前变量的分布会受到影响，但是在大多数应用程序中只需要重复几次即可。有关耙取的详细讨论，可参见巴塔利亚、霍格林和弗兰克尔（Battaglia，Hoaglin，& Frankel，2009）的相关著述。

实际上，对无应答的加权要求我们可以做到以下几点：(a) 根据抽样框架中的信息来比较无应答者和应答者的特征（例如，抽样框允许我们将抽取的电话号码分类为大城市和其他城市）；(b) 将获得样本的特征与更广泛的目标人群进行比较（例如，将获得样本的年龄分布与总体的年龄分布进行比较）；(c) 从受访者提供的数据中识别入选概率的差异（例如，受访者告诉我们他们家庭的人数）。这意味着加权仅限于我们拥有这些信息的变量，还暗示调查设计者在设计调查问卷时要未雨绸缪，纳入一些可能与调查没有直接关联的测量，这些测量在需要的时候可能有助于加权。

7.1.1 数据应该加权吗

通常，如果样本设计包含不相等的入选概率（例如通过分层），那么应始终对数据进行加权。在这些情况下，有意识地设计差异化的入选概率来提高研究效率，确切地知道如何来消除这些差异及使样本拥有与EPSEM样本类似的代表性，并进行加权处理以校正这些差异是设计的一部分。

校正无应答或无法联络比率差异的加权问题更大。校正样本中的明显缺陷似乎是很自然的，但是如第 3 章所述，为此目的使用权重存在一些重要的问题。

第一个问题是，差异化的无应答率的加权可以看作配额方案，其中配额是事后分配的而不是先验的，并且其与任何配额样本都同样有可用性偏差的潜在风险。如果研究的应答率不佳，那么可以乐观地假设没有应答偏差，但这仅仅是因为样本的人口统计学特征恰好与总体人口相匹配或者声称您已通过加权解决了明显的缺陷。回想第 3 章中的示例，您的样本中可能有适当比例的 18 岁至 34 岁的女性，或者您可能已将这一群体加权到恰当比例，但是您有布丽奇特式女性样本或者凯瑟琳式女性样本吗？假定加权可以将不良样本变成优质样本是错误的。

更一般而言，只有在无应答者是随机丢失的（missing at random）且应答者之间的应答率没有系统差异的情况下，权重才能有效解决无应答偏差。在本章前面给出的示例中，我们可能会对年龄进行加权，因为 55 岁以下的受访者的应答率比 55 岁及以上的受访者要低。只有当 55 岁以下的受访者与 55 岁以下的拒访者相同时，这种加权才能完全成功。换句话说，当我们将 55 岁以下的群组加权为 2 时，看起来就好像我们从该群体中多获得了一倍的观察样本，而这多出的受访者的回答情况与先前的受访者相同。如果无应答是随机的，那么这是正确的，但这通常是一个有问题的假设。如果没有其他原因，那么无应答者可能比应答者更忙，因此更难以联系或合作可能更低。

由于受访者和无应答者可能在很多方面存在差异，因此加权对无应答偏差的影响可能会相应发生改变，表 7.1 对此进行了说明。像以往一样，假设在一个观测样本中有 40% 的受访者年龄小于 55 岁而 60% 的人年龄在 55 岁及以上，并且已知相关人群中有 80% 的人年龄小于 55 岁而 20% 的人年龄在 55 岁及以上。设想整个总体中各个年龄段对应的平均值，如表 7.1 的上部所示的那样用于 (a) 衡量社会保守主义；(b) 每周锻炼的小时数；(c) 购买一辆新车的兴趣（7 分式测量）。最后，假设观察到的样本的平均值，如表 7.1 的中部所示。

表 7.1　加权对无应答偏差的不同影响

	55 岁以下	55 岁及以上	合计
总体			
总体比例	0.8	0.2	
社会保守主义均值	40	60	44
平均每周锻炼小时数	20	15	19
购车兴趣均值	3	3	3
观测样本（受访者）			
样本比例	0.4	0.6	
社会保守主义均值	40	60	52
平均每周锻炼小时数	15	15	15
购车兴趣均值	4	3	3.4
加权样本			
加权后的样本比例	0.8	0.2	
社会保守主义均值	40	60	44
平均每周锻炼小时数	15	15	15
购车兴趣均值	4	3	3.8

注：该表中的合计即每个群组的均值乘以该群组所占比例，并对各群组累加。

我们如果比较表 7.1 的上部和中部，就可以看到 3 个观测样本的估计值对总体而言都有偏差。从社会保守主义测量来看，这种偏差全部来自两个年龄群组不均衡的代表性和每个群组中匹配各自总体均值的受访者。对用于锻炼的时间和购车兴趣而言还有一个偏见，那就是 55 岁以下的受访者——他们不太运动且对购买汽车更感兴趣——与 55 岁以下的总体相比存在很大差异。在锻炼时间的例子中这种偏差使 55 岁以下的受访者更接近 55 岁及以上的受访者，而对于购车兴趣他们之间的差异更大。

表 7.1 的下部显示了对样本数据加权来匹配每个年龄群组在总体中实际比例的结果。对于社会保守主义测量偏差已经消除，因为权重校正了导致偏差的不成比例的代表性问题。对于锻炼花费的小时数偏差依然存在，因为校正年龄组的不成比例的代表性并不能解决 55 岁以下群组中受访者与未应答者之间的差异。对于购车兴趣偏差有所增加，因为让 55 岁以下

的受访者为未应答者代言会提高对购车具有较高兴趣的人的权重。

让事情复杂化的是如果按性别而不是年龄来加权这组数据,那么我们可能会得到不同的结果。例如,我们可能会在锻炼的估计上让偏差降低很多,而在社会态度的估计上降低得要少。加权对偏差的影响不仅在实质性的目标变量之间存在差异,而且在加权变量之间也存在差异。因此,实际上我们不知道任何给定的加权方案在解决任何给定变量的无应答偏差方面的效果如何。

第二个问题是加权会增加抽样误差,因为通过加权不成比例样本得到的成比例样本比纯粹的成比例样本具有更高的抽样误差(除非不成比例的方案已被设计为利用群组间方差或成本的差异,例如成比例的分层抽样)。加权引起的设计效应计算为 $\sum \pi_i k_i * \sum \pi_i / k_i$,其中 π_i 表示以给定比率抽取总体的比例,k_i 是该群组的权重与基线权重的比率(Kish,1965)。一个简单的建议是将权重最低的群组作为基线($k=1$),并换算所有其他组的相对采样率。例如,如果观测样本中 40% 的受访者年龄小于 55 岁而 60% 的人年龄大于 55 岁,并且已知相关总体年龄在 55 岁以下的占 80% 而 55 岁及以上的人占 20%,那么对于 55 岁以下的人群 k 设置为 6,对于 55 岁及以上的人群 k 设置为 1①,对于 55 岁以下的人群 π 设置为 0.8,对于 55 岁及以上的人群 π 设置为 0.2,与按比例加权样本相关的设计效果将为 1.67(即加权将使从样本得出的估算值的方差增加 67%)。

第三个问题是权重必须足够可靠才能发挥作用。例如,如果采样率的估算是基于受访者对他们在现场花费多长时间的估算(Nowell & Stanley,1991)或者他们可能出现在列表中的次数,那么这些应答中的系统误差可能会导致权重的偏差,而且随机误差会提高加权产生的抽样误差。

因此,总体而言对无应答进行加权是一把双刃剑。它可能会减少无应答偏差,但一定会增加抽样误差,并且最终可能会增加总的测量误差。鉴于这些问题,只有在以下情况下才应对无应答进行加权:(a)群组之间无

---

① 55 岁以下群组的权重为 2,55 岁及以上群组的权重为 1/3,因此 55 岁以下群组的权重是 55 岁及以上群组的 6 倍。想要更加简单,可以使用相对采样率而不是相对权重来确定 k 值。

如何抽样

应答的差异相当大；(b) 加权能够在重要变量上产生实质性且可信的变化；(c) 加权没有明显的负面影响。我们建议进行敏感性测试来指导这些决策，必要的时候尝试正在考虑的任何加权方案，看看它们对数据的影响并判断这些权重是否有益。在此过程中，可以考虑调适（trimming）权重。如果用较大的权重来校正某些群组过少的抽样，而这会产生抽样误差的急剧上升，则可以考虑降低权重，这样仅部分校正过少抽样还可以减少对抽样误差的影响，从而在不同程度的潜在偏差和抽样误差之间保持平衡。① 同样，如果一个较小群组的权重很大，则可以考虑是否需要将该群组与其他群组合并以管理调整的规模。

由于这些问题，加权不应被视为控制无应答偏差的主要方法。加权适用于控制棘手的无应答问题产生偏差的可能性，但是应对无应答偏差的第一道防线始终应是谨慎的数据收集流程。

我们应该注意，在政治民意测验中对无应答的加权可能比在其他研究情境中更为常见。政治偏好通常与人口统计学变量相关，因此如果使用加权来校正样本与更广泛的总体之间的人口统计学特征的不匹配，那么很有可能还会校正偏好方面的不匹配。

7.2 用模型指导抽样和参数估计

本书中我们关注的焦点是概率抽样，即"使用样本入选概率为其推论提供基础"（Brewer，1999：36）。基于概率的推论的强大优势在于它可以应用于任何有限的总体，而无须事先了解这一总体的分布。要根据样本数

---

① 调适通常是通过查看权重的分布并指定临时切点来进行的，以便将边界外的权重调适到这一切点。举例来说，乔杜里、卡雷、沃尔特（Chowdhury, Khare, & Wolter, 2007）介绍了一种计算权重的方法，该方法用于计算来自美国国家免疫调查（the U.S. National Immunization Survey）的数据。这一方法获取这些权重的四分位差（interquartile range, IQR），然后从权重中位数调适大于四分位差 6 倍的所有权重。在调适边界的计算中直接引入偏差和抽样误差之间的折中值（e.g. Elliott, 2008）也是可以的。

第 7 章　从样本估计总体特征

据生成总体特征（例如均值或比例）的估计值，我们需要知道的是获取样本的设计（例如简单随机、分层、整群等）。因此，概率抽样有时称为基于设计（design-based）的抽样，它能够支持基于设计的推论。

有时，我们应当考虑基于简单设计抽样的替代方法，例如在以下情况下：

- 拥有关于总体的可用信息，可用于提高样本设计的效率。
- 在完全不可能实施基于设计的抽样计划时，例如在没有抽样框的网络调查中。
- 当基于设计的样本方案使部分总体元素的入选概率不可接受地为未知且不为零的时候，就像在无应答率很高的调查中无法假定无应答者是随机缺失的一样。
- 如果主要的研究目标不需要基于设计的样本。

我们有两类基本方法可以改进或替换基于设计的抽样，这两类方法都依赖于数学模型。结合基于设计的抽样一起使用的方法称为模型辅助（model assisted）的方法，代替基于设计的抽样所使用的方法称为基于模型（model based）的方法。就像我们将看到的，这两种类型的方法都可以应用于样本设计、估计或同时应用于两者。

7.2.1　使用模型的案例集

166

为了解释模型的可能用途，让我们从基于设计的抽样和估计示例开始以提供比较的基点。比如说我们希望估算某些行业的季度产量。我们从对行业内公司的调查中获得了产量报告，并且知道该样本被设计为不成比例的分层概率样本。在样本中，该行业被分为大企业与小企业，而大企业的采样率更高。有了关于样本设计的知识，我们按层级将调查对象分类，然后使用数据来估计每个层级的产量，再将层级的估计值相加，最后对该行业总产量有一个没有偏差的估算值（假设产量报告没有偏差）。

现在，让我们考虑使用模型来调整样本设计和估算。假设以往数据表明较大的企业通常占行业总产值的 80%，而较小的企业则占 20%。因此，我们可以得到以下模型：

如何抽样

总产量＝大公司产量/0.80

有了这个模型,我们只能对较大的企业进行抽样,使用调查数据来估计该层级的产量,并使用这个模型来估计总产量和/或较小公司的产量。例如,如果调查得出的估算结果是大企业层级的季度产量为100万个单位,那么该模型将得出行业总产量为125万个单位,而小企业产量的估计值为25万个单位。我们随后将其称为"模型示例1"。

让我们考虑更多示例。对于模型示例2,进行以下假设:(a)人口普查和业务两个渠道的混合使我们能够估计该行业雇用的总人数;(b)我们可以找出较大的企业并进行抽样,但许多公司不愿回答有关产量的问题;(c)规模较小的企业更愿意做出应答,但我们没有一个很好的列表来对它们进行抽样。在这种情况下,我们可能会从较大的企业那里得到回应,从可以识别的所有的较小企业中抽样,接着使用合并的数据来计算每位员工的平均产量,然后将员工平均产量乘以该行业所雇用的总人数来估计总的产量。在这里,我们使用以下模型:

总产量＝b * 员工总数

我们将利用可以得到的任何信息来估计b,并且暗地里假设b在各类企业之间是不变的,与抽样过程无关。为了更温和地陈述这个假设,我们还假设只要混合了大企业和小企业公司的数据,就会获得b的合理估计值,即使这些数据受到总体覆盖和无应答问题的困扰。

对于模型示例3,设想相同的情况,除了我们不知道该行业雇用员工的人数。我们只知道企业的总数,通过计数得到大企业的数量(因为我们可以识别它们),通过减法可以得到小企业的数量。在这种情况下,我们可能利用从大企业那里得到的所有应答计算这些企业的平均产量,然后将平均产量乘以大企业的总数来估计该层级的总产量;同样,从我们可以识别的任何小企业中抽样计算这些企业的平均产量,然后用平均产量乘以小企业的总数来估计该层级的总产量;最后,将两者相加来估算行业的总产量。在这里,我们使用以下模型:

大企业产量＝b_L * 大企业数量

小企业产量＝b_S * 小企业数量

总产量＝大企业产量＋小企业产量

我们利用了可以获取的任何信息来估计 b_L 和 b_S（每个层级中企业的平均产量），并且暗地里假设 b_L 和 b_S 在两类公司之间是不变的，与抽样过程无关。

从这些示例中可以明显看出两点。首先，基于模型的估计值仅与产生估计的模型一样。在我们的第一个模型示例中，如果大企业在该季度所占的比重不是行业产量的 80%，那么我们对总产量和/或小企业产量的估计也会有相应的偏差。在我们的第二个和第三个示例中，如果 b_s 在各类公司之间不是固定的，那么我们的估计可能也会是有偏差的。这种估计偏差被称为模型偏差（model bias）。

其次，我们可以通过多种方式使用模型来增加或替换概率样本。可以想到这些示例以外的例子，其中包括复杂的多元模型。正如研究人员可能会考虑某一给定项目的各种概率抽样设计并在给定可用资源和约束的情况下选择他们认为可以产生最佳估计值的抽样设计一样，研究者可能会同样地考虑采用各种建模方法来增加或替换概率抽样，并选择他们认为将产生最佳估计值的一种方法。

调查研究人员主要通过模型来减少估计值的方差，或处理严重违反概率抽样假设的情况，包括根本无法实施基于设计的抽样计划以及基于设计的样本实施存在严重缺陷的情况。前者的示例包括分层概率设计中的样本配给、截取抽样以及小范围的估计。后者的示例包括应对缺乏合适抽样框的情况、应对高无应答率的情况以及对非限定性的总体进行估计。我们将逐个来考虑这些情况。

7.2.2 用模型来减少估计误差

分层随机设计中的样本配给

假设我们想要估算某些行业的季度产量，并且通过使用不成比例的分层概率样本来实现这一目标。在这种分层概率样本中，大企业以较高的比率进行抽样。使用这种样本的原因是预计大企业间产量的方差比小企业要高，并且通过将更多的样本分配给方差大的层级，我们可以减少总行业估计值的方差。换句话说，我们可以使样本效率更高并减少抽样误差。

正如第5章所述，为了使样本尽可能有效，层际的样本最佳配给将与每个层级中产量的方差成正比。但是，在进行调查之前，我们不知道这些方差。相反，我们将使用一些希望与产量方差相关的可用变量，在此基础上分配样本。例如，我们如果知道每个层级中雇用员工的总数，那么可以使用这种规模的度量来代表方差。在此过程中，我们设定了一个模型。其中，层际员工总数与产量方差的比率是不变的，并且在优化样本分配的计算中我们使用这一模型来替代方差。

这个模型在某种程度上可能是错误的，并且在一定程度上来说样本配给将不是真正最优的。但是，只要规模度量与层级方差相关，那么所得样本将比成比例样本更好（如第5章中的医院示例所示），并且如果从业人数是可能的最佳代理变量，那么这将会是我们能做的最好的选择。而且由于我们将在所有层级中执行概率抽样，因此一旦进行调查我们就能够为各层级和总人口生成没有偏差的估计值。这样做的方差可能略高于最佳选择，但是调查估计值的有效性不会受到影响，并且估计的抽样误差将反映真实的抽样误差，因为概率样本设计仍然是推论的基础（Kalton, 1983）。

使用模型来提供优化样本设计所需的信息，但样本本身是基于设计的，这可能被标记为模型辅助抽样的示例。在这种情况下，这一模型能使我们提高效率而不会对我们行业产量的估算造成偏差。

截取抽样

前面给出的模型示例1是截取抽样的一个示例，在该模型中我们仅调查了较大的企业，并使用一个模型基于大企业的产量来估算行业总的产量。这一逻辑是分层抽样原理的扩展。组织或机构总体通常包含少量对估算至关重要的大型机构，以及数量众多的小型机构。对于许多目标变量如产量，机构之间的方差与它们的规模密切相关，并且通过将相对更多的样本分配给方差大的层级我们可以减少总体估计值的方差。实际上，如果我们拥有的信息可以构成总体（或小型机构）与大型机构之间关系的合理且准确的模型，那么可以通过将所有数据收集资源分配给大型机构来获得最低的估计方差。截取样本会抽取较大的机构，直到截取抽样的点。

如前所述，截取样本容易受到模型偏差的影响，因此它为我们提供了抽样误差与可能的样本偏差的平衡点。我们获得这一平衡点的意愿取决于三个因素。首先，我们可以多大程度减少估算值的方差，这通常取决于总体元素规模上的差异程度。其次，我们对模型的评价如何，这通常取决于经验支持的力度。例如，基于历史记录或贸易期刊的主观估计，大企业产量占行业总产量的80%是出于这样的想法吗？再次，以偏差为代价权衡方差的意愿取决于模型偏差可能影响估计值的程度，这通常又取决于我们获取总体元素的数量。举例来说，如果获取样本产量通常占行业总产量的80%，未覆盖20%的总产量，那么未覆盖机构的生产份额增加或减少其基础份额的5%的话将对总产量的估算造成1%的影响。如果覆盖率达到95%，则未覆盖的机构必须增加或减少20%的基数才会产生1%的影响。

考虑到这些因素，截取抽样通常用于估算商业数据，例如高度集中的行业中的收入、产量或就业情况。这些行业的企业规模存在巨大差异，少数企业活跃度很高，而且有大量的历史和/或辅助数据可以指导建模。在这些应用中，对小型机构进行调查的成本更高——例如，大型机构可以通过网络进行应答，而小型机构更可能需要打电话或面访——而且其无应答率很高，因此截取抽样提供了降低成本和/或减少无应答偏差的更多好处。有关截取样本的详细处理，请参见克努布（Knaub，2008）的相关著述。

小范围估算

基于设计的抽样可能非常适合对总人口的估计，但对子群而言效率低下。例如，对小地理区域进行估计通常是大规模调查重要但次要的目标。我们不仅希望在整个国家层面估算我们关注的特征，而且要估算州、县甚至更小地区的。基于设计的方法在理论上完全可以提供此类估计值，因为小范围样本是主要概率样本的子集。主要的估计问题是小范围样本的规模太小。它们可以产生无偏估计，但抽样误差对于预期目标而言过大。国家层面的样本规模很大，在州层面可能出现问题，而在县层面则毫无希望。

如何抽样

例如，我们如果想要估计某个行业的季度产量，并且有一个覆盖全部总体的分层概率样本，那么很可能在国家层面使用基于设计的估计值。但是，如果我们试图估计州（或更低）一级的产量，那么基于设计的估计值的方差可能太大而无法使用，而且我们可能会使用基于模型的程序（例如用就业率估计产量）以降低这些估算值的方差。

7.2.3 用模型来处理违反随机抽样假设的案例

缺乏合适抽样框的应对

概率抽样假设我们有一个合适的总体框架，可以从中抽取样本，而且总体的每个成员都有一个已知的不为零的入选机会。但是，如果可用框架存在严重遗漏或者我们根本没有框架，要怎么办呢？举例来说，我们通常没有完整的框架来从网络调查中抽取互联网用户。在这种情况下，相比于没有底气地认为会产生可靠结果的基于设计的抽样，基于模型的方法要更好。

模型示例 2 和模型示例 3 与此相关。在这两个示例中，我们都没有小型企业的合适框架。在大型企业中，我们也面临严重的无应答情况。在模型示例 2 中，我们获取所有可得到的数据，利用这些数据来拟合一个产量与员工人数的关联模型，并在此基础上估计产量。在模型示例 3 中，我们获取了所有可得到的数据，利用这些数据来拟合一个产量与大型或小型企业层级资格的关联模型，并在此基础上估算产量。得出的估计值当然容易出现模型偏差，但至少整个流程是透明的。我们知道设定了哪些假设，并且可以对结果进行实际评估。

模型示例 3 与配额抽样中发生的情况类似。配额抽样有赖于界定的各类配额中的选择可以是不是随机的这一假设，并且配额加权模型将会产生无偏估计。

对高无应答率的处理

低应答率对调查估计的有效性和/或可靠性带来越来越大的威胁。研究人员经常使用加权和归因模型来解决这一问题。模型示例 2 和模型示例 3，尤其是模型示例 3 与之有关。

第 7 章　从样本估计总体特征

无应答加权调整是基于无应答者分布的模型（例如类别加权调整）或产生无应答的机制模型（例如应答倾向）。例如，类别加权调整模型假设在每个类别（例如人口统计学的子群）内无应答者的出现是随机的，这意味着应答者和无应答者之间的类别基本上没有差异。这是在模型示例 3 中做出的假设，在该示例中大型企业和小型企业层级中的受访者均被视为这些层级中无应答者的代表。如果这个假设在很大程度上是正确的并且加权的类别变量与调查的因变量具有合理的关联，那么应用于受访者的权重将减少无应答偏差。否则，如本章前面所述，这种降低无应答偏差的方法将不太有效。

对特殊人群进行估计

基于设计的抽样为从有限总体中抽取样本并估计其特征提供了理论基础。但是，我们如果不想对特定人群进行推论呢？

在某些情况下，将总体视为无限（通常称为超级人口）比有限更有用。例如，卡尔顿描述了一种情况，2001 年抽取的八年级学生的样本将用于推断 2002 年八年级学生的数量，这是一组完全不同的个体。在这种情况下，"为了推断 2002 年的人口数……需要建立一个模型。构建这个模型的一种方法是假设一个超级人口模型，将 2001 年和 2002 年的学生总体中的抽样都视作随机的"（kalton，2002：133）。

7.2.4　模型使用的结论

当基于设计的抽样效率不高或存在缺陷时，调查研究人员可能会使用基于模型的方法来改进样本选择或估计。基于设计的推断的强大优势在于它可以应用于任何有限的总体，而无须事先了解总体的分布。但是，考虑到任何给定项目的成本和约束条件，为其获取数据的现实样本可能与设想的概率样本存在本质的差异。基于模型的推断的强大之处在于，使用现实样本没有任何缺点。

基于模型的估计的致命弱点在于其准确性主要取决于模型的正确性。在这方面，有以下几项需要注意：

- 模型很少是完全正确或完全错误的。

- 在替代模型之间进行选择可能会花费大量的精力。
- 由于一个模型的假设可能并不完美，因此迫切需要关注的一个问题是该模型在多大程度上偏离假设。如果假设不完全正确，那么自变量的估计值将保持接近其真实的值还是与之有实质性差异？这种偏离模型假设的敏感性有时被称为稳健性（robustness）。显然，模型的稳健性非常重要。
- 如果模型的假设被证伪了，我们怎么知道假设被证伪，又该怎么处理？
- 模型通常是基于特定变量的。一些简单的模型可以用来估计不同总体的情况，但是模型越复杂，将其应用于多个因变量的可能性就越小。

在没有先验知识的情况下，基于设计的推断可以应用于任何有限总体。这导致概率抽样成为调查研究中的主要范式，被广泛用于学术界、企业和政府统计机构来估计总体参数。由于一些原因，该范式仍在调查研究中占主导地位。其中很大程度上是因为，大规模调查的首要目标是估计有限总体的描述性测量数据。

但是，大多数大规模调查的本质可能与独立研究者的需求有很大的不同。例如，在对接基于设计的抽样需求的方式上，各学科的研究文化有所不同。在关于调和多个学科的研究人员需求以达成特定调查的样本设计的讨论中，迈克尔和欧缪尔齐泰格（Michael & O'Muircheartaigh, 2008）比较了多个学科在以下几个方面的差异：（a）对预先设定假设的依赖情况；（b）预期分析的主要类型；（c）强调研究的内部与外部的效度；（d）如何对目标总体进行概念化。所有这些都会影响对基于设计的估算的需求。

基于模型的抽样和估计是有大量文献基础的复杂方法。这里只能对这些问题进行有限的讨论。寻求更全面处理方法的读者可以从卡尔顿（Kalton, 1983, 2002）的系列论文和模型辅助调查抽样的经典文本（Sarndal, Swensson, & Wretman, 1992）开始。

7.3 测量复杂或非概率样本估计的不确定性

置信区间（也称为误差幅度）是测量与调查估计值相关的不确定性的最常用方法。如第 4 章所示，置信区间是根据抽样误差计算得出的。举例来说，任何给定估计值的 95％ 的置信区间是与该估计值相关的抽样误差的 ± 1.96 倍，而抽样误差又是根据目标变量的方差、样本规模和（可能）有限总体校正系数来计算的。抽样误差是对不确定性的不完全度量，因为测量误差或其他非抽样误差也可能出现在估计中，但是抽样误差至少提供了与样本构成的随机变化相关的不确定性水平的信息。

如果我们研究中的样本是简单随机样本，那么计算抽样误差和置信区间的任务就很简单。统计软件包通常可以输出抽样误差（通常标记为标准误差），并且这些抽样误差假定数据是通过简单随机抽样获得的。但是，我们的样本设计可能与简单随机抽样不同。样本设计可能涉及分层或集群以及无应答的可能权重，或者可能是非概率样本。在这些情况下，简单随机抽样的误差会（有时会严重地）损害测量的精度。

处理复杂概率样本数据的一种选择是使用专门为此类数据设计的软件，该软件将考虑特定样本设计和加权程序来计算抽样误差。用于这种用途的最著名的软件包是三角研究所（Research Triangle Institute）的 SUDAAN（SUrveyDAtaANalysis）和 Westat 公司（Westat Corporation）的 WesVar（http://www.westat.com/wesvar）。这些程序的详细信息超出了本书的范围，可以找找书面教程和短期课程。

另一个选择是使用伪重复程序例如自举法（bootstrapping）或刀切法（jackknifing），它们通过抽取已有数据的子样本来经验地估计标准误差。像 SAS 或 SPSS 等一般统计软件包提供了这些程序。要了解更多信息，只需在 Google 中搜索 SAS 中的自举法（bootstrapping in SAS）、SAS 中的刀切法（jackknifing in SAS）等即可。

当通过基于模型的方法而不是基于设计的方法来生成估计值时，研究人员越来越普遍地通过使用可信度区间（credibility intervals）而不是置信区间来表达估计值附近的不确定性。笼统地说，下面是这两个术语之间的差异。95%的置信区间从总体特征（例如平均值或比例）出发并提供一个区间，在给定规模的重复样本中样本估计值有95%的可能落在此区间内。可信度区间是一种贝叶斯分析（Bayesian）的概念，它从我们实际拥有样本中的核心特征出发，在给定样本信息的情况下估计任何特定总体值的条件概率，并获取累积条件概率为95%的区间。要对这些条件概率进行估计，分析人员必须依赖于一些模型。

好消息是，在理论上可信度区间可以容纳来自非概率样本和概率样本的数据。不太好的消息是，必须假设要有条件地忽略样本设计，这意味着在调查中的概率与被测量的变量之间没有关系。而且，与任何基于模型的方法一样，结果也只会与模型一样好。由于这些问题，当您看到可信度区间标记时，最安全的办法就是将发现视为基于非概率样本的，而不一定与概率样本的标准误差等价。

美国民意调查协会对可信度区间作了以下声明："虽然采用可信度区间是基于统计模型的方法的适当使用，但仍要注意与非概率的网络民意测验相关的潜在偏差。因此，公众不应像依赖抽样误差的区间那样依赖可信度区间。"美国民意调查协会有关可信度区间的完整声明请参见 https://aapor.org/AM/Template.cfm?Section=Understanding_a_credibility_interval_and_how_it_differs_from_the_margin_of_sampling_error_in_a_publi&Template=/CM/ContentDisplay.cfm&ContentID=5475。

7.4 本章小结

本章考虑了3个与样本估计值的准确性相关的一般议题：(1) 通过加权来调整抽样或无应答在概率上的差异；(2) 使用数学模型指导抽样和/

第 7 章　从样本估计总体特征

或估计；(3) 从复杂或非概率样本中测量估计值的不确定性。

抽样或无应答概率上的差异会导致调查结果中的选择偏差或无应答偏差。这些差异可以通过加权进行校正。

通常情况下，如果样本设计包含不相等的入选概率（例如通过分层），那么应当对数据进行加权。但是，通过加权来校正无应答率或未接触率上的差异更成问题。对存在差异的无应答的加权假定调查对象是随机丢失的，这可能并非事实。加权也会增加抽样误差，从而抵消由此带来的偏差可能的下降。加权度量的任何不可靠性都会加剧采样误差的增加。由于这些问题，只有在以下情况下才应对无应答进行加权：(a) 群组之间无应答的差异相当大；(b) 加权在重要变量上能够产生实质性且可信的变化；(c) 加权没有明显的负面影响。

基于模型的估计为研究人员提供了一种方法来减少估计值的方差，或处理严重违反概率抽样假设的情况，包括基于设计的估计出现问题的情况。前者的示例包括分层概率设计中的样本配给、截取抽样以及小范围的估计。后者的示例包括应对缺乏合适抽样框的情况、应对高无应答率的情况以及对非限定性的总体进行估计。

基于模型的估计最大的优势是它可以处理有问题的样本，最大的弱点是可能存在模型偏差以及估计值的质量只会与生成估计值的模型一样。

至于估计值的不确定性，如果我们研究中的样本是简单随机样本，那么计算抽样误差和置信区间的任务就很简单。统计软件包通常可以输出抽样误差（通常标记为标准差），并且这些抽样误差假定数据是通过简单随机抽样获得的。但是，如果我们拥有的是复杂样本或非概率样本的话，简单随机抽样的误差会（有时会严重地）损害测量的精度。

处理复杂概率样本数据的一种选择是使用专门为此类数据设计的软件，例如三角研究所的 SUDAAN 软件和 Westat 公司的 WesVar 软件 (http://www.westat.com/wesvar/)。另一个选择是使用伪重复程序例如自举法或刀切法，它们通过抽取已有数据的子样本来经验地估计标准误差。

当通过基于模型的方法而不是基于设计的方法来生成估计值时，研究人员越来越普遍地通过使用可信度区间而不是置信区间来表达估计值附近的不确定性。可信度区间在理论上与置信区间不同，但是二者的目的相似。好消息是，在理论上可信度区间可以容纳来自非概率样本和概率样本的数据。不是太好的消息是，必须要假设调查中的概率与被测量的变量之间没有关系。而且，与任何基于模型的方法一样，结果也只会与模型一样好。

练习和讨论题

习题 7.1

在一项有关公园和休闲的调查中，40%的受访者年龄不到 55 岁，60%的年龄在 55 岁及以上。已知相关总体中，55 岁以下的占 80%，55 岁及以上的占 20%。未加权的调查结果表明，该地区有 26%的居民希望在城市公园里有更多的儿童游乐场，其中年龄小于 55 岁的受访者占所在群组的 50%，而 55 岁及以上的受访者占所在群组的 10%。如果对这些结果进行加权处理来校正年龄上的差异，那么该地区居民中有多少想要更多的儿童游乐场？您是否会用年龄来加权这些数据？

如果 70%的受访者年龄在 55 岁以下，而 30%的受访者年龄在 55 岁及以上，并且两个群组中想要更多儿童游乐场的受访者占比分别为 50%和 10%，那么想要更多儿童游乐场的受访者未加权的百分比会是多少？加权后百分比是多少？您是否会用年龄来加权这些数据？

第 8 章

在特定情境中进行抽样

前几章我们介绍了抽样中的一般问题。除了这些要点外，任何特定的研究背景都可能会遭遇特定的抽样问题。在这里，我们讨论了许多社会研究者感兴趣的各种情境。以下是我们考虑的因素：

- 在线抽样。
- 访客抽样。
- 稀有人群抽样。
- 组织化人群抽样。
- 影响力集团或精英等群体抽样。
- 追踪抽样。
- 国际情境中的抽样。
- 大数据和调查抽样。
- 使用新技术。

这里的每一个情境都呈现其自身的特殊抽样问题和特色的流程。在本章中，您将学习处理这些问题和流程。

如何抽样

8.1 在线抽样

像本书前面指出的那样，在线收集数据越来越普遍，并且可能会带来明显的抽样问题。

普通人群调查中的第一个抽样问题是许多人不使用网络造成潜在的覆盖偏差。目前，只有75％的美国人使用互联网（U. S. Census Bureau, 2012），而在其他大多数国家，这一数字更低。在老年人、非裔美国人、西班牙裔美国人以及教育和收入水平较低的人群中网络覆盖率相对偏低，这意味着在普通人群的调查中存在相应的覆盖偏差（Couper, 2000）。

普通人群调查中的第二个抽样问题是可用的抽样框架仅覆盖部分网络人群造成潜在的覆盖偏差。正如第2章所述，研究者可以从选择性加入的在线小组中付费获取人口统计均衡的样本。但是，这些小组成员通常是志愿加入而不是随机选择的，即使小组包含几百万个名字，仍然只占普通人群中的很小一部分，从而造成在理论上很高的覆盖偏差。如第2章所述，使用亚马逊公司的MTurk或通过社交媒体汇集抽样框之类的替代方案可能会带来其他覆盖和选择问题。

必须强调的是，这些覆盖问题与普通人群的调查有关。如果目标人群来自网络如网站的访客或社交媒体网站的成员，或者如果该人群是可以使用电子邮件地址列表的特殊人群如大学名录中的学生，那么覆盖率通常不会造成较大的问题。

在线数据收集中的第三个抽样问题是低应答率引起可能的无响应偏差。根据我们的经验，在线调查的应答率通常不到5％。对特殊人群感兴趣的主题进行调查，例如向教师调查教育问题或向大学生调查校园问题，应答率要更高。在这种情况下，执行良好的调查的应答率可能达到40％甚至更高。从参与小组抽出的样本的应答率也更高，通常为25％甚至更高，但必须考虑的一点是，人们加入小组，意味着他们已经同意参与研究。

总的来说，我们可以这样说：

- 当目标人群访问网络的频率较高时，可以最大限度地减少因为这一问题造成的潜在覆盖偏差，这时对在线人群进行抽样的问题最少。研究者拥有总体的（或可以收集）一个相对完整的电子邮件地址列表，可以最大限度地减少因为这一问题造成的潜在覆盖偏差。研究主题是目标人群感兴趣的，并且研究执行得当，可以最大限度地减少潜在的无应答偏差。特殊群体例如专业团体或某所大学的大学生，可能会满足这些条件。

- 对普通人群的在线研究存在更多问题。但是，在这种情况下小组样本通常是最佳的选择，因为它们能够提供均衡的样本，而这些样本可能符合以往的标准（正如本章稍后所讨论的那样，当目标人群来自稀有群体时，在线小组样本在双重框架设计的情境下也可能会有用）。

- 由于抽样框和无应答的问题，普通人群的在线调查通常被视为具有一定形式的非概率抽样，因此从这些研究中得出的估计值必须有赖于第7章中讨论的某种形式的基于模型的估计。

尽管存在与在线样本相关的问题，但研究人员越来越依赖于它们。正如第2章所述，在线研究中获得的样本可能与考虑中的替代样本一样好或更好。例如，对MTurk小组成员的研究至少可以与大学生样本的研究一样具有同等的说服力。此外，在线调查完全适合在网上可以找到的特殊群体或可以使用其电子邮件地址列表的特殊人群。最后，在线样本可能足以满足当前的目的。我们将在第9章中讨论"什么是优质样本"这一问题。

一些在线研究是通过在列表服务、讨论区或Facebook页面上发布参与邀请来完成的。以这种方式获得的样本必然是非概率样本，即没有控制样本质量的志愿者样本。在接受其他志愿者样本的情况下，这一样本可能是可以接受的。例如，在科研实验研究中参与者被随机分配到实验环境中，出于样本质量或者探索目的给予一定的空间。但是，这种样本不适用于希望将观测样本的数字估计值推广到特定人群的情况。

8.2 访客抽样

拦访样本（intercept samples，也称为位置样本或场所样本）是某个地点的访客样本。拦访样本可能会针对购物中心、商店、商业区、博物馆、公园、体育馆、街头集市、投票点等地方的访客。

拦访研究最常见的例子是购物中心研究，也称为购物中心调查或购物中心拦访调查。这些用于市场研究的低成本调查，特别适用于需要表现出物理刺激（例如产品、广告或商标）的研究。在这种类型的研究中，拦访样本并不意味着获取特定位置的访客，相反它是作为更广泛人群的方便样本，通常使用非概率方法。如果使用多个地点，则根据判断来选择位置。例如在一项关于两个商标之间混淆的可能性的研究中，可能会在不同地区的四个购物中心收集数据，并根据支持当面访问的情况来选择特定的购物中心。在购物中心，访问人员通常根据配额要求申请留用自己的设备。

我们可能希望获取更高质量的拦访样本，尤其是当研究旨在描述特定位置的被访者的时候。一个常见的例子是政治退出民调（political exit polling），其目的是发现特定选区的投票特征以分析选举和预测结果。我们看到的其他例子包括以下几个：（1）对商店、购物中心或商业区吸引顾客的贸易区域进行大致分析；（2）描绘街头节日、游乐园、体育赛事、博物馆、戏剧、交响音乐会、动物园等游客的特征和/或兴趣；（3）分析访客如何在其中移动并使用相关设施；（4）在公共卫生调查中分析到过有一定健康风险的地方的访客，例如经常到访允许性行为的场所的男同性恋者。在这些情况下，由于拦访样本旨在专门代表特定地点的访客，因此可能需要更高质量的样本。

在选择数据收集站点和选择站点内的访客时可以使用标准抽样程序来仔细选择拦访样本，如下所述。

8.2.1 选择拦访地点

在拦访研究的许多应用中,目标是一个地点。例如,如果研究的目的是分析特定零售商店的贸易区域或了解当地艺术节的游客特征,那么研究的位置是通过定义来设置的,因此无须抽取样本地点(尽管研究者可能希望在地点内对位置进行抽样,如下所述)。

在其他应用中,收集数据的地点被用于代表更广泛的站点。举例来说,在退出民调中收集数据的投票区域可能用于代表整个州。在这里可以将站点视为集群,并且如果研究者计划在站点内应用固定的采样率比如说每 20 个投票者抽取 1 人,那么选择具有相等的概率;或者如果计划在每个站点收集固定数量的观测样本,那么将以概率与规模成比例的方式来抽取。例如一次研究某个州的所有选票的退出民调中,可以将选票视为按照选区进行聚类,并且可以抽取选区(集群)来进行民意调查。如果有需要,也可以将这些样本进行分层。例如在选举研究中,以往表现出政党偏好和/或投票率水平变化较大的"摇摆不定的"选区可能会分配到独立的层级,并以比"安全"或稳定的选区要高的比率进行抽样。

可能出现的问题是无法访问选定的地点。例如在购物中心样本的细致研究中会遇到一个问题,那就是购物中心是私人的商业机构,许多购物中心不允许在场所内进行访问。如果这个问题变大到无法忽略,那么通常的选择是按照地点特征来对数据进行加权处理,或用具有类似特征的常规位置来替换无法访问的地点。

8.2.2 在地点抽取访客

在某地点内,获取概率样本的最简单方法是在人们进入或离开这一位置时对其进行系统抽样。举例来说,如果想要在特定位置获取 100 位访谈对象,并且预期在访问期间有 3 600 名访客,那么可以在随机抽样开始后每 36 位访客中选择 1 人。① 在这种情况下出现的抽样问题如下:

---

① 如果将抽样任务与数据收集分开,换句话说,如果计数和抽取访客的人不负责询问受访者是否参与调查或向受访者收集数据,这是最容易做到的。

- 拦访持续时间应该多长（何时会出现合适的拦访持续时间）？在某些情况下，可能会有一个固定的数据收集时期。例如在退出民调中，应在选举开放的选举日收集数据。在其他情况下，拦访周期可能不明显。例如在调查购物中心的访客时，研究没有固定的开始和结束的时间。是否应在一个上午收集完数据？一天？三天？一周？或者更长时间？显然，这一决定将影响抽样间隔，因为访客的总数将随着拦访周期的延长而增加。一般原则是拦访周期应捕捉到每小时或每天的变化，这与预期的访客真实情况相符。例如，研究者可能想要在一般上班时间参加民意调查的选民的就业状况、年龄和性别方面的差异。布莱尔（Blair，1983）分析了工作日白天、工作日晚上和周末到购物中心的访客之间的差异。还可能需要捕获更广泛的时间差异，例如在学期与假期博物馆游客的差异或低收入工人在工资发放日前后购物的情况。

- 如果没有总体规模的估计值怎么办？要确定抽样间隔或采样率，必须知道预期的访客有多少。但这一信息可能有，也可能没有。在对选民进行抽样调查时，应该在辖区层面获得有关选民投票率的历史数据。在对参观动物园、游乐园或博物馆的游客进行抽样时，应当有历史票证或旋转闸门的计数值。在对观看体育赛事或交响乐表演的观众进行抽样调查时，应有关于预售和历史上销售量的数据。在对商店顾客进行抽样时，应该有历史交易计数。但是，在对购物中心、商业区或露天街头节庆的访客进行抽样调查时可能没有任何总体规模的精确估算。在这种情况下，需要对访客流量进行初步的统计。如果无法进行这种统计（例如，如果在进行研究之前无法统计为期3天的街头节日的游客），那么研究者必须依靠粗略估算或者如本章后面所述的那样使用另一种抽样方法。

- 应当如何根据无应答来调整样本规模？有些人会拒绝参与研究，因此必须相应地调整抽样计划。举例来说，如果预计样本规模为100，并且预期的应答率为50%，那么需要拦截200个人才能获得所需的100份样本，而且应该相应地设置抽样间隔。拦访调查的应答率可能会因地点的性质、访问人员的素质、一天或一年中的时间以及任务的性质而有很大差异，估计任何给定研究的应答情况的最佳方法是小规模试验。

第 8 章　在特定情境中进行抽样

- 错误估计总体规模或应答率该怎么办？由于任何总体规模的估计都基于历史数据，因此很可能会包含一定程度的误差，并且可能会遇到比预期更多或更少的访客。同样，您对应答率的估计可能不正确。这可能会导致在拦访周期结束之前就获得了足够的样本，或者在没有足够样本的情况下拦访周期就已经结束。

　　您如果在拦访周期结束之前就获得了所需且差异不大的样本，那么请继续进行抽样计划，以免对后续周期产生偏差。如果差异很大而研究又无法负担更多的观测样本，那么希望在数据收集过程的早期就可以发现如此大的差异并且可以调整抽样计划；否则，如果提前结束数据收集工作，就可能会产生偏差。同样，如果在拦访周期结束后没有获得足够的观测样本并且差异不大，那么应当接受这一差异，而不是在后续周期抽取更多样本；如果差异太大而无法接受，那么希望在此过程的早期差异会很明显并且可以调整抽样计划。①

- 如果出入口数量多怎么办？在尝试抽取某个地点访客的概率样本时，我们倾向于在访客进入或离开时对其进行拦访。这样做可能有很多好处。比如说，人们可能不会那么匆忙并且在他们第一次到达时更有可能参与其中，正在离开的人则可以完整地报告他在现场的活动。但从抽样角度来看，我们的首要原因是每个人都有可能进入和离开一次，因此我们可以在出入口处以相等的概率来描述整个访客总体。

　　如果该地方只有一个入口或出口，那么在人们进入或离开时对访客进行抽样是很容易的。如果该地方有几个入口或出口，那么对访客进行抽样也不会太难，但是随着站点越来越复杂，抽样也变得越来越难。比如说，大型购物中心可能有几十个入口（包括直接进入商店的入口）。对于这些情况，可能无法在每个入口处持续进行抽样。苏德曼（Sudman, 1980）提出了一种方案，这一方案根据入口和时间段将访客分为几个集群（例如周六上午 10：00—11：00 的 1 号入口），然后根据样本与规模成比例的概率

---

① 理论上来讲，可以通过几天甚至几周的抽样来防止出现某些较大的误差，这样就有时间调整抽样计划。但是，这并不总是有效的。例如，如果访客人数受到天气的影响，那么可能很难从一天的人数来预测第二天的情况。

如何抽样

对集群进行抽样。该方案的主要缺点是，需要按每个时间段分别估算每个入口的人口规模（访客人数）。这些估计值不太可能获得并且获取估计值成本可能会很大，这会导致这一流程收效甚微。在本节后面部分，我们将讨论在复杂站点（包括没有正式入口和出口的站点）进行抽样的其他方法。

- 应如何对待儿童和团体？到大多数地方的游客可能包括成年人和儿童，以及个人和团体。应对他们的方法取决于研究的性质和相应的总体定义。在某些情况下，例如退出民调，目标人群由成年人组成。在这里，出于计数和选择的目的，儿童不是合格样本，应当被忽略。同样，团队与此无关，应统计进入团队的个人并抽取个人。在其他情况下，可能会对儿童和团队的组成感兴趣。举例来说，在对动物园游客进行调查时我们很有可能会对参加活动的儿童数量、年龄和其他信息感兴趣。在这种情况下我们可以界定一个成年总体只统计成年个人，并将儿童的数量和性质视为成年人的特征；或者我们可以界定一个团队总体计算并选择团队，然后用一个成年人来提供团队的所有信息。

- 访问次数是理想的总体单元吗？在对某地访客进行抽样的时候，隐式抽样的单位是单次访问而不是个人或者他们可能花费的钱（Blair, 1983）。比如，假设A一年会去商店50次，而B一年只去1次。把这些访问时间的系统规律放在一边，我们如果在任何一天拦截到商店的访客，那么拦访到A的机会比拦访到B的机会大50倍。

想要描述访问次数总体是完全恰当的。从这个角度来看，A的每次访问都是一个独立的总体单元，应该有自己的入选概率。但是，如果我们要描述访问该地点的访客总体，那么A和B应该有相等的入选机会。从这个角度来看，A的多次访问可以看作抽样框架中的重复元素，而重复元素会导致选择偏向于更频繁的访客。我们可以通过调查访问频率（例如，通过询问受访者在过去一年中来过这一地点的次数）并加权频率的倒数来校正这一偏差。类似的，如果研究者对年度支出这一总体感兴趣，那么可以测量访问频率和支出水平，用访问频率加权以获得个人层面数据，然后再对每个人的支出重新加权（Blair, 1983）。

第8章 在特定情境中进行抽样

- 是否应根据访问持续时间对数据进行加权？诺埃尔和斯坦利（Nowell & Stanley，1991）提出，访客在某个地方被拦访的概率与在位置上停留的时间长短有关，因此应当用访问持续时间（与之成反比）对拦访数据进行加权。不过，一般而言我们不建议您使用"时长加权"。如果在入口或出口处进行拦访，那么大多数人无论进入或离开都将通过这些出入口，无论停留时间多长，被拦访的概率与访问持续时间无关。因此，时长加权不会减少偏差。如果在其他地方比如购物中心的大堂进行拦访，那么人们通过拦访点的概率确实可能与访问时长相关。但是由于访问尚未完成，因此人们可能无法为了对时长进行很好的估计以及减少偏差而对时长进行加权，访问时长和相关联的变量都要进行调整，这可能会出现问题。背景变量例如年龄、收入和家庭邮政编码通常与访问时长的关联度不足，无法证明加权的意义。与现场时长有明显关联的变量例如访问商场内任何一家特定商店的可能性或访问店铺的总数与访问时长的相关性更高，但是我们发现加权导致偏差的减少无法或不足以抵消带来的抽样误差的增加。

如果没有对将要到访的人数的可靠估计，那么可以使用的方法是按时间进行系统抽样。举例来说，如果想获取100份访问样本并且拦访周期计划为10个小时或600分钟，那么可以在随机抽样开始后每6分钟选择1位访客。这种方法的优点是它不需要任何总体规模（访客数量）的估计。其缺点是与人流较多的时段相比它会以更大概率抽取人流较少的时段的访客，而这可能会导致选择偏差。我们可以通过在进行研究时统计访客数量并对不同时间段的访客进行相应的加权来应对这种偏差。例如，如果事实证明周末访客的采样率是工作日访客的一半，那么周末观测样本应加权为2倍。

在复杂的地点，可以将时间抽样与苏德曼（Sudman，1980）建议的按入口-时间周期的集群相结合。集群按照类似的方式进行界定（例如周六上午10：00—11：00的1号入口），以相等的概率进行选择，并且在每个集群内采用固定的时间抽样方案。这一方法的优点在于，即使在复杂的站点也无须估计总体规模就可以抽取概率样本。其弱点是与人流量大的时间段和入口相比，人流量低的时间段和入口的访客的采样率实际上更高。同样，可以通过对访客进行计数和加权来应对这种偏差。

在某些情况下，可能无法在出入口处拦截访客。这可能发生在没有正式出入口的地方例如商业街区、街头集市或者公园，或者仅在限定区域允许拦访的地方例如购物中心的大堂。在这些情况下，研究者至少可以尝试建立覆盖不同空间区域和不同时间段的拦访点。例如在一个东西走向的购物中心里研究者可能会设立西区和东区两个拦截点，在工作日白天、工作日晚上和周末三个时间收集数据以捕捉访客在不同地点和时间上的可能差异（Blair, 1983）。我们可以在每个时间段的每个拦截点对人流量进行统计，并对数据进行加权。这实际上是一种配额抽样方法。在位置和时间上对配额进行界定，不管是否有效通过某种随机程序在每个拦访点对单个访客进行抽样。

8.3 稀有人群抽样

稀有人群通常是研究人员感兴趣的研究对象。稀有人群指的是不超过总人口 20%，而且通常要比这少得多的群体。稀有人群的例子包括与男性发生性关系的男性，这些男性是（HIV）健康风险研究的目标群体；也包括低收入家庭，这些家庭是福利政策研究者和其他目的研究者感兴趣的研究对象；还包括特定商品或服务的购买者等。

在对稀有人群进行抽样时，首先要确定的是，是否拥有完整的列表。如果有，那么对受访者进行抽样和定位很简单。但是，这是例外而并非常态。在大多数情况下，有必要对一般人群进行筛查，筛查的费用可能等于或远远超过访问的费用。例如，如果目标群体占总人口的 2%，那么需要筛查 50 人才能定位 1 个群体成员，除非以某种方式提高抽样效率。

因此，长期以来，调查研究人员一直对在一般人群中抽取稀有人群的具有成本效益的方法感兴趣。在这方面已经使用的方法包括电话整群抽样、不成比例的分层抽样、社会网络抽样、双重框架抽样、位置抽样以及最近的在线数据收集等（Kalton，2001）。所有这些方法在某些条件下都是有用的，如表 8.1 所示，我们将在下面对其进行讨论。

表 8.1　定位稀有人群的方法概览

方法	可能有用的条件
电话整群抽样	有大量电话交换机，但没有目标人群的成员
不成比例的分层抽样	目标人群的普及率在不同地理区域之间（例如电话交换机范围内）存在很大差异
社会网络抽样（多重抽样、滚雪球抽样、受访者驱动抽样）	目标人群的成员可以被准确地识别，并可以通过关系明确的网络中的其他人例如其直系亲属，与他们联系上
双重框架抽样	拥有一个特殊的抽样框，目标人群在这一抽样框中的占比很高
位置抽样	目标人群的成员倾向于聚集在可识别的位置上
在线小组的使用	愿意用在线小组的成员来代表更广泛人群，比如说所有的网络用户

8.3.1　电话整群抽样

在苏德曼的建议下，布莱尔和查娅（Blair & Czaja，1982）提出了对稀有人群的电话整群抽样（telephone cluster sampling，TCS）方法。这一方法是米托夫斯基-瓦克斯伯格程序的一种变体（参见第 2 章），苏德曼（Sudman，1985）后来对其做了进一步阐述。它的工作原理如下：在电话号码库中拨打随机号码，可以通过列表辅助的随机数字拨号或任何其他概率抽样程序来选择这一号码。[①] 如果发现该号码是有效的家庭号码，那么这个家庭（或个人）将被筛查是否为目标群体中的成员。如果家庭成员不

[①] 如第 2 章所述，米托夫斯基-瓦克斯伯格程序的最初目的是查找有效的家庭电话号码，并剔除存储库中的无效号码。为此，使用列表辅助的 RDD（这也可以剔除存储库中的无效号码）和米托夫斯基-瓦克斯伯格程序是两个具有竞争性的选择。但是当目标是寻找稀有人群的成员时，这两个方法是相互补充的。列表辅助几乎完全剔除了号码库中的无效号码，电话整群抽样可以进一步剔除有效号码库中的非目标对象。

是目标群体中的成员或者这一号码不是有效家庭的号码，那么在号码库内不会进行下一步的抽样。但是如果找到了群体成员，那么将在号码库内继续抽样直到获得预先设定的群体成员数量。① 这一方法能够发挥的作用是迅速将没有目标群体成员的电话号码库剔除，然后"在有鱼的地方垂钓"。

电话整群抽样对稀有人群的潜在用途取决于目标人群的成员在电话交换机中聚集的程度以及该群体稀有的程度这两个因素。在一般人群中寻找这一人群越难并且群体成员的聚集程度越大，在一个群体成员附近搜寻另一个成员的作用就越大。

使用电话整群抽样将面临一个合适的集群规模的问题。苏德曼（Sudman，1985）建议每个电话号码库中的最佳群体成员人数通常在 8 到 10 之间。但是，在有 100 个电话号码的号码库中很难达到 8 到 10 个稀有群体成员的集群规模。举例来说，布莱尔和查娅（Blair & Czaja，1982）采用电话整群抽样对非裔美国人进行抽样。他们那时的研究中，非裔美国人约占有效家庭人数的 9%。他们还发现 18% 的保留电话库不能产生 10 个的集群规模。如果某些号码库没有达到所需的集群大小，那么总样本将同样小于所需集群。这可以通过额外的抽样或增加初始样本规模来轻松解决。更重要的是电话整群抽样需要相同的集群大小才能使样本成为 EPSEM，并因此没有偏差。如果某些集群规模不足，那么必须使用权重进行弥补，这会导致抽样方差的增加。在布莱尔和查娅（Blair & Czaja，1982）的例子中，对"紧缺"号码库的受访者进行加权的需要导致了抽样方差增加，从而有可能完全抵消筛查效率的提高（Waksberg，1983）。苏德曼（Sudman，1985）建议通过增加电话号码库的规模来解决这个问题。比如说，将号码库界定为具有数百个号码而不是 100 个的号码库。或者（或另外）可以通过减少集群的大小来解决。我们的经验是，集群大小为 2 到 3 要比苏德曼（Sudman，1985）建议的 8 到 10 更为合适。

尽管从理论上讲针对稀有人群的电话整群抽样很有吸引力，但它在实

---

① 集群规模可界定为能识别的不合作的符合资格的家庭或个人。如果集群规模为 k，那么无论他们是否同意参与采访，在通过筛选确定 k 个群体成员之后都将在号码库中停止呼叫。

第 8 章　在特定情境中进行抽样

践中的效果并不佳，很少被使用。此外，随着人们从使用座机转而更多使用手机，电话交换机中的地理空间集聚情况也在减少。但是，爱德华·布莱尔和约翰尼·布莱尔（Blair & Blair, 2006）提出了一些条件，在这些条件下电话整群抽样可能在双重框架设计中发挥作用，双重框架设计中也使用在线小组来定位稀有人群。

8.3.2　不成比例的分层抽样

如果目标群体在某些地区占比要高于其他地区，那么对稀有群体进行不成比例的分层抽样就可能有效。我们可以将占比高的地区配给一个单独的层级并以不成比例的高概率进行抽样，从而提高抽样设计的综合效率。举例来说，在抽样调查公共卫生研究感兴趣的男男性接触者时，在某些地区比如旧金山的卡斯特罗区，其占比要比目标人群的平均水平高，并且关联的电话交换机可以安排不成比例地的配比（Blair, 1999）。同样，在一些可识别的地区，富裕家庭、贫困家庭或特殊产品的购买者等群体可能比例明显要高。

对稀有人群进行不成比例的分层抽样的有效性，取决于目标群体的占比情况在不同地理区域之间的变化程度。研究者也可能想要通过电话交换机（或某个合理的代理服务器）获取目标群体（或某个合理的替代人群）的占比数据，以便先验地界定层级并进行有效的层级配给。但是如果这类数据不可获取或质量较差，那么可以使用两阶段自适应抽样（two-phase adaptive sampling）。这一抽样过程中的第一阶段获取的群体比例信息用于确定第二阶段中接近最优的层级界定和配给，大部分的数据收集将在第二阶段完成（Blair, 1999）。举例来说，在一个区域内查找目标群体成员所需的拨号数量（或群体成员之间的拨号数量）可以提供有关该群体占比的相关信息。自适应抽样方法通常可用于解决对特定稀有人群进行抽样的常见问题——推进样本设计时通常没有足够的辅助数据或辅助数据的质量较差。

请注意，不成比例的分层抽样有效地定位稀有人群的条件与电话整群抽样有效的条件相契合：当目标人群在地理空间上集聚时电话整群抽样是有效的，这等于说这一群体的占比在不同的地理区域都不同。我们可以认为这意味着电话整群抽样和不成比例的分层抽样是两个竞争性的方法，并且应在适当的情况下任选其一。但是这并非必要，因为这两种方法通过不同的机制发挥作用。实际上，这两种方法可能是互补的。

电话整群抽样的工作原理是剔除没有出现目标群体的电话号码库。有一个普遍的误解认为它也可以通过对群体成员相对较少的号码库进行过少抽样来发挥作用，但事实并非如此。这一方法是 EPSEM，并且不会对群体占比高的号码库进行过多抽样，也不会对占比低的号码库进行过少抽样。在剔除没有目标群体的号码库后，目标群体在总体号码库中的分布不会影响电话整群抽样的有效性。相比之下，不成比例的分层抽样确实会以较高或较低的占比对总体号码库进行过多抽样或过少抽样，而且电话整群抽样发挥有效性并不要求所有号码库里都要含有目标群体。实际上，分层抽样是通过对目标群体占比较高的号码库进行过多抽样来实现的，而电话整群抽样则是通过剔除那些未出现该群体的号码库来实现的。

如果可用的层级信息可以识别未出现目标人群的电话号码库，那么这两个方法是多余的。在这种情况下研究者会简单地给未出现目标人群的层级分配零个样本，并且不会从电话整群抽样中获得额外的帮助。如果样本非零的号码库之间的占比差异很小，那么这一流程也将是多余的。在这种情况下一旦电话整群抽样剔除了空白号码库，不成比例的分层抽样将无济于事。

通常，如果群体占比有足够的变化来证明使用分层的合理性，我们可以将占比较高的区域与较低的区域分开（通过先验或自适应程序），但是我们不能确定地说所有给定的电话号码库中都没有目标群体。举例来说，我们知道卡斯特罗地区和其他地区相比男同性恋者的占比要更高，我们也知道在贝弗利山极富裕家庭的占比要更高，但是我们无法事先确定在有100个电话号码的号码库中这些人群不会出现。在这种情况下将分层与整群相结合，并对高占比区域进行过多抽样，同时使用电话整群抽样消除低占比区域中的空白号码库可能是有用的。

8.3.3 社会网络抽样

提高稀有人群筛选效率的另一种方法是社会网络抽样（network sampling），也称为多重抽样（multiplicity sampling）。很多社会网络抽样的早期工作是由西尔肯和他的同事（Sirken，1970，1972；Sirken&Levy，1974；Levy，1977）完成的。在苏德曼、西尔肯和考恩（Sudman，Sirken，& Cowan，1988）以及布莱尔（Blair，1990）的研究中可以找到关于这一主题（以及其他对稀有人群进行抽样的方法）的简短摘要。

稀有人群的社会网络抽样工作如下。对从一般总体中抽取的随机样本成员进行筛选以确定目标人群的特征，并询问某些预先指定的社会网络的成员例如其兄弟姐妹是否具有这个（或这些）特征。如果社会网络中有任何成员属于目标群体，那么会要求受访者提供联系信息，研究人员将尝试访问这些来自社会网络的成员。测量这些社交网络和受访者本人，其作用是在初次筛选访问中鉴别更多稀有人群的成员。

要让社会网络抽样发挥实效，必须满足以下条件：

- 报告人必须能够准确报告每个社会网络成员是否属于目标人群。这要求界定人群的特征对于社会网络的其他成员是可见的（或已知的）。报告误差（导致消极或积极的错误目标人群识别）通常是社会网络样本形成严重偏差的来源之一，也会让样本设计的努力白费。

- 如果要访问社会网络成员，那么社会网络抽样要求最初的受访者愿意推荐其他成员，并且可能更重要的是他们能够提供准确的联系信息例如电话号码或电子邮箱地址。

- 出于加权目的，必须可以获得网络规模的准确估计值。目标人群中任何给定成员被识别的概率与可能识别他的人数成正比。例如，如果社会网络被定义为兄弟姐妹，那么有1个兄弟姐妹的稀有人群的成员有2种识别方法（可能会在初始样本中被抽取，或者抽取他的兄弟姐妹并识别出了他），而拥有2个兄弟姐妹的群体成员有4种识别方法，独生子女则只有1种方法。实际上社会网络的每个成员都充当每个其他成员的重复列表，这会对拥有较大社会网络的人产生选择偏差。要纠正这种偏差，有必要通过测量网络规模并使用其倒数来加权。

请注意，这方面的关键问题不是第一阶段应答者可以识别的人数（初始应答者的网络规模），而是可能识别每个目标群体成员的人数规模。因此，除非网络具有反射性，否则初始应答者通常无法提供有关网络规模的有用信息。例如，如果将社会网络定义为兄弟姐妹并且初始受访者说他有3个兄弟姐妹，那么每个网络成员也有3个兄弟姐妹。

从经验上可以看出，当社会网络由最可能了解稀有人群的成员并且可以准确报告社会网络规模的亲属组成时，这些条件才能得到最好的满足。虽然试图更广泛地定义社会网络以便投射更广泛的网络，但是当使用远房亲戚或其他类型的社会网络时，研究者会为迅速增加的报告误差付出代价。

当研究的目的是估计稀有人群的占比而不是联系他们时，这种类型的社会网络抽样特别有用。如果研究者所要的是占比数据，那么社会网络抽样有可能扩大有效样本规模，而不会增加获得推荐和寻找网络中受访者的难度。实际上，这就是这一方法在早期开发和使用的目的（Sirken, 1970）。

稀有人群的社会网络抽样也可以在多阶段的网络抽样中以滚雪球的形式使用，这种类型的抽样称为滚雪球抽样（snow-ball sampling）、链式抽样（chain referral sampling）或受访者驱动抽样（respondent-driven sampling）。在这里，将对最初的受访者是否符合目标稀有人群的成员资格进行筛查：当且仅当受访者是这个群体的成员时才要求他推荐其他的群体成员，然后又要求这些群体成员推荐其他的群体成员，依此类推，直到识别不出新的成员。这一流程的逻辑是如果目标人群的成员彼此了解并且在被询问社会网络时进行了详尽的研究，那么对于任何给定的社会网络，只要一个人知道网络中至少有一个可以识别他的其他成员就应该给网络中的每个人以100%的入选概率（只要选择这一社会网络）。选择某一社会网络的概率将取决于通过已确定成员的数量来衡量的网络规模，并且应通过网络规模的倒数对数据进行加权以校正最终的偏向较大的网络的选择偏差。

如果滚雪球链条不完整并且可以通过转介识别出任何给定网络成员的可能性降到100%以下，那么就会出现选择偏差，这一偏差倾向于了解社会网络中更多的人以及因此更有可能被识别出的成员。转介链条可能是不完整的，原因有多种，比如受访者没有时间列出他们认识的所有人，或者他们忽略了某个人，又或者研究人员提前结束了这一过程。

就像我们描述的第一种社会网络抽样类型一样，成员彼此之间是认识的。为了有效发挥作用，滚雪球抽样并不要求一般人群了解稀有人群的成员。对于规模小的封闭人群比如社会或政治精英，或者专业技术人群，最有可能满足此条件。滚雪球抽样也被用来识别同性恋人群（Heckathorn，1997），尽管在应用过程中人们可能会质疑这一程序是否受限于受访者识别其社交网络中其他成员的意愿，尤其是如果他们知道这些成员没有公开而不愿意被识别出来。

滚雪球抽样的缺点是无法事先明确指定研究任务的规模，因为它取决于遇到的社会网络的数量和规模，并且一旦抽样启动就必须详尽地标识每个已识别的社会网络以保持对抽样概率的控制。

8.3.4 双重框架抽样

稀有人群的双重框架抽样是分层抽样的一种特殊情况。当目标人群的框架如成员资格列表有效但不完整时，这一方法很有用。双重框架抽样结合有效但不完整的框架中的样本和一般总体中的样本，来扩大覆盖范围。请考虑下面的案例：

> **案例学习8.1**
>
> 一位研究人员想要对上周末参观露天艺术节的200人进行电话调查。可以通过筛选一般人群来找到这些人，但是据估计只有5%的当地人参加了艺术节。在参加活动的人中，估计有20%的人注册了抽奖，研究人员可以获得这些注册人员的名单。
>
> 为了举例，我们假设可以联络上并访问那些注册抽奖的参加者，并且每次访问的费用为12美元（包括无法联系上和无应答产生的费用）。假设在一般人群的RDD样本中对参加者进行筛选，每次筛选的

费用为5美元，每次主要访问的费用为10美元（同样包括无法联系上和无应答的费用，在这种情况下这些费用主要由筛选阶段承担）。

如果样本完全来自注册人员列表，那么完成200次访问的费用为2 400美元（200次 * 12美元/次）。但是，由于框架仅覆盖总体的20%，因此存在很大的潜在覆盖偏差。

如果从一般人群中筛选出200名参与者，可以消除覆盖范围的问题，但是成本要高得多。如果有5%的人参加了艺术节，那么需要筛选20人才能获得1个参与者。因此，每次主要访问的完成费用将为110美元（筛选20人，每人需要5美元，再加上主要访问的10美元），而200次主要访谈的费用就是220 00美元（200人 * 110美元/次）。

双重框架抽样设计可以全面覆盖参与者总体，并比一般筛查的费用要更低。使用这种方法，艺术节的参加者被分为注册者和未注册者两个层级。占参加者80%的未注册者，将以4%的概率（占5%参加者的80%）从一般人群中被筛选出来。要获得一个未注册者将需要筛选25人，完成一次主要访问的费用为135美元（筛选25人，每人5美元，再加上10美元的主要访问费用）。

占参加者20%的注册者将从注册列表中直接联络，每次访问的费用像前面一样为12美元。如第5章中的公式所示，当层级之间的成本存在差异时，可以进行最佳的层次配给。使用这一公式可以看出，这里最优的方法是将大约45%的样本分配给注册抽奖的参加者，将55%分配给未注册者。因此，对于一个200人的样本，研究人员应从注册列表中抽取90人，并从一般人群中筛选出110名未注册者，总的访问成本为15 930美元（90人 * 12美元/人，即1 080美元，再加上110人 * 135美元/人，即14 850美元）。

请注意，从一般人群中筛选110名未注册抽奖的参与者的过程中，我们会遇到一些参加艺术节并注册过抽奖的人（具体来说，我们应该会碰到110 * 20/80个或者说27个这样的人）。在这里，我们假设在一

> 般人群抽样框中遇到的这些人是不合格的样本。我们也可以访问这些人，并相应地从注册列表中减少样本规模，但是在此示例中这样做节省的资金相对较少（27 * 12 美元＝324 美元，约占当前预期成本 15 930 美元的 2%），而且从每个层级中抽取有且仅有一个抽样框，这在管理上具有吸引力。

通常，由于双重框架抽样是分层抽样的一种形式，因此需要某种划分层级的方法。如果可以对有效框架和一般框架进行交叉检查以识别也属于有效框架的一般框架中的成员（因此可以将它们视为不合格的常规样本，或重新分配给有效样本），那么这不会是一个问题。如果两个框架中的识别信息不一致或不够准确而无法进行交叉检查，那么我们将需要来自一般人群的受访者能够报告他们是否处于有效框架内。如果他们不能这样做，比如在我们的示例中来自一般人群的受访者可以告诉我们他们是否参加了艺术节但不能明确地报告他们是否注册了抽奖，那么这些报告中的错误将在层级分配中产生误差，并且导致相应的估计误差。

8.3.5　位置抽样

聚集在特定地点的稀有人群可以在那些地方进行抽样。例如，像深海渔民群体可能可以在他们登船的港口跟他们联系上。同样，对 HIV 风险行为感兴趣的研究人员也可以去同性恋酒吧获取男同性恋的样本。当面对面接触和"街头信任"对识别稀有人群的成员身份非常重要比如同性恋者被问及有关 HIV 风险行为的情况时，位置抽样尤其有用。

在许多应用中，位置抽样本身可能无法提供令人满意的总体覆盖率。例如，在同性恋酒吧获得的样本将忽略不光顾这些地方的同性恋者，并且不光顾的人可能与顾客存在系统的差异。如果需要考虑覆盖范围，那么可以将位置抽样与一般概率抽样结合起来筛选目标人群的成员资格和访问地点的可用性。这是双重框架抽样的一种形式。

位置抽样也可以与滚雪球抽样（如本章前面所述）结合使用，来获取位置抽样框以外的人群。但是，这不可能完全解决覆盖问题，因为无法通过位置抽样访问的总体成员可能不会与这些总体成员有社交往来。例如，不光顾同性恋酒吧的男同性恋者可能不会与那些光顾酒吧的男同性恋者交际。另外请注意，在位置驱动的滚雪球抽样中任何给定网络的成员的入选概率将不取决于常规滚雪球抽样中的总体网络规模，而取决于光顾所选位置的网络成员的数量。

理想情况下，在稀有人群的位置抽样中应在该位置应用某种形式的概率抽样，而不是随机拦截。我们之前讨论的对某个地方的访客进行抽样与此相关。

8.3.6 稀有人群的在线数据收集

在本章的前面，我们指出一般总体的网络样本存在的问题：应答率低，而且存在很大的覆盖偏差，因为不同收入水平、受教育水平和族裔人群之间的网络访问的差异很大，并且没有完整的在线人口框架。但是，考虑到研究稀有人群的成本挑战，如果可以以较低的成本在网络上收集数据，那么可以考虑采用双重框架设计在网络上访问上网的目标群体成员，使用电话（或覆盖面广的其他方法）访问那些不上网的人（Blair&Blair，2006）。收集稀有人群的在线数据的逻辑是，与其他方法相比网络应该具有较低的筛选成本，因为不需要增加人工或邮资来联系潜在的受访者。

在这方面的一个关键问题是，由于可用的抽样框架仅覆盖一部分在线人群，因此存在覆盖偏差的可能性。从理论上讲，应对此问题的方法是根据"在框架内与不再框架内"而不是"在线与不在线"对目标人群进行分层。但是，这种方法几乎没有实际用途，因为如果"框架内"层级仅占总人口的一小部分（例如，在线小组中有200万成员，而美国人口超过3亿），对该层级的最佳分配样本量将太小，不足以证明基于Web的数据收集的增量成本是合理的。要使电话受访者准确地指出他们是否出现在任何给定的在线框架中还存在实际困难，因此可以对其进行整理。总体而言，最实用的方法是根据在线与离线进行分层，但这需要信念的飞跃，即在线框架代表着更广泛的在线人群。

在这方面，双重框架网络电话设计的一个重要特征是它们可以比较网

第 8 章　在特定情境中进行抽样

络和电话的调查结果。如果网络和电话的调查结果没有不同，通常可以假设网络数据中覆盖率偏差的影响可以忽略不计。如果调查结果在模式上确实存在实质性差异，那么该差异可能是由于覆盖偏差引起的，或者可能反映了两个层级之间的合理差异（如果调查涉及的主题比如网络购物的频率与网络抽样框存在关联）。无论哪种方式，如果观察到模式上的差异，那么可以使用某种形式的加权来校正潜在的偏差。

8.1　组织化人群抽样

将组织化样本与个人或家庭样本区分开来的最重要问题是组织规模的巨大差异。举例来说，试图估计对一种新型工业设备潜在需求的研究人员将很快意识到，需求受到一些大型公司的极大影响。因此如第 5 章所述，通常最佳的方法是按规模对组织进行分层，并对较大的组织抽取更多的样本。进一步简化的方法是对占类别中大部分销售额或差异很大的所有超大型组织进行抽样（Hansen，Hurwitz，& Madow，1953）。

第二个相关问题是如何衡量组织规模来进行有效的分层。通用标准包括年收入额、公司产值和员工人数。这些标准之间通常是相互关联的，但是存在差异。例如，相对于员工人数制造业公司可能拥有较高的资产，而相对于资产而言服务业公司可能具有较大的员工规模。选择应对方式通常取决于两个因素。首先，可以采取哪些措施。例如，如果抽样框架列出了公司及其年度收入，那么使用收入作为规模度量进行分层将很容易且成本低。其次，什么措施可能与关注现象具有最佳的关联。例如，如果研究涉及就业问题，那么基于雇员人数的分层可能比基于收入的分层更加有效。

第三个相关问题是确定在组织内部开展研究的合适单位（即适当的总体单元）。对于企业来说，是工厂、区域办事处、部门，还是整个公司？对于教育机构，是教室、学术部门、学校还是学区？选择主要取决于研究的主题以及组织机构内决策权限和/或政策是否有所不同。例如，在教育政策研究中界定问题将是制定相关政策的级别。

第四个问题是确定组织中合适的信息提供者，以及是否需要多个信息提供者来提供准确的结果。在高度正规的组织比如学校系统中，通过职位头衔确定决策权限并以这种方式选择受访者可能很容易。在许多其他组织中情况并不那么明显，因此可能有必要联系选定的组织来确定正确的信息提供者。这通常是通过电话来完成的，从总机或相关职位开始，然后从一个电话转到另一个电话，直到找到合适的人。即使有可用列表也必须确认选择了合适的人选，因为组织列表可能会很快过时，尤其是对于企业经理而言。

8.5 影响力集团或精英等群体抽样

在本章的前面，我们讨论了如何使用滚雪球抽样来寻找社交网络中相互联系的稀有人群。我们可以使用同样的方法来识别其他类型的社会群体。

例如，假设要开展社会计量学研究，研究目标是小型群体中的沟通或影响模式。在这里目标总体单元是小组，但是通常没有小组的列表。当然，我们抽取个人样本并要求这些人识别与他们有某种关系的其他人，然后反过来可以要求被识别的人去识别群体中的其他成员，依此类推。同样，假设研究主题是社会或政治精英的特征和活动。在这里，最初的受访者可以通过其正式职位（例如市议员）来选择，但是精英人士的非正式成员是通过滚雪球来获得的。

如果初始样本是随机的（而不是身份头衔的列表），那么通过滚雪球抽样来识别任何给定群体的概率取决于群体的规模（因为每个成员都提供了识别群体的机会），因此存在偏爱较大群体的选择偏差。我们可以通过测量群体规模，使用群体规模的倒数作为权重来纠正这一偏差。在个人层面上也可能存在选择偏差，因为与离群索居的人相比为更多人所认识的人被提及的可能性更高。如果继续进行滚雪球程序直到没有新的名字被提及，这种偏差无关紧要，因为群体的详尽列表可以确保只要至少有一个其他群体成员识别出他，就可以识别群体中的每个成员。同样，如果该群体成员被详尽列出，那么可以通过对列出成员做简单计数处理来衡量其规模。

8.6 追踪抽样[①]

追踪小组是在超过一个时段内提供信息的个人、家庭或组织的群体。最简单的追踪小组包括在事件发生之前和之后接受调查的受访者，例如追踪选举前后选民的研究。更为复杂的追踪小组由这样的受访者组成，他们接连每周报告家庭的支出或其他行为。采用追踪小组的目的如下：

- 测量变化。追踪数据的一个基本优点是与一系列独立样本相比追踪小组对变化的测量的抽样方差要小得多，并且有可能测量随时间变化的个体而非群体行为的变化。例如，"扫描追踪小组"（scanner panels）可以记录参与者随时间推移的购物行为，其结果可用于测量促销所引起的一般品牌的转换和行为的变化。

- 测量随时间推移而产生的行为。通过测量发生的行为，追踪小组可以提供比追溯测量法更为准确的数据，即使改变本身并非研究的目标。例如，追踪小组被用于测量电视收看或收听广播的行为，不用记录节目的切换，只是为了收集有关这一短暂现象的更准确数据。

- 提供平衡的抽样框。如第 2 章所述，一些公司招募网络追踪小组，可以从中抽取样本进行一次性调查。这些追踪小组的使用主要是出于便利性、成本和快捷的考虑。例如，可以从网络追踪小组中抽取地理和人口平衡的样本，并在几天之内获得合理规模的应答。

希望建立和维持追踪小组特别是长期追踪小组的研究人员会面临以下三

[①] 本小节是基于苏德曼《实用抽样》（Sudman，1976）一书写成。

个主要的抽样问题：（1）与初始参与请求相关的无应答偏差；（2）与小组随着时间变动的差异化退出率相关的无应答偏差；（3）与追踪成员的老化相关的可能偏差。

8.6.1 追踪小组的初始无应答

关于初始无应答，没有研究项目能与选定的应答者取得充分合作。但是由于对受访者给予了更大的负担，追踪小组的这一问题更大。举例来说，您更可能接受以下哪一项，请求您参与有关您的购买习惯的一次性调查，还是请求您保留下一年的购买记录？追踪研究的初始应答率通常比一次性调查低至少 1/3，其差异取决于追踪请求的性质。

追踪研究的初始应答率也因不同类型的受访者而异，从而产生潜在的偏差。例如，乔丹（Jordan，2004）描述了尼尔森公司在向其美国消费者招募西班牙裔美国人时遇到的问题。尼尔森公司的知名电视台的收视率低估了西班牙裔观众规模，在文化上存在偏见，从而引致了批评。同样，苏德曼和万辛克（Sudman & Wansink，2002）表明，在一人或两人家庭中的成员不太可能会参与消费者追踪调查，参与者更有可能出现在有小孩的家庭或有一名无业妇女的家庭，或者是自我报告对价格敏感的人。换句话说，参加消费者追踪小组的家庭更可能拥有全职母亲，白天有一些自由支配的时间，并且对家庭经济这个话题感兴趣。更一般而言，参加追踪小组的意愿与空闲时间和对任务的兴趣呈正相关。

当然，追踪请求的配合水平并不仅仅在于招募所使用的方法和追踪成员所需完成的任务。但是有趣的是，不管最初的应答率如何，后续的合作水平都趋于接近。当做出更大的努力来寻求受访者的初始合作时，后续似乎有更高的退出率。

8.6.2 不同时点差别化的退出率

如前所述，随着时间的推移追踪小组受到死亡率（退出率）的困扰。对于定期重复的访问，在随后的每次访问中剩余样本预计会损失 5% 或 10%。退出率可能是由受访者生活的变化引起的，例如结婚或生孩子，也可能是由疲劳或对研究任务失去兴趣导致的。

将退出率保持在最低水平并不是一个自动的过程,这个过程需要付出相当多的努力和维持追踪合作的技术实践。尽管大多数追踪调查认为用金钱或奖赏补偿参与者很重要,但与追踪小组成员进行持续的沟通计划对于建立和保持高水平的信心也同样至关重要,因为这会降低成员的退出率。

尽管做出最大的努力,追踪小组中的退出率还是会出现。如果退出率在不同类型的小组成员中是均衡的,那么不会威胁到小组的代表性。不幸的是,退出率在参与者中通常是不均衡的。正如忙碌或不感兴趣的人不太可能接受最初的参与请求,随着时间的流逝他们更有可能退出。因此,随着时间的推移,差别化的退出率会加剧在初始追踪样本中发现的任何无应答偏差。

8.6.3 追踪成员的老化

追踪抽样中遇到的第三个问题是由追踪成员的老化而导致的代表性损失。想象一下,假设一个五十年前成立的消费者追踪小组。即使该小组的样本是随机抽取的,初始应答率为100%并且没有人退出,该小组也无法代表当前的一般人口。我们将拥有世界上最真实的追踪小组成员的死亡率,因为许多最初的追踪小组成员将在多年后死亡,而且剩下的人将年老。这个小组里可能没有20多岁、30多岁、40多岁甚至50多岁的成员,他们购物篮中的儿童谷物、婴儿尿布、薯片和不含酒精的饮料的消费量较低,而购物篮中高纤维谷物和假牙黏合剂可能更多。

8.6.4 追踪抽样的意义

维持长期连续样本时要记住的基本要点是追踪小组是动态的,不应将其视为一次性调查抽取的样本。由于新的家庭(或新成立的企业)组建、旧的家庭(或企业)解散以及家庭(或企业)迁徙,总体在不断地发生变化。如果要继续代表不断变化的总体,那么追踪小组必须反映这些变化。

从这方面来看,在小组成员发生变化时应当对其进行追踪。这可以被认为是一个动态系统,这一系统短暂地不变以允许从中抽取并释放样本,样本的后续变动代表总体的变动。如果研究者错误地坚持固定的抽样框(比如,剔除搬迁的家庭并用搬入同一房屋的住户代替他们),那么将很难找到并包括在设计好抽样框架之后再建造的住所,因此很难容纳人们从一个地方迁移到另一个地方。而且由于某些类型的家庭(比如年轻的小型家庭)比其他家庭更容易迁移,因此搬迁的家庭将导致退出率偏差[①]。

仅仅考虑迁移是不够的,必须设计某种方法,通过引入适当数量的新住户并剔除解散的家庭,从而维持长期追踪小组的活力。解散的家庭处理起来比较容易,唯一需要做的是在观测到它们时将其剔除。一个例子是当夫妇中的一人去世了,另一人则搬去与亲戚一同居住,或搬到提供生活辅助服务的机构中。如果这个人是追踪小组成员,那么此时应当剔除,而无须用一个新的家庭来替换。至于新的家庭形式,小组成员可能会定期被询问在该住所中居住的成年人或儿童的人数是否发生变化以及是否有人离开并建立新的家庭。迁出组建新家庭的成员被招募的概率与构成新家庭的人数成反比(这样做是为了使所有新家庭都有相同的概率被添加,而不管其规模如何)。因此,考虑到婚姻状况,离婚后组建的新家庭被招募的概率是原来的一半。经验证据表明,这种招募方法将新的年轻家庭以适当的比例纳入追踪小组。

即使允许这种变化,随着小组成员年龄的增长和死亡率的差异,追踪小组也有可能随着时间的变化而失去代表性。为了维持样本的代表性,必须从代表性不足的地理和人口类别中不成比例地招募小组成员来替换。因此,如果18岁至24岁的未婚男性退出率过高,那么应从这一群体中不成比例地招募替代样本。如果西班牙裔人口占总人口的比例较大而在追踪小组中代表性不足,那么应当不成比例地招募他们进入样本,以使追踪小组与更广泛的人口保持一致。

考虑到允许最初的无应答和随后的退出率,追踪小组的持续应答率很

---

① 对于某些研究,追踪小组可能仅限于特定地理区域的居民,例如某个城市、县或者州。在这种情况下,如果一个家庭离开这一区域,那么它将不符合资格,要从追踪样本中删除。

可能低于 50%，并且随着时间的推移将需要不成比例的层级驱动的方法来招募样本以维持追踪小组的代表性，因此有人可能会问，使用概率抽样来招募小组成员是否值得。如果由于低应答率降低了概率方法的效用，那么为什么还要花如此多的钱来采用概率方法呢？相反，为什么不使用配额之类的宽松方法来控制追踪小组的构成并降低成本呢？答案是概率样本更为可取，因为即使它们不是完美的，它们也是可用的最佳样本。从理论上讲，它们是可以测量的，并且可以将与方便抽样或志愿者抽样有关的潜在偏差降到最低。

话虽如此，我们应该承认基于配额的追踪小组是市场研究领域的常规做法。例如，除了捷孚凯的知识小组（GfK KnowledgePanel）之外的所有大型网络追踪小组都是通过非随机方法招募的，并通过平衡人口统计特征加以控制。支持这些追踪小组的理由是，它们的重复使用可以对它们不同时点的表现进行基准测试，从而使人们可以了解并适应任何偏差。这是一个合理的主张。

8.6.5 追踪抽样的其他问题

对于主要用作抽样框的追踪小组，出现的抽样问题是如何在单个研究中管理不同地理和人口群体的不成比例的应答情况（以及随之而来的无应答偏差）。对此可以使用两种方法：不成比例的超额（disproportionate outgo）和事后加权（back-end weighting）。在不成比例的超额中，具有较低应答率历史记录的群组会根据需要抽取更多样本，以平衡最终数据。在事后加权中，将抽取一定比例的样本并通过加权来控制样本构成中的所有差异。不成比例的超额在抽样阶段会稍微复杂一些，但允许人们在不加权的情况下使用数据，这在追踪调查情境中可能是一个优势，因为在追踪情境中人们可能希望比较一段时间内类似研究的结果，而这样的比较最容易采用自然完成（未加权）的数据。

同样，在某些情况下如果要跟踪人口随着时间的变化但又不想面临与固定追踪小组有关的问题，那么可以使用另一种方法，即轮换追踪小组或部分重叠的轮换调查。举例来说，为了研究人们购买家用电器的过程，一

206 家知名公司采用了一种轮换设计对受访者进行一次调查,然后在 6 个月后进行第二次调查,第三次也是最后一次调查是在第二次调查之后的第 6 个月。在任何给定的月份中,总样本中第一次参加的占 1/3,第二次和第三次参加的也占 1/3。这种设计产生的应答率与调查相似,同时仍允许公司研究家用电器的购买意向在一年内如何转变为购买行为。关于轮换设计的讨论可以在基什的研究(Kish,1965,1987)中找到。

8.7 国际情境中的抽样

总的来说,本书讨论了美国情境中的调查抽样。这里,我们将考虑不同国家间的一些差异。当然,抽样的基础不会发生改变,那就是误差可能源自抽样误差或样本偏差;抽样误差可以通过样本规模来控制,分层或整群抽样可以提高效率,样本偏差可以通过抽样程序来进行控制,等等。

从抽样角度看,国际主要差异与抽样框的可用性、框架和数据收集模式相关的样本设计问题以及应答率有关。

一个国家与另一个国家可供一般人群使用的抽样框架可能会大不相同。例如,欧洲国家通常有可用于抽样的公众可用的居民登记册。尽管这可能对总体中的子群抽样没有用处,但可以提高一般人群的抽样覆盖率。另外,在一些人口普查不频繁或执行不佳的发展中国家可能无法获取完整或可靠的能够用于样本设计的信息。

在美国,女性高比例进入劳动力市场和访问人员相对较高的劳动力成本使得进行户内访问的成本非常高,而电话拥有率高则意味着可以在几乎没有覆盖偏差的情况下进行电话调查(尽管无应答是一个重要的问题)。这使得电话调查被广泛使用,并因此广泛使用应对电话调查挑战的抽样技术,例如随机数字拨号。在发展中国家,电话拥有量可能更低或偏向于使用手机,从而使电话调查的吸引力降低,而户内访问的经济效用可能更

第 8 章 在特定情境中进行抽样

高。这导致这些国家更多地使用户内调查,从而更多地利用诸如限定地理区域的整群抽样之类的技术。

同样,在发展中国家网络调查所面临的覆盖范围问题更为严重。图 8.1 显示,尽管发展中国家和发达国家的互联网访问量都在增长,但发展中国家却远远落后于发达国家。

另外,在美国用于市场研究的购物中心调查很普遍。在其他人口稠密的国家在商场购物并不太常见,这些国家的人们更有可能在集市上购物。那里仍然可以在公共场所对人们进行抽样和访问,但是访问人员的工作环境有所不同,选择和筛选受访者的方式可能会相应发生改变。

不同国家之间最终的抽样差异与应答率有关。在美国,应答率一直在下降,是可能引起潜在的无应答偏差的主要来源。在许多发展中国家,这并不是一个问题。获取安全访问上可能会遇到重大挑战,但是如果访问人员能够联系上家庭,那么他们遇到无应答的可能性就比较小。

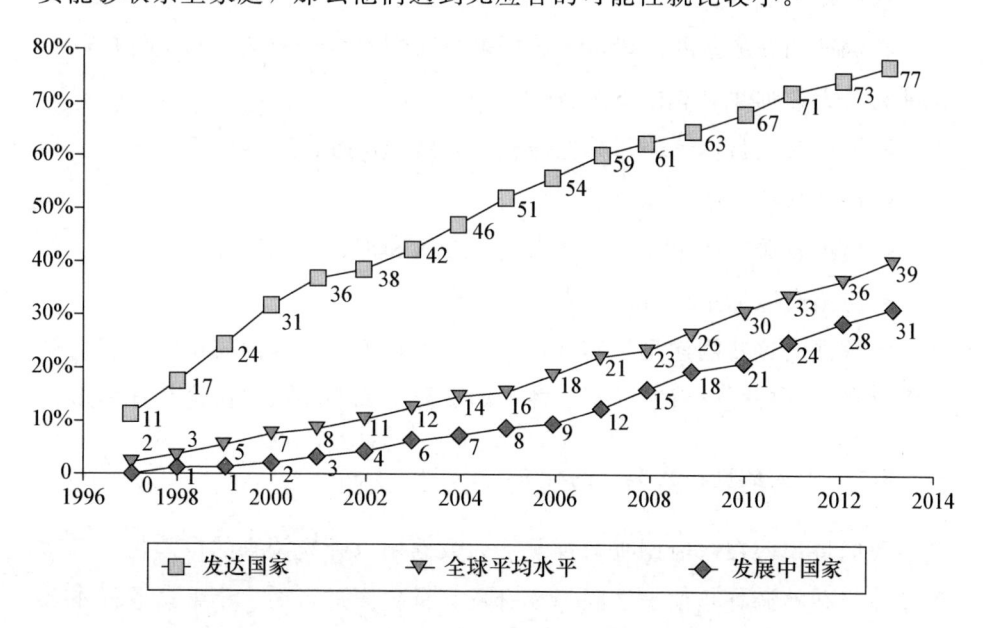

图 8.1 发展中国家网络调查的覆盖范围问题更为严重

资料来源:由杰夫·奥格登(Jeff Ogden)(W163)提供,Wikimedia Commons 上具有 CC-BY 许可证。

8.8 大数据和调查抽样

近年来，不断发展的计算科学导致存储、分析和交叉引用数据的能力增强，相应的大数据（big data）或数据科学（data science）越来越多地被使用。尽管大数据没有标准的定义，但通常认为大数据是存储在一个或者多个数据库中的数据，可能包含数百万条记录，需要专门的软件来管理和分析。某些数据库已经建立多年，例如美国联邦计划参与者的政府数据库或者在私营部门中的医疗记录数据库。就在近些年，研究人员从谷歌搜索数据（Google search data）、社交媒体网站和带有产品评论的网站等来源汇集成了一些大型数据库。这些更新的数据库中的数据，有许多是由用户活动自动生成的。

在标准调查的某些阶段，大数据可以对惯常调查的抽样和执行提供有益补充。大数据集具有以下用途：

- 提供有关目标人群的其他信息，以帮助调查设计或分析。
- 帮助弥补问题的无应答。
- 提供有关拒访单元的信息来进行分析和加权。
- 与调查数据集进行合并来拓展分析。

大数据的这些用途只是调查常用程序的扩展，大范围使用大数据集是数据收集的基础性（有时是定义性）的资源。我们将依次讨论每种用途。

8.8.1 大数据作为调查的补充

我们将说明在政府调查的背景下大数据用以补充调查的可能性。许多大型和复杂的调查是由美国联邦政府及其承包商进行的。不管这些样本数量有多少，访问时间有多长，只要可以轻松地花费较低成本获得数据，调查便可以利用更多信息尤其是在个案层面上。这些数据可以按列出的方式使用，来提高调查的质量。

在某些情况下，调查要收集的数据可能已经存在于政府数据库中。例如，政府调查通常会询问有关个人或家庭收入的问题。对许多受访者来说这样的问题很敏感，无应答率始终要超过大多数其他变量。而且，此类问题的答案可能会有显著的应答误差。但是，许多所需的信息可以在美国国税局（Internal Revenue Service，IRS）数据库中获取。IRS 的数据不完美，但至少可能与调查问答一样好。如果可以访问并合并 IRS 记录中的个人财务信息（出于法律原因无法实现，但是如果可以的话），那么可以从调查中删除此类问题从而缩减调查篇幅或为其他问题留出空间，这样可以减少由问题无应答或应答误差而引起的潜在偏差。

以这种方式使用政府记录存在很大的障碍，包括将行政记录与调查数据合并的技术困难以及在个人使用此类记录之前必须解决的法律条文或道德上的障碍。在调查方面，收集足以合并此类数据集的标识符码也存在问题。但是一般的观点是，行政记录可能包含各种信息，可以将这些信息添加到调查应答中以丰富数据或简化数据收集，就像网络小组可以自动将以前收集的人口统计信息添加到从小组成员那里获得的数据中一样。

行政记录也可能对样本设计有帮助。例如，如果从美国邮政服务公司主地址文件中抽取基于地址的样本，那么可以使用与同一地址的同一个人对应的 IRS 数据中的财务变量进行分层。

类似的，在样本中有无应答者的情况下（像任何调查一样）IRS 或其他行政记录可能会提供有关无应答者的一些信息，这些信息可用于评估应答者的类型，从而有助于估计无应答偏差并构建权重来对无应答进行修正。

8.8.2　大数据作为调查的替代

第二类大数据应用方法中，大数据在数据收集阶段发挥中心作用并有可能完全取代调查（或其抽样阶段）。举例来说，假设一家公司想要调查消费者对产品的态度。传统方法是抽取消费者样本，然后对产品态度进行调查。大数据方法是使用产品评论、博客和其他包含用户生成内容的网站来抓取有关公司产品的评论，并对其进行编码。我们可以对网站进行适度

如何抽样

抽样来减轻数据收集的工作量，并且可以对收集到的数据进行抽样以减少编码的工作量，或者可以使用全部数据。至少乍一看，最具吸引力的是可以使用整个数据集并完全放弃抽样。

在某些情况下，这种方法可能具有很高的成本效益。但是，其中可能存在一些问题必须解决。例如，如果研究人员对个人样本感兴趣，那么发表更多评论的人将具有成比例更高的入选概率。这是常见的重复框架的问题。我们可以尝试清除重复项的数据，但是随着数据集变得庞大这项工作将变得很麻烦，而且除非一个人使用完全相同的名字发表了完全相同的评论，否则重复项很难被识别出来。

更重要的是，尽管这些评论可能包含研究人员感兴趣的关键变量，但是也可能有一些研究人员感兴趣的信息没被包含在内。例如，某公司想要测量用户和非用户、忠实用户与一般用户、年轻人与老年人的态度，而数据集可能不包含相关的信息。

最重要的是，发表评论的人本质上是志愿者样本。这些人是谁？例如，是代表性过高的产品粉丝吗？具有极端态度（正面或负面）的人是否代表性过高，就像网络政治评论中相对于"沉默的大多数"而言，他们更可能代表拥趸？

这些问题揭示了与大数据关联的"数据优先"方法和本书中反映的传统调查设计方法之间的根本区别。调查设计方法始于调查目的，然后界定相关人群并对数据收集和抽样方法做出决策。大数据方法并非从碰巧可用的数据的特征开始。它试图在网上抓取人们对公司产品做出的评论，因为这些数据基本上是免费的，但这一优点的代价是将总体定义从"消费者"变为"对这些产品发表评论的人"。

从本质上讲，对整个真实的总体而言大数据可能是错误的，实际上它是一个无法识别的样本。其问题是，过程中产生数据的是正确的总体还是基本上没有明显偏差的替代品。

一旦以这种方式来看大数据，我们就清楚地知道大数据作为调查补充可能会有用，所以调查也可以作为大数据的有益补充。在前面的示例中可以将网络评论作为主要的数据来源，并且可以进行一项调查以评估那些数据中与研究人员感兴趣的消费者群体有关的任何偏差状况。该调查可能会调查人们的兴趣态度、受访者是否在网上发布评论以及这类帖子的数量和位置，这些信息将使我们能够对网络数据中的"无应答者"（即没有发布评论者）和重复评论者进行加权。更一般而言，这将使我们能够改进从网络数据中得到的基于模型的估算值。这类似于使用无应答者样本中的数据来评估和改进调查的估算值。像这样的任何企业，调查的规模或频率比将调查用作主要数据源的情况要少。

  大数据有时会带来的另外一个问题是，由于观测数据的规模太大，每次数据模式的分析都具有统计学意义。举例来说，我们可能观察到在周二发布产品评论的人比在周六发布的人更倾向于是负面的，或者在上午 9：00 和上午 10：00 之间发布的人比在上午 10：00 至上午 11：00 之间发布的人更倾向于是负面的，或者在上午 9：00 至上午 9：05 之间发布的人比上午 9：05 至上午 9：10 发布的人更倾向于是负面的。这些结果可能揭示一个有意义的现象，如果可以解释的话。但是，令人担忧的是，超大样本获得的显著发现可能会让研究者发现实际上并不存在的"规律"。

8.9　智能手机、社交媒体和技术变革的介入

  像社会的其他方面一样，调查抽样和数据收集也受到计算机和通信技术的影响。当前，我们正在经历前所未有的新设备（智能手机、平板电脑）、软件（手机应用）、服务（基于网络的社交媒体）和科技（快速处理器、云计算）的浪潮。这些发展迅速改变了人们与朋友、同辈和陌生人之间的联系（例如 Facebook、Google+、LinkedIn）、一般沟通（博客、Twitter）、信息共享（YouTube）和互动（Second Life）的方式。它们还影响着调查实践的方式，从微小调整到重大改变。

  与大数据一样，这些资源可以在标准调查方法中使用，比如补充标准

数据收集模式以提高覆盖范围或降低成本。通过技术或服务提供新的框架、新的数据抓取方法或提供识别和调查传统访问难以识别和调查的特殊人群的途径以及在目标群体中创建特殊人群（比如 Facebook 使用者）来替代一种或多种标准调查方法，也是可行的。

8.9.1 智能手机与调查

通常而言，手机尤其是智能手机由于其普及性和快速扩展的功能对调查研究产生影响。例如，调查不再需要依靠与住所中的样本成员见面，而是可以在任何地方访问他们。这一影响涉及面很广，包括改变最佳呼叫时间以最大限度提高应答率，以及确认受访者没有从事此时不适合使用手机调查的某些活动，比如说正驾驶汽车。

使用手机的一个重要影响是，电话抽样框现在混合了对应家庭的固定电话号码和对应个人的手机号码。如果期望的总体单位是个人，那么有必要处理固定电话框架的集群问题和在家庭中的样本。如果期望的总体单位是家庭，那么有必要确定手机持有者是否是适合的家庭信息提供者，处理自我报告的信息提供者的潜在重复问题，并应对手机持有者是资格不符的未成年人的可能性。

手机不断智能化，支持通过短信或电子邮件发送参与调查的请求。通过这种方法能够筛选样本，以识别目标子群的成员。该设备还允许受访者选择下载应用程序，以便他们可以在手机屏幕上回答调查问题。追踪联系或拒绝后的转换可以与初始联络相同的方式进行。此外，智能手机还便于调查添加视觉功能或使用 GPS 获取位置信息。这些功能显然可以有助于实现某些调查目标。与此同时，研究人员在一定程度上可能会失去对现实样本质量的控制（比如确保未成年人不会无意间被纳入调查范围）。

为了进一步了解智能手机对调查的影响，佩特切夫和希尔（Peytchev & Hill, 2011）在初次面访后向为数不多的成年人提供了智能手机，随后在为期 19 周的纵向调查中开展了一些方法学实验研究。他们的结果受到一些限制包括样本量（$n=92$），但提出了一些重要的问题，例如问题的屏幕显示、视觉效果和回答选项以及如何使用键盘输入答案等因素是如何影响应答的。从抽样的角度来看，这些设备的使用在不同人群之间可能会有所不同，从而在样本构成中产生意想不到的变化。

目前，尽管智能手机的覆盖范围正在迅速扩大，但美国仅有 35% 的成年人拥有智能手机（Smith，2011）。这意味着，一般人群调查必须使用智能手机以外的其他模式来实现对一般人群的合理覆盖。

8.9.2 社交媒体与调查

社交媒体目前以四种方式与调查抽样关联。第一，它们可以用作一种工具，这种工具用来与缺少其他联系信息或拒绝参与的受访者建立联系。例如，纵贯调查几乎总是因为与追踪成员失去联系而出现一定程度的损耗，而 Facebook 和其他社交媒体在与退出追踪小组的人重建联系方面可能很有用。

第二，社交媒体可以用作招募受访者的工具。例如，作为社交媒体一部分的个人数据，可能对降低招募具有某些特征如特定教育背景、就业类型或休闲活动的目标人群的成本非常有帮助。社交媒体也可以用于基于受访者的抽样，这种抽样中一名受访者会介绍另一名受访者。当然，使用社交媒体来招募受访者将使社交媒体作为更广泛人群的抽样框，并且研究者必须考虑其可能导致的覆盖范围偏差。

第三，在社交媒体上的个人数据可能有助于对样本进行分层，或者单纯地充实数据集。

第四，在某些情况下，目标总体可以通过社交媒体使用情况来界定。泰西托雷和麦克里（Tessitore & Macri，2011）提出用 Facebook 用户来粗略地界定目标人群时用 Facebook 进行抽样的方法。他们描述了在应用标准概率抽样时的严重困难，并得出结论认为配额抽样或某种类型的方便抽样是有必要的。

就像人们所预想的那样，使用社交媒体定位或招募受访者的有效性在不同的人口子群和不同的国家之间差异很大。例如，在美国社交网站的使用率在各个年龄段出现明显下降，如图 8.2 所示。

如何抽样

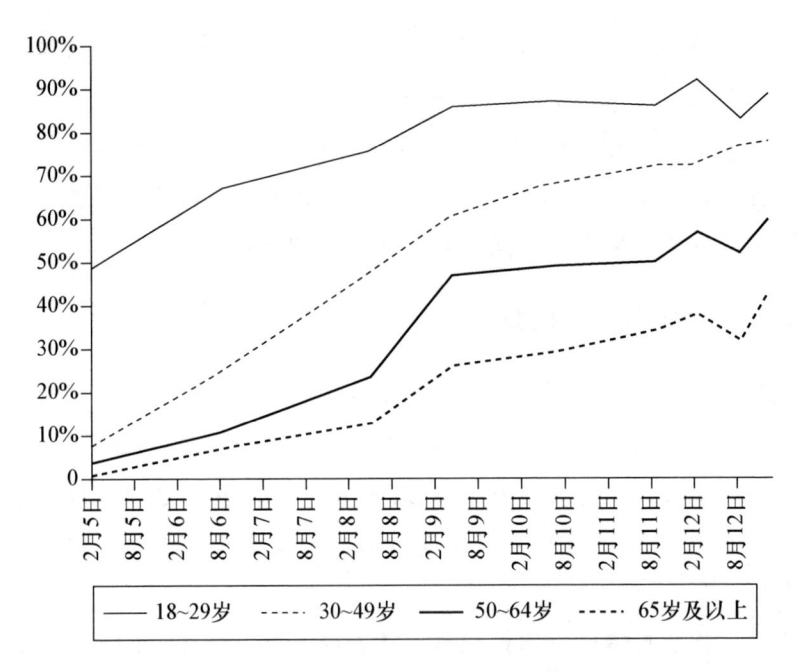

```
                                                            
100%
 90%                                                    ╱╲
 80%                                           ━━━━━━━━╱  ╲━━
 70%                                     ━━━━━━
 60%                              ━━━━━━━                ╱
 50% ━━━━━                                              ╱
 40%       ╲                              ━━━━━━━━━━━━━╱
 30%                              ╱
 20%                        ╱
 10%                  ╱
  0%
     2月5日 8月5日 2月6日 8月6日 2月7日 8月7日 2月8日 8月8日 2月9日 8月9日 2月10日 8月10日 2月11日 8月11日 2月12日 8月12日

     ——— 18~29岁    ----- 30~49岁    ━━━ 50~64岁    ····· 65岁及以上
```

图 8.2　各年龄段互联网用户使用社交网站的比例

资料来源：皮尤研究中心"Social Networking Use"，华盛顿特区皮尤研究中心（2013年5月1日），http://www.pewresearch.org/data-trend/media-and-technology/social-networkinguse/，访问日期为2014年9月23日。

　　从社交媒体数据库中进行抽样时，应当认识到两个潜在的伦理问题。一个是可能将未成年人包括在内。在对未成年人进行调查时，大学伦理审查委员会（IRBs）要求采取特殊程序和保障措施，包括父母对未成年人参与研究的准许。在大多数调查中未到法定年龄的人被排除在调查人群之外，但是如果样本是通过自愿加入或其他自愿程序获取的，又或者是从社交媒体网站招募的，那么未成年人可能会无意地被包括在内。研究者没有意识到未成年人入选这一事实并不会抵消他们的责任，这一责任是在未经父母同意的情况下不能对未成年人进行调查。

　　同样，从社交媒体数据库中抽样的意外结果是可能包含与研究无关但与受访者有关的信息。一旦收集到可识别个人身份的信息，研究人员就有责任保护这些信息。如果样本和数据存储在研究人员无法控制的服务器上，那么保护信息的义务可能变得有难度或者无法实现。在使用免费或廉价的商业资源比如云存储和云处理的时候，研究人员可能会在未经特别考虑的情况下将其研究数据、样本和标识受访者身份的信息转移到不合适的研究环境中。

8.9.3 应用新科技的总体框架

智能手机和社交媒体以外的技术发展可能会对调查中的抽样产生影响。在这里，我们来呈现回应这些发展的总体框架。

康拉德和肖伯（Conrad & Schober，2008）在《展望未来的调查访问》(*Envisioning the Survey Interview of the Future*) 的第一章，很好地汇总了许多关于使用新技术进行调查访问的议题、潜在益处和注意事项。康拉德和肖伯意识到，来自覆盖范围、选择、无应答和测量的相同误差来源将受到关注，但是每种误差来源产生影响的方式将需要使用新方法的研究和经验。他们列出了一些潜在的决策、益处和风险如下：

- 技术的普及程度如何？
- 不采用新技术的"成本"是多少（比如关于受访者的看法和应答）？
- 研究者对于人们如何使用一种新的技术工具（比如在智能手机的屏幕上回答问题）有何假设？
- 技术会对不同文化和语言的人群产生正面还是负面的影响？
- 充分利用新技术，例如将调查访问（可能是实时）与受访者的其他可用信息链接起来，有何利弊？其中包括伦理问题，比如需要知情同意来使用某些类型的可用信息或技术能力。

康拉德和肖伯对此的介绍（以及他们著作的其他部分）内容丰富、重要且引人入胜。他们的框架引出了下列建议。

首先回顾有关该技术在与您有类似用途方面的性能的现有文献。通常如果有关该技术的文献很少或者完全没有，那么产生极端或无法预知的影响的风险就会更大。

在考虑对各种误差来源可能产生的正面和负面影响时，请记住这些影响可能会有所不同，具体取决于提出的技术是否会用于充实更传统的方法而不是仅仅依赖于新的工具。还要询问是否可能通过更改设计来减轻负面影响。比如说，您如果知道一种新的方法可以降低成本但同时也会降低应答率，那么可以尝试"移除"负面影响。在保留大部分成本优势的同时，在不同模式之间改变平衡的样本规模或进行其他后续补偿（例如通过更多回拨或使用其他模式来重新处理智能手机无应答的情况）是可行的。

较低的应答率和较差的覆盖率，都对某一人口子群造成了不成比例的影响，该如何应对？如果这一群体对于总体或者单独分析很重要，那么节约成本可能是错误的。

最重要的是要考虑威胁调查的信度和效度的主要因素，以及这一技术将如何影响它们。如果没有足够的信息来对此进行评估，那么某种类型的试点研究即使是很小范围的试验都可能是明智的。通常而言，少量的真实数据远比大量的推断或揣测包含更多的信息。

8.10 本章小结

本章讨论的是特殊人群的抽样问题，包括网民、某地访客、稀有人群、组织化人群、影响力集团或精英群体以及追踪抽样。我们还讨论了"大数据"和智能手机，以及与社交媒体和其他技术变革相关的抽样问题。

关于网民群体，我们指出了以下三个主要的抽样问题：由于许多人不使用网络造成的潜在覆盖偏差；由于可用框架的覆盖范围不完整而引起的潜在覆盖偏差；由于应答率低而引起的潜在无应答偏差。由于这些问题，在线数据收集最适合以下情况：目标人群访问网络的频率较高；可以找到一个相对完整的总体列表；目标人群对研究主题感兴趣。此外，在线数据收集也可用于稀有人群的双重框架抽样。

关于某地的访客，我们注意到在这种情况下非概率抽样很常见，但是可以仔细抽取样本。我们可以通过整群抽样来获取概率样本，并且可以通过访客的系统抽样或时间（可能的话，通过入口和时间段来进行整群抽

第 8 章　在特定情境中进行抽样

样）来抽取场所内访客的概率样本。这种类型的抽样中出现的问题包括何时进行拦访，如果没有总体规模的估计值该怎么办，如何根据无应答来调整样本规模，错误估计总体规模或应答率该怎么办，如果出入口数量多怎么办，如何对待儿童和团体，访问次数不是理想的总体单元该怎么办，以及是否应根据访问持续时间对数据进行加权。

关于稀有人群，我们描述了可用于提高筛选效率并降低研究成本的多种方法。这些方法如下：(1) 电话整群抽样，当人群出现明显的地理空间上的集群和非常罕见时可能会很实用；(2) 不成比例的分层抽样，当不同地区之间群体普遍率有很大差异时非常实用；(3) 社会网络抽样，当界定稀有人群的特征被他人了解时有用；(4) 双重框架抽样，当稀有人群列表有效但不完整时很实用；(5) 位置抽样，在稀有人群倾向于聚集在某些地点时很有用；(6) 在线抽样，对稀有人群或可以使用人群有效抽样框架时可能有用。

关于组织化人群，我们指出了四个主要的抽样问题。第一，组织的规模通常相差很大，因此根据规模对样本进行分层是适当的。第二，必须选择对规模的适当度量。第三，必须决定适合研究目的的组织单位。第四，必须确定由谁来代表组织即谁是合适的信息提供者，以及是否需要多个信息提供者。

对于诸如影响力集团或精英等群体，我们指出了滚雪球抽样在识别和抽取这些人群中的适用性。

关于追踪小组，我们提出了三个抽样问题：与初始参与请求相关的潜在无应答偏差、与随时间变化的退出率有关的潜在无应答偏差以及与追踪成员的老化相关的可能偏差。一般来说，追踪小组的应答偏向于有更多时间或对此更感兴趣的人，这些偏差会随着时间的流逝而变得越来越大。为了保持代表性，设计良好的追踪小组将记录住户的搬迁、家庭解散和新家庭的成立；此外，通常有必要按地理和人口群体对小组进行分层，并根据需要不成比例地招募群体成员来维持追踪小组的平衡。

关于抽样和"大数据"，我们发现交叉引用数据库对于减少访问时间和降低成本、充实数据、对样本进行分层以及评估可能的无应答偏差具有广阔的前景。但是假定数据库很大就可以提供准确结果的想法很危险，"数据优先"的心态可能面临改变研究隐含总体的风险。

最后，关于智能手机、社交媒体和其他技术的发展，我们指出与智能手机和社交媒体相关的一些益处和问题，并提出一个总体框架来评估是否以及如何将新技术纳入您的研究。该框架的关键点如下：（1）查阅文献并向其他人学习；（2）考虑使用新技术来补充已经验证的方法还是使用新技术来替代这些方法；（3）思考如何减轻技术的负面影响；（4）考虑技术的正面和负面效应会如何影响更广泛的总体和特别关注的子群；（5）如果没有足够的信息来了解技术将如何发挥作用，可以考虑进行试点研究。

▍练习和讨论题

练习 8.1

假设某学生团队想要开展一项研究调查学生对校园中一些问题的看法，而您是其中一员。您的团队计划对至少 50 名学生进行拦截访问。您将如何获得这样的样本？您选择在哪里开展调查？您会在什么时候执行调查？您将如何选择受访者？

练习 8.2

一位公共卫生研究者希望对以下家庭进行全国电话调查：（a）户主为一名没有成年伴侣的妇女；（b）至少有一个 14 岁以下的孩子；（c）每年家庭收入低于 25 000 美元。您将如何设计调查样本？您认为 8.3 小节中描述的某些方法会有用吗？

练习 8.3

一所大学的健康科学家希望对饮食习惯、运动习惯和学生体重变化进

第 8 章　在特定情境中进行抽样

行追踪研究。研究计划对大一新生进行初步调查，并在接下来的 3 年（包括夏季）内每月向所有参与者发放网络追踪调查问卷。您将为这项研究提出什么样的抽样计划？您将如何抽取初始样本？您将如何维持追踪小组？您是否打算对预期的数据收集程序进行更改？

第9章

评估样本质量

最后一章我们将讨论如何描述和评估样本以及样本质量的标准。在本章中，您将学到以下内容：
- 样本报告应提供哪些信息。
- 影响样品质量的因素。
- 获得更好即使不完美的样本的一般建议。

9.1 样本报告

要对样本进行评估，您需要有关样本的信息。这些信息通常包含在应为任何调查准备的具有很强的概括性的方法报告（methodology report）中。方法报告记录了调查的设计和流程，以备进一步参考。这一档案可用于多种目的，比如允许研究人员不用记忆就可回答有关调查的问题，并允许其他研究者去复制调查或更好地了解调查结果。

除了与样本有关的信息外，方法报告还将包含诸如访问人员培训材料、试调查方法和结果、收集数据的时间、行政管理方法、追踪访问的次数和时间、用于控制访问或确保执行的任何方法等信息。

有关样本的相关信息包括以下内容：

- 抽样设计（sampling design）。方法报告通常从对抽样设计的讨论开始。这一部分内容为报告其余部分提供框架结构，也为抽样框架、加权、估计和其他议题提供了背景。它还开始告诉读者，根据研究的主要目标来看研究设计是否有效。

这一部分至少应包括研究对象的概念性和操作性的定义，以及对抽样方法的主要目标和特征的一般描述。是否采用分层抽样或整群抽样？如果使用分层抽样，它是成比例的、不成比例的还是两者的某种组合？如果使用不成比例的分层抽样，主要原因是提供足够的案例来对独立子群进行分析，比较不同的子群，对方差或成本高的层级抽取更多样本，还是什么别的原因？在层级中，元素入选的概率是否相等？当然，也应提供所有层级或集群的定义。

- 抽样误差。抽样误差是对测量估计值的不确定性的不完整度量，因为总的测量误差也源于可能存在的任何样本偏差和测量误差。即使这样，一份方法报告也应该解决抽样误差的问题，并尽可能提供所有或关键变量的抽样误差或者提供可用于许多研究变量的概况表格。

- 抽样框问题。方法报告的主要抽样框问题是总体覆盖范围不足，因为在抽样、数据收集或数据分析阶段可能解决了其他的框架问题，例如资格不符、重复样本或集群。关于总体覆盖率的各种陈述通常是相当笼统的，但仍可以提供有用信息。例如，"成员列表收集于8个月前，因此会遗漏一些新成员，但百分比无法确定"。如果数据显示长期成员和新成员之间存在差异，那么这样的陈述将特别有用。即使调查结果的作者无法指出框架遗漏对结果造成的确切影响，不知道影响大小但至少知道影响方向。

做出这类陈述的重要性取决于以下两个方面：覆盖不足的情况和覆盖不足与研究变量之间的可能关系。理想情况下，我们希望有确切的数字来指出覆盖偏差的方向和大小，但是即使我们知道覆盖不足的事实，也总比

223 不知道要好。如果有任何理由认为覆盖不足或任何其他因素引起了特定偏差，那么应当明确提及。至少提供可能最受影响的分析的一般概念，可能会有所帮助。正如苏德曼（Sudman, 1976）对有关样本设计偏见的讨论那样，它们并没有减损调查的价值，这些类型的细节通过表明研究的局限性而使其更加有用。此外，编写方法报告时我们不应忽视研究的积极方面。例如，可能是因为我们合并了一个完整的随机数字拨号设计，所以没有框架覆盖不足。这种设计优势应在此处和报告的其他地方提及。

• 应答率。应答率是评估概率样本得出的结果时有用的信息。您如果知道调查的应答率为2%，那么会对结果有多大的信心？50%的应答率呢？当然，我们会直觉上相信更高的比率可以为调查结果提供更大支持。但是除了直觉之外，较高的应答率很重要，因为我们将不必担心未应答者（如果接受了访问）可能会改变结果。应答率还显示有关调查遵循最佳实践程度的信息。

应答率、拒绝率、合作率和完成率等术语被不同的研究人员用来表示完全不同的事物。在第3章中，我们描述了如何计算应答率和合作率，但是由于不同的研究人员并不总是以相同的方式使用这些术语，因此准确显示特定研究的比率是如何计算的以及什么规则控制着影响这些比率的样本分布是有用的。此外，如果各层级或地区的应答率差异很大，例如中心城市或市区的应答率较低，那么该信息可以弥补总体应答率。正如布莱尔和吉可汉（Blair & Zinkhan, 2006）指出的那样，高应答率并不一定表示一个好的样本。非概率样本可以用潜在选择或覆盖偏差代替潜在的无应答偏差。一个典型的例子是志愿者样本，其应答率为100%，但样本不是随机的。

• 特殊程序和追踪访问。应该描述作为数据收集工作一部分的任何特殊程序，例如拒绝转换或对未应答者的追访抽样。这一描述应说明所使用
224 的过程以及该工作是否成功。此外，如果这些案例中有很大一部分（例如15%或更多）是由这些努力促成的，那么报告这些受访者在核心变量（统计上的显著性水平）上是否与其他样本受访者有所不同也很有用。还应提及回拨或跟进的次数及安排时间的一般规则，以及受监督或核实的访谈的

第 9 章　评估样本质量

百分比。

9.2　什么是优质样本

在一切完成之后，或者说在我们精心设计、抽取样本和执行抽样获得合适样本并且把执行程序记录在册之后，又怎么知道我们做得是否足够好？样本要达到多高的质量？

我们将从两个方面来解决这一问题。首先，我们将讨论代表性的概念。我们希望样本能够代表更广泛的人群，但这意味着什么，它能给我们提供多大的空间（如果有的话）？其次，我们将考虑在不同研究环境中对样本质量的要求如何变化。

9.2.1　代表性和误差的概念

我们抽取一个样本来了解有关指定总体的特定事实。我们的兴趣仅限于样本本身，只要它能够在提供信息上代表总体即可，这些信息是我们想要获得的，也是计划分析的主要部分。例如，第 1 章中讨论的《文摘》民意调查的目的是反映选民对总统候选人的倾向，而它显然没有达成这一目标。这一失败至少部分是因为高收入家庭所占比例过高，而相对于低收入家庭而言他们更支持共和党候选人。《文摘》的样本可能适合其他目的，比如有关奢侈品的市场调查，但并不适合用来预测大选的结果。

配额抽样的早期使用者希望确保他们选取的样本能够代表总体人口在性别和收入方面的分布，想必是在假定目标信息与这些人口特征相关的前提下。同样，相比于其他目的所得样本可能会更好地代表总体。

那么，为调查选取的样本究竟应如何反映它所出自的总体呢？在 1979 年和 1980 年，现代统计学的两个领军人物威廉·克鲁斯卡尔（William Kruskal）和弗雷德里克·莫斯特勒（Frederick Mosteller）发表了 4 篇文章。这些文章研究了如何将"代表性抽样"用于各种目的，包括一般目的和科学研究。克鲁斯卡尔和莫斯特勒的部分意图是"提高统计学论述的清晰度"。他们的论文在描述可以认为样本代表总体的某些方式时,在给定调查目标的情况下能够有助于说明我们对样本的期望。

克鲁斯卡尔和莫斯特勒(Kruskal & Mosteller,1979a,1979b,1979c,1980)列出了代表性抽样的四种可能含义:

- 总体缩影。
- 总体覆盖率。
- 满足特定目标的代表性抽样。
- 估计准确的代表性抽样。

样本作为总体缩影的其中一种方法是"以适当的比例将总体的重要特征包含在样本中"(Kruskal & Mosteller,1979c:250)。对于任何给定的调查而言,指出这些"重要特征"可能并不容易,而配额抽样就是沿着这些思路来寻求代表性的。根据研究者想要控制多少特征以及这些特征是什么,这种方法可能会变得非常复杂,但是其目标非常明确。

总体覆盖率与反映总体异质性有关,并且可以采取强弱不同的形式。较弱的形式可能会将目标限于"部分总体……有被抽取的概率"(Kruskal & Mosteller,1979c:254)。较强的形式实际上要求从尽可能多的总体中获取样本。较弱的形式关注抽样方法,较强的形式关注样本的构成。在这两种情况下,样本覆盖率都不如样本是总体缩影那么严格,因为它们都不要求这些"部分"以与总体中相同的比例出现在样本之中。《文摘》民意调查很可能已经覆盖了所有收入层次的选民,但却没有接近实际人口的分布。

克鲁斯卡尔和莫斯特勒(Kruskal & Mosteller,1979c)提供的一个"代表性足以满足特定目标"的例子涉及一个医学问题:"如果医生认为某种烧伤的所有患者〔总是〕出现某种特定的症状,但样本显示并非如此,那么样本足以解决这一问题。"

最后,克鲁斯卡尔和莫斯特勒指出,选取的样本允许"令人满意地估计总体特征……是统计推断的基本观点"(Kruskal & Mosteller,1979c:259)。调查抽样理论主要与代表性有关,我们在本书中一直在讨论如何实

第 9 章　评估样本质量

现代表性。但是，我们希望避免错误地专注于一种代表性的形式，当研究需要或可以实现另一种代表性形式的时候。

在美国关于抽样可以如何"代表"总体的替代性概念的背景下，调查抽样在美国发展形成了一门兼具独立性、统计性和操作性等多个维度的学科。调查的独立性方面包括调查目的、收集数据的类型以及抽样框的可用性和特征，会影响样本的设计和抽取。有效的抽样方法需要对基本的统计理论有所了解，但正如欧缪尔齐泰格所说的那样，从根本上而言，抽样调查解决的是"调查实践者所在的行政区……面临的没有测量总体中所有元素的资源但要获取有关总体的足够信息的问题"（O'Muircheartaigh,2005）。实践者既需要足够水平的技术专长才能理解设计决策的含义，又需要理解样本设计和调查操作的相互依赖性。最终，实践者必须赋予"有关总体的足够信息"以一定的意义。

9.2.2 不同研究中对样本质量的要求

由于时间、资助或权限的限制，并非总是能够获得所需的优质样本。例如，一名在读的研究生可能只能在可及车程之内并且愿意向其提供帮助的学校中进行研究。幸运的是，在大多数情况下样本不需要完美也可以使用。重要的是要认识到您的研究目标对样本的限制。相关观点包括以下内容：

不完美的样本可能有助于探索性分析和筛选

就像鲍勃·迪伦（Bob Dylan）所说，"不需要气象预报员，也能知道风往哪边吹"。如果开展研究以观察风向，也就是说，研究的本质是探索性的，是为了大致了解某种现象或确定是否值得开展更正式的研究而进行的，那么非正式的方便抽样可能适用于这一目标。如果偏差的方向是可预测的，即使有偏差样本也可能有用。例如，如果家长-教师协会的成员认为学校的改善项目并非物超所值，就不应该对此再做进一步的考虑。

当总体在所研究的变量上是同质的时候，方便样本也可能是有用的。例如，如果清洁用品的制造商想要测试洗洁精的新气味并且在气味偏好方面已知购买人群相对同质，那么相对于家庭调查的概率抽样而言购物中心购物者的方便样本将以较低的成本提供足够的产品比对样本。

不完美的样本可能有助于检验变量关系

研究项目的主要目的可能是对某些变量进行单变量估计，或者估计变量之间的关系。举例来说，某研究者想要开展一项公共健康研究来估计美国加利福尼亚州为某些疾病（例如麻疹）接种疫苗的学童的比例。在这个案例中，关键目标是对疫苗接种率进行单变量估计。又或者一项研究想要估计变量间的关系，比如父母的收入和受教育程度与孩子接种疫苗的可能性之间的关系。如果研究的重点是变量关系而不是单变量的估计，那么样本的负担就不会那么大。一般而言，如果研究者针对某个变量抽取了一个有偏差的样本，那么涉及该变量的关系估计将比单变量估计的偏差要小，因为样本的偏差可能对相关变量进行相应的自我调节。

表 9.1 说明了这一点。首先，从表的左栏可以看到，我们明确规定样本中的变量 X 和 Y 是无偏分布以及两个变量的均值和变量之间的相关系数。接下来表呈现了一个样本，这一样本不成比例地代表了"X 较多"的群体以及所产生的均值和相关性。我们可以看到，均值（单变量统计）显然受到样本偏差的影响，但相关性（变量关系的度量）实际上没有发生变化。

重要的是，只有在样本覆盖了相关变量的全部范围的情况下才能保证相关措施能够应对抽样偏差，并且偏差源自不同层级过高或过低的代表性。如果仅在相关变量的有限范围内观察到这种关系并且可能由于缺少相关数据而产生偏差，那么就可能会出现问题。

表 9.1 样本偏差对变量关系估计的作用

无偏样本		非概率抽样的偏差		遗漏偏差	
X	Y	X	Y	X	Y
1	1	1	1	1	1
1	2	1	2	1	2
1	3	1	3	1	3
2	2	2	2	2	2

续表

	无偏样本		非概率抽样的偏差		遗漏偏差	
	X	Y	X	Y	X	Y
	2	3	2	3	2	3
	2	4	2	4	2	4
	3	3	3	3		
	3	4	3	4		
	3	5	3	5		
			3	3		
			3	4		
			3	5		
均值	2.00	3.00	2.25	3.25	1.50	2.50
相关性	0.71		0.71		0.52	

在这种情况下，测量得到的变量关系可能会因范围而降低，或因已有数据而产生偏差。例如表9.1的右栏显示，X和Y分布由于"X较多"组的缺失而产生了偏差，并且这种形式的偏差会影响相关性和均值。同样，如果样本变量的取值被限制在调节关系的有限范围内，那么所测量的变量关系可能会产生误导。

这意味着只要样本是多样化的，对关系的测量就应该能够抵消样本偏差，但是如果样本受到限制，那么偏差就不一定能够被抵消。为了归纳和抵消样本的偏差，样本的多样性非常有必要。这又回到克鲁斯卡尔和莫斯特勒（Kruskal & Mosteller, 1979a, 1979b, 1979c）提出的反映总体的完全异质性的代表性的观点。

不完美的样本可用于学术研究

就样本质量的变化而言，学术研究的适用性相当强大，可以容忍不完美的样本。这部分是因为学术研究趋向于变量关系，而这对抽样偏差有一定的抵抗力。更重要的是学术研究具有三种概括化的路径，并不完全依赖于样本质量。

学术研究中概括化的第一个也是首要的路径是通过理论（理论概括，即 theoretical generalization）。学术研究通常陈述和检验假设。就像贝比·

鲁斯（Babe Ruth）在打出本垒打之前指着露天看台一样，研究人员在发现这种关系之前就做好了准备。因此，我们认为这种关系是普遍的，不是因为我们在一个优质样本中发现了它，而是我们认为在一般的样本中会看到它因为它是普遍的。换句话说，这项研究是验证性的，而非推论。任何样本都将用于这一目的。

概括化的第二条路径是通过抽样或建模过程（基于概率或模型的概括，即 probabilistic or model-based generalization）。像在任何其他研究中一样，如果样本质量良好，我们就会对学术研究的概括化程度感到满意。

概括化的第三条路径是通过复制性研究（经验概括，即 empirical generalization）。在学术研究中，如果研究发现很重要，其他研究人员将对其进行详细阐述并尝试定义调节因素、边界条件等。在此过程中，如果发现这只是样本的偶然现象或者不是很可靠，那么它将倾向于被抛在一边。

基于以上三种概括化的路径以及可以抵消样本偏差的变量关系结果的事实，我们可以对学术研究中的样本质量报以宽容的态度。从某种意义上说，学者从正反两个方面来支撑样本的质量。他们通过理论抢占先机，并通过复制性研究对其进行了补救。

样本质量最大的负担

当关键研究目标是以某种程度的精确度来估算总体单变量的特征例如均值或比例时，样本的负担是最重的。这在政策研究、健康研究（比如流行病学研究）、政治民意调查和市场研究中很常见。举例来说，在一项有关公共卫生政策的研究中，我们可能想要估计接种某些疫苗的学龄前儿童的比例。在政治民意调查中，我们可能想要估算支持特定候选人的选民的比例。在市场研究中，我们可能想要估计对某种产品感兴趣的潜在购买者的比例，以及他们可能支付的平均消费金额。在这些情况下，我们需要特定的单变量估计，而我们对结果的概括化能力完全取决于样本的质量：我们不能依靠理论，也不能依靠重复研究。在这里，获得一个能充分、公平地覆盖整个人群的优质样本非常重要。

这种"沉重负担"适用的一个主要情形是完成许多大型的、进行中的政府委托的调查任务，例如国家卫生访问调查（National Health Interview Survey）、国家犯罪受害者调查（National Crime Victimization Survey）、国家教育进展评估（National Assessment of Educational Progress）、本期人口调查（Current Population Survey）等，产生可用于其他目的的公共用途文件（public use files，PUFs）。这些数据集是专门为调查数据（删除个人标识）建立的，可供学术界、企业、分析师或政府工作人员用于各种用途，并且需要高质量的样本才能满足所有这些目的。

综合建议

然后，我们以综合建议来结尾。

无论情况如何，都应尽力而为，并认识到样本的局限性。应尽可能使用概率抽样。例如，即使通过距离和权限界定了参与教育研究的学校，也可以随机选择教室或学生。应尽量使样本具有多样性。例如，即使只能在开车距离之内完成一项教育研究，也要尝试获得一所以上的学校，并尝试获得城市/郊区/农村、高等/中等/低等收入或与这项研究相关的混合样本。不要满足于简单的观察，应尽量吸引一些不情愿的参与者，即使时间和资金有限也要安排一些资源进行追踪。最后，要对样本的局限性了如指掌。不要做出超出样本范围的推断，并提供有关样本的足够信息以允许其他人恰如其分地理解结果。

尽管我们的建议始终是使用正确的抽样步骤，但是即使样本不完美也千万不要放弃。要尽力而为，承认样本的局限性，并承认样本即使不完美也是可以使用的。

9.3 本章小结

样本报告是常规方法报告的一部分，记录了样本设计和抽样程序，以便用户可以复制调查或更好地了解调查结果。相关信息包括以下内容：

- 样本设计，包括目标人群的概念和操作化定义；对抽样方法的目标和特征的描述，包括对分层或聚类的任何使用。
- 所有关键变量的抽样误差。
- 描述抽样框，介绍任何已知问题。
- 应答率、计算方法以及总体子群间的任何重要差异。
- 特殊程序和追踪调查，包括回拨或追踪的次数、安排的时间，例如拒访者转换或对无应答者的追踪，受监督或核实的访谈者的百分比等任何特殊程序。

样本报告使我们能够对样本进行评估，但它留下了一个问题：什么是优质样本？

回答这个问题的一种方法是，基于不同的代表性概念考量样本的代表性。克鲁斯卡尔和莫斯特勒列出了代表性抽样的四种可能含义：(1) 总体缩影，可以按比例反映所有子群；(2) 覆盖所有总体群组，尽管不一定成比例；(3) 满足特定目的，包括可以让我们拒绝某些可能的偏差样本；(4) 允许准确估算，包括基于模型的估算。

由于时间、资助或权限的限制，并非总是能够获得所需的优质样本。幸运的是，在大多数情况下样本不需要完美也可以使用。

不完美的样本可能对探索性分析和筛选、检验变量关系（只要样本涵盖相关变量的取值范围，就可以抵消样本偏差）以及学术研究是有用的。对于学术研究，有三种概括化路径：通过假设来进行理论概括、通过抽样的概率性概括和通过重复研究的经验性概括。当关键研究目标是以某种程度的精确度来估算总体单变量的特征例如均值或比例时，样本的负担是最重的。在这里，获得一个能充分、公平地覆盖整个总体的优质样本非常重要。

无论情况如何，都应尽力而为，并认识到样本的局限性。应尽可能使用概率抽样，尽量使样本具有多样性。不要满足于简单的观察，应尽量吸引一些不情愿的参与者，即使时间和资金有限，也要安排一些资源进行追踪。最后，要对样本的局限性了如指掌。不要做出超出样本范围的推断，并提供有关样本的足够信息以允许其他人恰如其分地理解结果。

尽管我们的建议始终是遵循正确的抽样步骤，但是即使样本不完美也千万不要放弃。要尽力而为，承认样本的局限性，并承认样本即使不完美也是可以使用的。

练习和讨论题

练习 9.1

想象一下，假设您的一个朋友正在竞选当地学校董事会的席位，您同意通过调查了解当地选民关心的重要问题以及他们希望学校董事会做的事情来帮助她。您将如何获得此调查的样本？

参考文献

American Association for Public Opinion Research (AAPOR) Cell Phone Task Force. (2010). *New considerations for survey researchers when planning and conducting RDD telephone surveys in the U.S. with respondents reached via cell phone numbers*. Lenexa, KS: Author.

American Association for Public Opinion Research. (2011). *Standard definitions: Final dispositions of case codes and outcome rates for surveys* (7th ed.). Lenexa, KS: Author.

Baker, R., Blumberg, S. J., Brick, J. M., Couper, M. P., Courtright, M., Dennis, J. M., ... Zahs, D. (2010). Research synthesis: AAPOR report on online panels. *Public Opinion Quarterly, 74*, 711–781.

Barber, M. J., Mann, C. B., Monson, J. Q., & Patterson, K. D. (2014). Online polls and registration-based sampling: A new method for pre-election polling. *Political Analysis, 22*(3), 321–335.

Battaglia, M., Hoaglin, D., & Frankel, M. (2009). Practical considerations in raking survey data. *Survey Practice, 2*(5).

Bethelhem, J. (2009). *The rise of survey sampling*. The Hague, the Netherlands: Statistics Netherlands.

Blair, E. (1983). Sampling issues in trade area maps drawn from shopper surveys. *Journal of Marketing, 47*, 98–106.

Blair, E., & Blair, J. (2006). Dual frame web-telephone sampling for rare groups. *Journal of Official Statistics, 22*(2), 211–220.

Blair, E., & Zinkhan, G. M. (2006). Nonresponse and generalizability in academic research. *Journal of the Academy of Marketing Science, 34*(1), 4–7.

Blair, J. (1990). Improving data quality in network samples of rare populations. In G. E. Liepins & V. R. Uppuluri (Eds.), *Data quality control*. New York: Marcel Dekker.

Blair, J. (1999). A probability sample of gay urban males: The use of two-phase adaptive sampling. *Journal of Sex Research, 36*, 25–38.

Blair, J., & Czaja, R. (1982). Locating a special population using random digit dialing. *Public Opinion Quarterly, 46*, 585–590.

Blair, J., Czaja, R., & Blair, E. (2013). *Designing surveys* (3rd ed.). Los Angeles, CA: Sage.

Blumberg, S. J., & Luke, J. V. (2012). *Wireless substitution: Early release of estimates from the National Health Interview Survey, January–June 2012*. Atlanta, GA: Centers for

Disease Control and Prevention. http://www.cdc.gov/nchs/data/nhis/earlyrelease/wireless201212.PDF

Boyle, J., Fleeman, A., Kennedy, C., Lewis, F., & Weiss, A. (2012). Sampling cell phone only households: A comparison of demographic and behavioral characteristics from ABS and cell phone samples. *Survey Practice, 5*(1).

Brewer, K. R. W. (1999). Design-based or prediction-based inference? Stratified random vs. stratified balanced sampling. *International Statistical Review, 67*, 35–47.

Brick, J. M. (2011). The future of survey sampling. *Public Opinion Quarterly, 75*(5), 872–888.

Brick, J. M., Andrews, W., Brick, P., King, H., Mathiowetz, N., & Stokes, L. (2012). Methods for improving response rates in two-phase mail surveys. *Survey Practice, 5.* http://surveypractice.org/index.php/SurveyPractice/article/view/17

Chowdhury, S., Khare, M., & Wolter, K. (2007). *Weight trimming in the National Immunization Survey (NIS).* Alexandria, VA: American Statistical Association.

Cillizza, C. (2014). *The New York Times rocked the polling world over the weekend: Here's why.* http://www.washingtonpost.com/blogs/the-fix/wp/2014/07/31/the-new-york-times-rocked-the-polling-world-over-the-weekend-heres-why

Cohn, N. (2014). *Explaining online panels and the 2014 midterms.* http://www.nytimes.com/2014/07/28/upshot/explaining-online-panels-and-the-2014-midterms.html?_r=0

Conrad, F. G., & Schober, M. F. (Eds.). (2008). *Envisioning the survey interview of the future.* New York: Wiley-Interscience.

Council of American Survey Research Organizations. (1982). *On the definition of response rates: A special report of the CASRO task force on completion rates.* Port Jefferson, NY: Author.

Couper, M. (2000). Web surveys: A review of issues and approaches. *Public Opinion Quarterly, 64*(4), 464–494.

Couper, M. P., Peytchev, A., Strecher, V. J., Rothert, K., & Anderson, J. (2007). Following up nonrespondents to an online weight management intervention: Randomized trial comparing mail versus telephone. *Journal of Medical Internet Research, 9*(2), e16.

Eckman, S., & O'Muircheartaigh, C. (2011). The performance of the half-open interval missed housing unit procedure. *Survey Research Methods, 5*(3), 125–131.

Elliott, M. R. (2008). Model averaging methods for weight trimming. *Journal of Official Statistics, 24*(4), 517–540.

Ericson, W. A. (1965). Optimum stratified sampling using prior information. *Journal of the American Statistical Association, 60,* 750–777.

Gile, K. J., & Handcock, M. S. (2010). Modeling social networks from sampled data. *Annals of Applied Statistics, 4*(1), 5–25.

Goodnough, A. (2002, May 2). Post 9/11 pain found to linger in young minds. *New York Times,* p. A1.

Green, D. P., & Gerber, A. S. (2006). Can registration-based sampling improve the accuracy of midterm election forecasts? *Public Opinion Quarterly, 70*(2), 197–223.

Groves, R., & Couper, M. (1998). *Nonresponse in household interview surveys.* New York: John Wiley.

Guterbock, T., Diop, A., Ellis, J., Le, T. K., & Holmes, J. L. (2008, May). *Who needs RDD? Combining directory listings with cellphone exchanges for an alternative telephone sampling frame.* Paper presented at the AAPOR Conference, New Orleans, LA.

Hansen, M. H., Dalenius, T., & Tepping, B. J. (1985). The development of sample surveys in finite populations. In A. C. Atkinson & S. E. Feinberg (Eds.), *A celebration of statistics* (pp. 326–354). New York: Springer Verlag.

Hansen, M. H., Hurwitz, W. N., & Madow, W. G. (1953). *Survey sample methods and theory* (2 vols.). New York: John Wiley.

Heckathorn, D. (1997). Respondent driven sampling: A new approach to the study of hidden populations. *Social Problems, 44*(2), 174–199.

Hidiroglou, M. A., Drew, J. D., & Gray, G. B. (1993). A framework for measuring and reducing nonresponse in surveys. *Survey Methodology, 19*(1), 81–94.

Iannacchione, V. G. (2011). The changing role of address-based sampling in survey research. *Public Opinion Quarterly, 75*(3), 556–575.

Jewish Daily Forward. (2013, February 8). http://forward.com/articles/170248/how-we-got-it-wrong

Jordan, M. (2004, October 11). Nielsen's search for Hispanics is a delicate job. *Wall Street Journal,* pp. B1–B6.

Kalton, G. (1983). Models in the practice of survey sampling. *International Statistical Review, 51,* 175–188.

Kalton, G. (2001). *Practical methods for sampling rare and mobile populations.* Alexandria, VA: American Statistical Association.

Kalton, G. (2002). Models in the practice of survey sampling revisited. *Journal of Official Statistics, 18*(2), 129–154.

Kish, L. (1949). A procedure for objective respondent selection within the household. *Journal of the American Statistical Association, 44*(247), 380–387.

Kish, L. (1965). *Survey sampling.* New York: John Wiley.

Kish, L. (1987). *Statistical design for research.* New York: John Wiley.

Knaub, J. R., Jr. (2008, June). *Cutoff vs. design-based sampling and inference for establishment surveys.* InterStat. http://interstat.statjournals.net/YEAR/2008/abstracts/0806005.php?Name=806005

Kruskal, W., & Mosteller, F. (1979a). Representative sampling I: Nonscientific literature. *International Statistical Review, 47,* 13–24.

Kruskal, W., & Mosteller, F. (1979b). Representative sampling II: Scientific literature, excluding statistics. *International Statistical Review, 47,* 111–127.

Kruskal, W., & Mosteller, F. (1979c). Representative sampling III: The current statistical literature. *International Statistical Review, 47,* 245–265.

Kruskal, W., & Mosteller, F. (1980). Representative sampling IV: The history of the concept in statistics 1895–1939. *International Statistical Review, 48,* 169–195.

Lavrakas, P. J., Bauman, S. L., & Merkle, D. M. (1993). *The last birthday method: Within unit coverage problems*. Alexandria, VA: American Statistical Association.

Lavrakas, P., Stasny, E., & Harpruder, B. (2000). *A further investigation of the last-birthday respondent selection method and within unit coverage*. Alexandria, VA: American Statistical Association.

Lee, D. S. (2009). Training, wages, and sample selection: Estimating sharp bounds on treatment effects. *Review of Economic Studies, 76*, 1071–1102.

Levy, P. (1977). Optimum allocation in stratified random network sampling for estimating the prevalence of attributes in rare populations. *Journal of the American Statistical Association, 72*, 758–763.

Lind, K., Link, M., & Oldendick, R. (2000). *A comparison of the accuracy of the last birthday versus the next birthday methods for random selection of household respondents*. Alexandria, VA: American Statistical Association.

Michael, R. T., & O'Muircheartaigh, C. A. (2008). Design priorities and disciplinary perspectives: The case of the U.S. National Children's Study. *Journal of the Royal Statistical Society, Series A, 171*(Pt. 2), 465–480.

Mitofsky, W., Bloom, J., Lenski, J., Dingman, S., & Agiesta, J. (2005, May). *A test of a combined RDD/registration-based sampling model in Oregon's 2004 national election pool survey: lessons from a dual frame RBS/RDD sample*. Paper presented at the Annual Conference of the American Association for Public Opinion Research, Miami Beach, FL.

Neyman, J. (1934). On the two different aspects of the representative method: The method of stratified sampling and the method of purposive selection. *Journal of the Royal Statistical Society, 97*(4), 558–625.

Nowell, C., & Stanley, L. R. (1991). Length-biased sampling in mall intercept surveys. *Journal of Marketing Research, 28*, 475–479.

O'Muircheartaigh, C. (2005). *Balancing statistical theory, sampling concepts, and practicality in the teaching of survey sampling*. The Hague, the Netherlands: International Statistical Institute. http://isi.cbs.nl/iamamember/CD6-Sydney2005/ISI2005_Papers/1456.pdf

O'Rourke, D., & Blair, J. (1983). Improving random respondent selection in telephone surveys. *Journal of Marketing Research, 20*, 428–432.

Peytchev, A., & Hill, C. A. (2011). Experiments in mobile web survey design: Similarities to other methods and unique considerations. *Social Science Computer Review, 28*(3), 319–335.

Politz, A., & Simmons, W. (1949). An attempt to get the not-at-homes into the sample without callbacks. *Journal of the American Statistical Association, 44*, 9–31.

Rizzo, L., Brick, J. M., & Park, I. (2004). A minimally intrusive method for sampling persons in random digit dial surveys. *Public Opinion Quarterly, 68*(2), 267–274.

Roth, S., Han, B. D., & Montaquila, J. M. (2013). The ABS frame: Quality and considerations. *Survey Practice, 6*(4).

Sarndal, C.-E., Swensson, B., & Wretman, J. (1992). *Model-assisted survey sampling*. Berlin, Germany: Springer-Verlag.

Schlaifer, R. (1959). *Probability and statistics for business decisions*. New York: McGraw-Hill.

Shook-Sa, B. E. (2013). Extending the coverage of address-based sampling frames beyond the USPS computerized delivery sequence file. *Public Opinion Quarterly, 77*(4), 994–1005.

Sirken, M. (1970). Household surveys with multiplicity. *Journal of the American Statistical Association, 65*(329), 257.

Sirken, M. (1972). Stratified sample surveys with multiplicity. *Journal of the American Statistical Association, 67*(337), 224.

Sirken, M., & Levy, P. (1974). Multiplicity estimation of proportions based on ratios of random variables. *Journal of the American Statistical Association, 69*(345), 68.

Smith, T. (2011). *The general social survey*. Ann Arbor: Institute for Social Research, University of Michigan.

Sudman, S. (1967). *Reducing the cost of surveys*. Chicago: Aldine.

Sudman, S. (1976). *Applied sampling*. New York: Academic Press.

Sudman, S. (1980). Improving the quality of shopping center sampling. *Journal of Marketing Research, 17*, 423–431.

Sudman, S. (1985). Efficient screening methods for the sampling of geographically clustered special populations. *Journal of Marketing Research, 22*(1), 20–29.

Sudman, S., & Blair, E. (1998). *Marketing research: A problem solving approach*. New York: McGraw-Hill.

Sudman, S., & Blair, E. (1999). Sampling in the twenty-first century. *Journal of the Academy of Marketing Science, 27*, 269–277.

Sudman, S., Sirken, M., & Cowan, C. (1988). Sampling rare and elusive populations. *Science, 240*, 991–996.

Sudman, S., & Wansink, B. (2002). *Consumer panels* (2nd ed.). Mason, OH: South-Western Educational Publishing.

Tessitore, E., & Macri, C. (2011, February). *Facebook sampling methods: Some methodological proposals*. Paper presented at NTTS: New Techniques and Technologies for Statistics, Brussels, Belgium.

Troldahl, V. C., & Carter, R. E., Jr. (1964). Random selection of respondents within households in phone surveys. *Journal of Marketing Research, 1*(2), 71–76.

U.S. Catholics in poll see a church out of touch. (2013, March 5). *New York Times*, p. 1.

U.S. Census Bureau. (2012). *Statistical abstract, Table 73: Group quarters population by type of group quarter and selected characteristics: 2009*. Washington, DC: Government Printing Office.

Waksberg, J. (1978). Sampling methods for random digit dialing. *Journal of the American Statistical Association, 73*(361), 40–46.

Waksberg, J. (1983). A note on "Locating a special population using random digit dialing." *Public Opinion Quarterly, 47*, 576–578.

主题索引

Address-based sampling（ABS）基于地址的抽样，47-48，52，209
　　See also In-home surveys；Mail surveys；Omitted population elements；Registration-based sampling（RBS）也可见在户内调查、邮件调查、遗漏总体元素、基于注册的抽样
American Association for Public Opinion Research（AAPOR）美国民意调查协会，46，47，86，175
Area probability sampling 区域概率抽样，6
　　cost of 的成本，6，8
　　in-home interviewing and 家庭调查和，7，8
　　shift to 转向，6-7
　　See also Sampling 也参见抽样
Availability bias 可获得性偏差，78-79，80，161

Back-end weighting 事后加权，205
Bias 偏差
　　availability bias and 可获得性偏差和，78-79，80，161

coverage bias and 覆盖偏差和，10，19，20，23（exhibit），36，49，52
　nonprobability samples and 非概率样本和，18
　nonresponse bias and 无应答偏差和，10，19，20-21，23（exhibit），47
　population coverage, maximization of 群体覆盖面最大化，10
　probability samples and 概率样本和，18-19
　resource availability and 资源可获得性和，10
　sample size and 样本规模和，10-11
　sampling bias, research error and, 研究误差、抽样误差和，9-10，20，23（exhibit），54
　selection bias and 选择偏差和，10，18-19，20，23（exhibit）
　telephone surveys and 电话调查和，7
　See also Error；Nonresponse bias 也参见误差、无应答偏差
Big data 大数据，208
　address-based sampling and 基于地址的抽样和，209

如何抽样

complement to surveys and 补充调查和，208-209，211

cost-effectiveness of 的成本效益，210

data first approach and 数据优先方法和，210

duplicate population listing and 重复总体列表和，210，211

government databases and 政府数据库和，209

inclusion probabilities and 包含概率和，210

nonresponse bias and 无应答偏差和，209，211

omitted population elements and 遗漏总体元素和，210

populations of interest and 目标总体和，211

replacement for surveys and 调查替代和，209-211

statistical significance, implicit patterns and 统计学意义、隐含模式和，211

surveys as complement to 调查作为补充，211

traditional survey design approach and 传统调查设计方法和，210

Bootstrapping procedure 自举法，174-175，177

Cell Phone Task Force 移动电话专委会，46

Cellphone survey methods 手机调查方法，45-47，46（exhibit），212

Census 人口普查，5，8

Chain referral sampling 链式抽样，194，195

Cloud computing 云计算，212

Cluster sampling 整群抽样，11，12，113，129，130（exhibit）

applications of 的应用，129-133，133（exhibit）

cluster configurations/populations and 集群结构/总体和，142-144，143（table）

clustering units and 集群单位和，136

cost-effectiveness of 的成本效益，129，131，132，141，153

cost/sampling variance, trade-off between and 成本与抽样方差之间的平衡点和，138-139，139（table），154

design effect/deff and 设计效应和，136-137，139（table），153-154

equal probability sampling and 相等概率抽样和，144-145，146，147，148

fixed costs and 固定成本和，132，138，140

household clusters and 家庭集群和，141-142，212

implicit stratification and 隐式分层和，149，152（exhibit），152

in-home survey cluster size and 户内调查集群规模和，140

intracluster coefficient of homogeneity and 集群内同质系数和，135-136

listing costs and 列表成本和，132-133

mechanics of 的机制，144-153，150，152（exhibit），154

multistage cluster sample and 多阶段集群

样本和，148

optimum cluster sizes and 最优集群规模和，137-142，139（table）

probabilities proportionate to size sampling and 规模与概率成比例抽样和，145-152，150，152（exhibit）

repetitive studies cluster size and 重复调查的集群规模和，140

sample variability and 样本异质性和，134-137，153

samples of clusters and 集群样本和，129

sampling errors and 抽样误差和，129，134-135，146

screening costs and 筛选成本和，133

shopping mall studies cluster size and 购物中心研究集群规模和，140-141

special populations, general population screening and 特殊群体、一般人群筛选和，133

stratified cluster sampling and 分层整群抽样和，151-153

student research projects and 学生研究项目和，141

travel costs and 差旅费用和，131-132，141

See also Clustered population members; Stratified sampling 也可见于聚合总体成员、分层抽样

Clustered population members 聚合总体成员，38-39，39（exhibit），56

birthday-based sampling and 基于生日的抽样和，58

counting frames and 计数抽样框和，60

entire-cluster data collection and 整群数据收集和，57

household sampling frame and 家庭抽样框和，56-57，58-59，212

individuals in households and 个人抽样框和，56-57，58

Kish Table rule and 基什表规则和，58

population units, weighted data and 总体单位、加权数据和，59

random sampling, weighted observation data and 随机抽样、加权观测数据和，58

telephone surveys and 电话调查和，58-59

Trodahl-Carter method and 楚德-卡特法和，58

within-cluster sampling, fixed rate approach and 整群内抽样、规定比率方法和，57

within-organization populations and 组织内总体和，57

See also Cluster sampling; Populations of interest 亦可见于整群抽样、目标总体

Communication technologies 通信技术，211-212

cellphone survey methods and 手机调查方法和，45-47，46（exhibit），212

new technologies, incorporation of 新科技，整合，215-216

smartphone technology and 智能手机技术和，8，211，212-213

social media databases and 社交媒体数据

库和，8，211，212，213-215，214（exhibit）

See also Internet-based research 亦可见于基于互联网的调查

Computing technologies 计算技术

See Communication technologies；Internet-based research 参见通信技术、基于互联网的调查

Confidence interval approach 置信区间方法，17，96

margin of sampling error vs. sample size and 抽样误差区间和样本规模及，106-107，107（exhibit）

proportion of interest, estimation of 目标比例的估计值，100

sample size calculation and 样本规模计算和，96-100

sampling error, definition of 抽样误差的定义，96

uncertainty in survey estimates and 调查估计值的不确定性和，174

variable of interest, standard deviation of 目标变量的标准差，100

See also Sample size 亦可见于样本规模

Convenience sampling 方便抽样，11，17，205，227

See also Nonprobability samples 亦可见于非概率样本

Council of American Survey Research Organizations 美国调查研究机构理事会，85

Counting frames 计数抽样框，59，60

Coverage bias 覆盖偏差，10，19，20，23（exhibit），36，49，52

Credibility intervals 可信度区间，175

Current Population Survey（CPS）本期人口调查，140，230

Cutoff sampling 截取抽样，169-170

Data first approach 数据优先方法，210

Design effect/deff 设计效应，136-137，139（table），153-154

Directory sampling 名录抽样，33，34，38-39，45，53，55，62，71-72，180

Disproportionate outgo 不成比例的超额，205

Disproportionate stratified sampling（DSS）不成比例的分层抽样，191-192

Do Not Call list 请勿呼叫列表，41

Door-to-door interviewing 挨家挨户访谈，6，8，33，58，80

Drawing samples 抽取样本

See Cluster sampling；Sampling process；Stratified sampling 参见整群抽样、抽样程序、分层抽样

Dual-frame designs 双重框架设计，45-47，50-52，195-197，198

Duplicate population listing 重复总体列表，38，39（exhibit），55

big data compilations and 大数据收集和，210

counting frames and 计数抽样框和，60

cross-checking lists and 交叉检查列表和，55，56

equal probabilities of selection, restoration

of 相等概率入选的复位, 55

groups of population members and 总体成员群体和, 55

weighted observation data and 加权的观察数据和, 56

See also Populations of interest 亦可见于目标总体

EPSEM (equal probability selection method) 等概率选择方法, 12, 14–15, 20, 73, 123, 144–145, 147, 148, 192

Error 误差

nonsampling error and 非抽样误差和, 9, 20

quota sampling and 配额抽样和, 6–7

random sampling error and 随机抽样误差和, 11

sample composition, random variation in 样本构成的随机变化, 9

sample size and 样本规模和, 9, 10–11

sampling bias and 抽样误差和, 9–10, 20, 23 (exhibit)

sampling error 抽样误差, 9, 10–11, 20, 21, 23 (exhibit)

sources of 的来源, 9–11, 23 (exhibit)

weighting and 加权和, 82

See also Bias 亦可见于偏差

Evaluation 评估

See Sample evaluation; Sample report 参见样本评估、样本报告

Excel random number functions Excel 随机数字函数, 65, 66–67

Execution of research 研究执行

See Research practice 参见研究实践

Exit polling 退出民调, 11, 183

Exploratory studies 探索性研究, 19, 227

File drawer sampling 文件柜抽样, 72–73

Gallup polls 盖洛普民意调查, 5, 6, 78

Generalizability 普遍适用性, 20–21, 229

empirical generalization and 经验概括和, 229

probabilistic/model-based generalization and 基于概率/模型的概括和, 229

theoretical generalization and 理论概括和, 229

GfK Research 捷孚凯, 36, 205

Google random number generator 谷歌随机数字生成器, 65

Government surveys 政府调查, 6

area probability sampling and 区域概率抽样和, 6

big data, government databases and 大数据、政府数据库和, 209

proportionate probabilities and 成比例的概率和, 6

public use files, production of 公共用途文件的产生, 230

See also Political polls 亦可见于政治民意调查

Group-based sampling 基于群组的抽样, 12, 55, 56–59

network sampling and 社会网络抽样和,

193-195

snowball sampling and 滚雪球抽样和, 200

See also Cluster sampling 亦可见于整群抽样

Half-open interval method 半开放式间隔方法, 49-50, 52

Households 家户

    See Cluster sampling; Clustered population members; In-home surveys 参见整群抽样、聚合总体成员、户内调查

Hypothesis testing 假设检验, 17, 101-102

Implicit stratification 隐式分层, 70, 123, 127, 149, 152 (exhibit), 153

In-home surveys 入户调查, 7, 140

    address-based sampling and 基于地址的抽样和, 47, 52

    area probability sampling and 区域概率抽样, 7, 8

    cluster sampling and 整群抽样和, 56, 129, 131, 138, 140, 151, 154

    costs of 的成本, 106-107

    omitted population elements and 遗漏总体元素和, 52

    optimum cluster size for 最佳集群规模, 138, 140

    registration-based sampling and 基于注册的抽样和, 48

    stratified cluster sampling and 分层整群抽样和, 151, 154

Ineligible population members 无效总体成员, 37, 38, 39 (exhibit), 52-53

    counting frames and 计数抽样框和, 59, 60

    directories, sampling from 从名录中抽样, 72

    dropping ineligibles and 删除无效样本和, 53

    eligibility rates, estimates of 合格率的估计值, 53-54

    expected response rate and 预期应答率和, 54

    multiple criteria populations and 多标准人口和, 53

    random-digit-dialing and 随机数字拨号和, 53

    rare populations, studies of, 稀有人群研究 54

    replacement, sample bias and 替换、样本偏差和, 53

    sample size, adjustment of, 样本规模调整, 53, 54

    sampling bias and 样本偏差和, 54

    screened lists/samples and 筛选列表/样本和, 53

    screening interviews, eligibility determination and 筛选访谈、资格鉴定和, 54

    See also Populations of interest 亦可见于目标总体

Inferential conclusions 推论, 17

    design-based inference and 基于设计的推论和, 165, 173

    probability-based inference and 基于概率

主题索引

的推论和, 165

　statistical inference, representativeness and 统计推断、代表性和, 226

Information 信息

　See Big data; Stratified sampling; Value of information 参见大数据、分层抽样、信息价值

Institutional review boards (IRBs) 伦理审查委员会, 215

Intercept samples 拦访样本, 181-182

　child subjects and 儿童主题和, 186

　entrance-by-time-period clustering and 按入口-时间周期的集群抽样和, 187-188

　entrance/exit points and 入口处/出口处和, 185-186

　errors in assumptions and 假设错误和, 184-185, 246

　group members and 群体成员和, 186

　intercept period, timing/duration of 拦访周期、时机/持续时间, 183-184

　intercept points, establishment of 拦截点的设立, 188

　length of visits, weighting for 对时长进行加权, 187

　location, selection of 选择位置, 182-183

　nonresponse, sample size adjustment and 无应答、样本规模调整和, 184

　population size, estimates of 总体规模的估计值, 184-185, 187

　population units in 总体单元, 186

　quota sampling procedure and 配额抽样程序和, 188

　selection bias and 选择偏差和, 187

　time-based systematic sampling and 基于时间的系统抽样和, 187-188

　within-site sampling, issues in 地址抽样的问题, 183-188

Internal Revenue Service (IRS) databases 美国国税局数据库, 209

International contexts 国际情境下, 24, 206-207, 207 (exhibit)

Internet-based research 基于互联网的调查, 8

　coverage problems and 覆盖范围问题和, 35-37, 35 (exhibit), 180

　demographic/geographic quotas and 人口/地理空间的配额和, 78

　early vs. late respondents, comparison of 早期和后期应答者的比较, 83

　general population surveys and 一般人口调查和, 35-37, 181

　Internet usage surveys and 互联网使用调查和, 34

　mixed-mode follow-up and 混合追访和, 84

　model-based estimation and 基于模型的估计和, 36, 181

　MTurk panels and MTurk 小组和, 36, 37

　nonprobability samples and 非概率样本和, 36, 181

　nonresponse bias, potential for 潜在的无应答偏差, 180-181

　omitted population elements and 遗漏总体

如何抽样

元素和，52，180

online forum/social media recruitment and 在线论坛/社交媒体招募和，36

opt-in panels and 选择性小组，36，180

political polling methods and 政治民意调查方法和，8

pop-up survey invitations and 弹框式调查邀请和，33-34，36

registration-based surveys and 基于注册的调查和，48-49

response propensity weighting and 应答倾向加权和，81

sampling issues for 抽样议题，179-181

special population surveys and 特殊群体调查和，180-181，198

See also Communication technologies; Sampling; Social media sampling 亦可参见通信技术、抽样、社交媒体抽样

Intracluster coefficient of homogeneity 集群内同质系数，135-136

Jackknifing procedure 刀切法，174-175，177

Judgment sampling 判断抽样，11，16-17，19

Kish Table rule 基什表规则，58

Knowledge Networks 知识网络，36

Knowledge Panel 知识小组，36，205

List-assisted sampling 列表辅助抽样，42-44，43（exhibit）

commercially available lists and 商用列表和，45

efficiency of 的效率，44-45

proportional list-assisted sampling and 成比例列表辅助抽样和，43（exhibit），44

simple list-assisted sampling and 简单列表辅助抽样和，42，43（exhibit），44

student projects and 学生项目和，45

See also Big data; Directory sampling; Random-digit-dialing (RDD) 亦可参见大数据、名录抽样、随机数字拨号

Literary Digest political polls《文摘》政治民调，5-6，8，11，28，224，225

Location sampling 位置抽样，197

See also Intercept samples 参见拦访样本

Magic number approach 神奇数字法，108

Mail surveys 邮件调查，35

address-based sampling and 基于地址的抽样和，47-48，52，209

clustering and 整群抽样和，56-57

Delivery Sequence file and 送货序列文件和，47

demographic/geographic quotas and 人口/地理空间的配额和，78

early vs. late respondents, comparison of 早期和后期应答者的比较，83

No-Stat file and No-Stat 文件和，47

registration-based sampling and 基于注册的抽样和，48-49

See also In-home surveys 亦可见于户内调查

Margin of error 误差区间

主题索引

See Confidence interval approach 参见置信区间方法

Market research 市场调查，6，78，81－82，140－141，205，207，227，230

Mass opinion surveys 公众民意调查，5

Master Address File（MAF）主地址文件，35，209

Methodology report 方法报告，221－224

Mitofsky-Waksberg procedure 米托夫斯基-瓦克斯伯格程序，41，44－45，189

Mixed-mode designs 混合模式设计，47，84，124，212

Mobile apps 手机应用程序，211

    See also Communication technologies; Smartphones 亦可见于通信技术、智能手机

Model-aided sampling 模型协助抽样，169

Model-assisted sampling 模型辅助抽样，19，165，166－168，174

    See also Population characteristics estimation 亦可见于总体特征估计

Model-based sampling 基于模型的抽样，19，36，165，166－168，172－173，181，229

    See also Population characteristics estimation 亦可见于总体特征估计

MTurk（Mechanical Turk）panels MTurk 小组，36，37，180

Multiplicity sampling 多重抽样，193

National Assessment of Academic Progress（NAAP）国家科研项目评估，230

National Crime Victimization Survey（NCVS）国家犯罪受害者调查，30，230

National Health Interview Survey（NHIS）国家卫生访问调查，230

Network sampling 社会网络抽样，193－195

No-Stat file No-Stat 文件，47

Nonprobability samples 非概率样本，11，16

    convenience sampling and 方便抽样和，11，17

    coverage bias and 覆盖偏差和，19

    Internet-based surveys and 基于互联网的调查和，36

    judgment sampling and 判断抽样和，11，16－17，19

    nonmeasurable nature of 不可测量性，17－18

    nonresponse bias and 无应答偏差和，19

    probability samples, comparison with 与概率样本的比较，17－19

    qualitative research and 定性研究和，19

    quota sampling and 配额抽样和，6－7，17

    selection bias and 选择偏差和，18，20

    See also Model-assisted sampling；Model-based sampling；Probability samples；Sampling 亦可见于模型辅助抽样、基于模型的抽样、概率样本、抽样

Nonresponse bias 无应答偏差，10，19，20－21，23（exhibit），47

    availability bias and 可获得性偏差和，78－79

    control over 控制，74－84，76（exhibit）

    data collection practices and 数据收集实践和，76，82

differential response, weighting for 对差别化的应答加权, 80-82

direct measures of 直接测量, 84

early vs. late respondents, comparison of 早期和后期应答者的比较, 83

follow-up studies of nonrespondents and 无应答者的追访研究和, 83-84, 85 (exhibit)

Internet-based research and 基于互联网的调查和, 180-181

probability sampling with quotas and 配额的概率抽样和, 78-80

quota sampling and 配额抽样和, 76-78

response rates, maximization of 应答率的最大化, 75-76

telephone surveys, callbacks and 电话调查、回拨和, 77

weighting data and 加权的数据和, 161-163, 162 (exhibit), 164-165, 172

See also Bias; Research practice 亦可见于偏差、研究实践

Nonsampling error 非抽样误差, 9, 20

Omitted population elements 遗漏总体元素, 37, 38, 39 (exhibit)

address-based sampling and 基于地址的抽样和, 47-48, 52

big data compilations and 大数据收集和, 210

cellphone survey methods and 手机调查方法和, 45-47, 46 (exhibit)

compensation strategies for 弥补策略, 40-52

counting frames and 计数抽样框和, 60

coverage bias and 覆盖偏差和, 49, 52

Do Not Call list and 请勿呼叫列表和, 41

dual-frame designs and 双重框架设计和, 45-47, 50-52

half-open interval method and 半开放式间隔方法和, 49-50, 52

Internet-based surveys and 基于互联网的调查, 52

list-assisted sampling and 列表辅助抽样和, 42-45, 43 (exhibit)

Mitofsky-Waksberg procedure and 米托夫斯基-瓦克斯伯格程序和, 41, 44-45

mixed-mode designs and 混合模式设计和, 47

random-digit-dialing and 随机数字拨号和, 40-45, 42 (exhibit), 46, 52

registration-based sampling and 基于注册的抽样和, 48-49

underrepresented populations and 代表性不足总体和, 49

See also Populations of interest 亦可见于目标总体

Online research 网络调查

See Internet-based research 参见基于互联网的调查

Opt-in panels 选择性小组, 36, 180

Organizational populations 组织化总体

clustered population members and 聚合总体成员, 57

refusal to participate and 拒绝参与和, 84

sampling issues with 抽样议题，199－200

stratified sampling and 分层抽样和，117－120，119（tables）

Panel sampling 追踪抽样，36，37，201

　　back-end weighting and 事后加权和，205

　　changing populations and 变动的总体和，203－204，205

　　disproportionate outgo and 不成比例的超额，205

　　initial nonresponse and 初始无应答和，202，205

　　long-term panels, rejuvenation of 长期追踪更新，204

　　mortality over time and 不同时点的退出率和，202－203，205

　　panel aging and 小组老龄化和，203，204

　　panel members, recruitment of 小组成员的招募，205

　　probability sampling and 概率抽样和，205

　　purposes of panels and 追踪的目标和，201

　　quota-based panels and 基于配额的追踪小组，205

　　representativeness and 代表性和，203，204－205

　　rotating panels/surveys and 轮换追踪/调查和，205－206

Periodicity 周期性，70

Pew Research Center 皮尤研究中心，74

Physical sampling 介质抽样，71

　　directories, sampling from 从名录中抽样，71－72

　　file drawer sampling and 文件柜抽样和，72－73

　　simple random sampling and 简单随机抽样和，64－65，72

　　See also Sampling process 亦可见于抽样程序

Pilot studies 试点研究，19，101，102，184，216，218

Political polls 政治民意调查，5－6

　　area probability sampling and 区域概率抽样和，6－7

　　exit polling and 退出民调和，11，183

　　nonresponse weighting and 无应答加权和，165

　　online data collection and 网络数据收集和，8

　　quota sampling error and 配额抽样误差和，7

　　registration-based sampling and 基于注册的抽样和，48－49

　　telephone surveys and 电话调查和，21

　　See also Government surveys; Literary Digest political polls; Public opinion surveys 亦可见于政府调查、《文摘》政治民调、公众民意调查

Politz-Simmons procedure 波利茨－西蒙斯法，82

Population boundaries 总体边界，30

　　conceptual vs. actual populations of interest and 目标概念总体和实际总体和，32－33

　　cost-effective research and 成本效益研究

和，31-32

methodological limitations and 方法上的限制和，32

operational specificity in 操作化的明确性，30-31

self-report population membership and 自我报告总体成员身份和，32

See also Population characteristics estimation；Populations of interest 亦可见于总体特征估计、目标总体

Population characteristics estimation 总体特征估计，157-158

 aggregate characteristics, weighting of 整合特征加权，158-159

 bootstrapping procedures and 自举法和，174, 175

 confidence intervals, uncertainty measure and 置信区间、不确定性测量和，174

 credibility intervals and 可信度区间和，175

 cutoff sampling and 截取抽样和，169-170

 design-based sampling/estimation and 基于设计的抽样/估计和，165, 166, 170, 172, 173

 inadequate frames, compensation for 缺乏抽样框的补偿，171

 independently operating variables and 非独立的操作变量和，159-160

 individual-level predictive model and 个人层面的预测模型和，160

 jackknifing procedures and 刀切法和，174, 175

 model-aided sampling and 模型协助抽样和，169

 model-assisted sampling and 模型辅助抽样和，165, 166-168, 174

 model-based sampling and 基于模型的抽样和，165, 166-168, 172-173

 multiplying individual variable weights and 乘以个人变量权重和，159-160

 multivariate weighting, raking process and 多元加权、耙取方法和，160

 nonfinite populations, estimates for 对无限总体的估计，172

 nonresponse weighting and 无应答加权和，160-163, 162 (exhibit), 164-165, 172

 probabilities of selection weighting and 入选概率加权和，159

 probability-based inference and 基于概率的推论和，165

 probability sampling assumptions, violations of 违反概率抽样假设，171-172

 reliability concerns and 可靠性问题和，164

 response propensity weighting and 应答倾向加权和，160

 response rates, validity/reliability threats and 应答率、效度/信度风险和，171-172

 sampling error/sample bias, trade-off between 抽样误差/样本偏差的平衡，169-170

 sampling error, weighting and 抽样误差、加权和，163-164

主题索引

small area estimation and 小范围估算和，170–171

software packages for 软件包，174，175

uncertainty of estimates, complex/non-probability samples and 不确定性的估计值、复杂/非概率样本和，174–175

variance of estimation, reduction of 估计方差的减少，168–171

weighted sample data and 加权的样本数据和，158–165

weighting classes/multivariate cells and 加权层级/多元单元和，160

weighting data, rationale for 加权数据基本原理，161–165，162（exhibit）

See also Population boundaries; Populations of interest 亦可见于总体边界、目标总体

Populations of interest 目标总体，8，20，27–28

clustered population members and 聚合总体成员，38–39，39（exhibit），56–59，60

conceptual vs. actual populations and 操作性总体和事实总体和，32–33

counting frames, sampling without lists and 计数抽样框、无列表抽样和，59–60

coverage bias and 覆盖偏差和，19，20，36，49，52

data collection methods, influences on 数据收集方法的影响，33–34

duplicate population listings and 重复总体列表和，38，39（exhibit），55–56，60

framing populations and 框架中的总体和，33–52，59–60

general populations and 一般人口和，34–35，36

generalizability and 普遍适用性，20–21

ineligible population members and 无效总体成员和，37，38，39（exhibit），52–54，60

Internet-based surveys, coverage problems with 基于互联网的调查和覆盖问题，35–37，35（exhibit）

Internet usage surveys and 互联网使用调查和，34

list/actual population, one-to-one correspondence of 总体和列表元素意义对应，37–39，39（exhibit）

lists of target populations and 目标总体的列表和，33–39

multiple population units of interest and 目标多元总体单位和，30

nonresponse bias and 无应答偏差和，20–21，23（exhibit），47

omitted population elements and 遗漏总体元素和，37，38，39（exhibit），40–52，60

operational specificity in population boundaries and 总体边界操作化的特殊性和，30–31

population boundaries, determinants of 总体边界的决定因素，30–33

population units, definition of 总体单位的界定，28–30

sampling frames, problems with 抽样框架

问题，37−39，39（exhibit），52

selection bias and 入选偏差和，20

special populations and 特殊总体和，34

target populations and 目标总体和，20，33−39

 See also Internet-based research; Nonprobability samples; Organizational populations; Population boundaries; Population characteristics estimation; Probability samples; Rare populations sampling 亦可见于基于互联网的调查、非概率样本、组织化总体、总体边界、总体特征估计、概率样本、稀有人群抽样

Prob-quota sampling 概率配额抽样，78−80

Probabilities proportionate to size（PPS）clusters 概率与规模成比例整群抽样，145−152，150−152（exhibits）

Probability samples 概率样本，11

 area probability sampling and 区域概率抽样和，6−7

 cluster sampling and 整群抽样和，11，12

 cost effectiveness of 的成本效益，11

 coverage bias and 覆盖偏差和，19

 equal probability selection method and 等概率选择方法和，12，14−15，20

 gold standard of practice and 实践的黄金标准和，7

 nonprobability samples, comparison with 与非概率样本的比较，17−19

 nonresponse bias and 无应答偏差和，19

 population cross sections and 总体横截面和，11

 probability of selection, calculation of 入选概率的计算，12−16

 probability sampling with quotas and 配额的概率抽样和，78−80

 respondent selection, control over 应答者入选的控制，7

 sampling rate and 采样率和，13

 selection bias and 选择偏差和，18−19，20

 simple random sampling and 简单随机抽样和，11，12

 staged sampling, probability of selection and 多阶段等概率抽样和，15−16

 statistical procedures, application of 统计程序的应用，17

 stratified sampling and 分层样本和，11，12

 subsamples, multiplicative probabilities and 子样本、倍增的概率和，14

 supplemented samples, additive probabilities and 补充样本、累加的概率和，14

 systematic sampling and 系统抽样和，12

 trimmed samples, subtractive probabilities and 删减样本、减法的概率和，14

 See also Nonprobability samples; Sampling; Sampling process; Stratified sampling 亦可见于非概率样本、抽样、抽样程序、分层抽样

Public opinion surveys 公众民意调查，5，9−10

 See also Government surveys; Political polls 亦可见于政府调查、政治民意

主题索引

调查
Public use files（PUFs）公共用途文件，230

Quota sampling 配额抽样，6，17
　availability bias and 可获得性偏差和，78-79，80，161
　cost of 的成本，80
　door-to-door interviewing and 挨家挨户访谈，6，7
　error in 中的误差，6-7
　nonresponse bias, control over 无应答偏差的控制，76-78
　probability sampling with quotas and 配额的概率抽样和，78-80
　proportionate probabilities and 成比例的概率和，6
　quota weighting model and 配额加权模型和，171
　telephone surveys and 电话调查和，76-77
　See also Nonprobability samples 亦可见于非概率样本

Raking process 耙取程序，160
Random-digit-dialing（RDD）随机数字拨号，40-45，42（exhibit），52
　cellphone survey methods and 手机调查方法和，45-47，46（exhibit）
　directory use and 名录使用和，45
　dual-frame designs and 双重框架设计和，45-47
　ineligible population members and 无效总体成员和，53
　list-assisted sampling and 列表辅助抽样和，42-45，43（exhibit）
　loose approaches to 宽松方式，45
　Mitofsky-Waksberg procedure and 米托夫斯基-瓦克斯伯格程序和，41，44-45
　nonresponse bias and 无应答偏差和，47
　proportional list-assisted sampling and 成比例列表辅助抽样和，43（exhibit），44
　simple list-assisted sampling and 简单列表辅助抽样和，42，43（exhibit），44
　simple random-digit-dialing and 简单随机数字拨号和，42，43（exhibit）
　See also Omitted population elements；Populations of interest；Smartphones 亦可见于遗漏总体元素、目标总体、智能手机

Random number generators 随机数字生成器，65
Random samples 随机样本，11
　equal probability of selection and 等概率选择和，14-15
　online opt-in panels and 在线选择性小组和，36
　probability of selection and 入选概率和，13，14-15
　simple random sampling and 简单随机抽样和，11，12
　subsamples, multiplicative probabilities and 子样本、倍增的概率和，14
　supplemented samples, additive probabilities and 补充样本、累加的概率和，14
　systematic sampling and 系统抽样和，12

trimmed samples, subtractive probabilities and 删减样本、减法的概率和, 14

See also Probability samples; Random-digit-dialing（RDD）; Simple random sampling（srs）亦可见于概率样本、随机数字拨号、简单随机抽样

Rare populations sampling 稀有人群抽样, 188–189, 189 (exhibit)

 chain referral sampling and 链式抽样和, 194, 195

 disproportionate stratified sampling and 不成比例的分层抽样和, 191–192

 dual-frame sampling and 双重框架抽样和, 195–197, 198

 ineligible population members and 无效总体成员和, 54

 location sampling and 位置抽样和, 197

 network sampling and 网络抽样和, 193–195

 online data collection and 网络数据收集和, 198

 snowball sampling and 滚雪球抽样和, 194, 195, 197

 telephone cluster sampling and 电话整群抽样和, 189–191, 192

Registration-based sampling（RBS）基于注册的抽样, 48–49

 See also Address-based sampling（ABS）; Omitted population elements 亦可见于基于地址的抽样、遗漏总体元素

Report writing 报告写作

 See Sample report 参见样本报告

Research practice 调查实践, 73

 availability bias and 可获得性偏差和, 78–79, 80

 differential response, weighting for 对差别化的应答加权, 80–82

 early vs. late respondents, comparison of 早期和后期应答者的比较, 83

 follow-up studies of nonrespondents and 无应答者的追访研究和, 83–84, 85 (exhibit)

 nonresponse bias, control over 无应答偏差的控制, 75–84, 76 (exhibit)

 nonresponse, problem of 无应答问题, 74, 75 (exhibit)

 organizational surveys, refusals and 机构调查拒访和, 84

 probabilities of contact, weighting by 联络上概率的加权, 81–82

 probability sampling with quotas and 配额的概率抽样和, 78–80

 quota sampling, nonresponse bias and 配额抽样、无应答偏差和, 76–78

 response propensity weighting and 应答倾向加权和, 81

 response rate calculation and 应答率计算和, 84–86

 response rates, maximization of 应答率的最大化, 75–76

 sample composition, quotas and 样本构成、配额和, 76–78

 sample integrity, protection of 保护样本的完整性, 73–74

 telephone surveys, callbacks and 电话调

查、回拨和，77

time-sensitive research and 时间敏感的研究，80

See also Bias；Error；Sample evaluation；Sample report；Sample size；Sampling process 亦可见于偏差、误差、样本评估、样本报告、样本规模、抽样程序

Research Triangle Institute 三角研究所，174

Respondent-driven sampling 受访者驱动抽样，194

Response propensity weighting 应答倾向加权，81，160

Response rate calculation 应答率计算，84-86

Roper polls 罗珀民意调查，5，6

Sample evaluation 样本评估，224
 academic research and 学术研究和，229
 biased samples, resistance to 抵消偏差样本，229
 biased samples, utility of 使用偏差样本，227
 exploratory/screening samples and 探索性样本或筛选样本，227
 generalizability and 普遍适用性和，229
 imperfect samples, utility of 使用不完美的样本，227-229，228（exhibit），230-231
 information sufficiency, determination of 信息充分的因素，226
 public use files, production of 公共用途文件的产生，230
 quality of samples, requirements for 样本质量的要求，226-232
 relationship testing and 关系检验和，227-229，228（exhibit）
 representative sampling, error and 代表性抽样误差和，224-226
 resource constraints and 资源限制和，226，230
 sample diversity/variety and 样本多样性/多元化和，230
 statistical inference and 统计推断和，226，231
 survey research, dimensions of 调查研究的维度，226
 univariate population characteristics estimation and 单变量总体特征估计和，230
 See also Research practice；Sample report；Sampling process 亦可见于研究实践、样本报告、抽样程序

Sample report 样本报告，221
 follow-ups and 追访和，223，224
 frame problems and 抽样框问题和，222-223
 methodology report and 方法报告和，221-224
 quality of samples, requirements for 样本质量的要求，231-232
 response rate calculations and 应答率计算和，223
 sampling design section and 抽样设计部分和，222
 sampling error description and 抽样误差描述和，222

special procedures and 特殊程序和，223-224

See also Sample evaluation 亦可见于样本评估

Sample size 样本规模，10，91

 adjustment of 的调整，53，54，70-71

 confidence interval approach and 置信区间方法和，96-100

 eligibility estimates and 合格率估计和，54

 finite population correction and 有限总体校正系数和，95，99

 hypothesis testing power and 假设检验效力和，101-102

 informal determination of 非正式决定因素，106-110

 magic number approach and 神奇数字法和，108

 margin of sampling error vs. sample size and 抽样误差区间和样本规模及，106-107，107 (exhibit)

 population mean vs. sample mean and 总体均值与样本均值和，92-95，95（exhibit）

 probability of selection, calculation of 入选概率的计算，13-14

 proportion of interest, estimation of 目标比例的估计值，100

 rare populations, studies of 稀有人群研究，54

 resource availability and 资源可获得性和，10，20

 resource limitations, budget-based approach and 资源限制、基于预算的方法和，109-110

 sample bias and 样本偏差和，10-11，54

 sample composition, random variation in 样本构成的随机变化，9

 sampling error and 抽样误差和，9，10-11，91-95，92-94 (exhibits)

 sampling without replacement, correction for 无替换抽样校正和，95，97

 subgroup analyses, minimum sample sizes and 子群分析、最小样本规模和，109

 systematic biases and 系统偏差和，10

 typical sample sizes, use of 典型样本规模的使用，106-107

 value of information approach and 信息价值方法和，102-106

 variable of interest, standard deviation for 目标变量的标准差，100

Samples 样本，8，27

Sampling 抽样，3-5

 area probability sampling and 区域概率抽样和，6-7

 basic concepts, definitions of 基本概念的界定，8

 costs of 的成本，6，8

 effective practice, guidelines for 高效实践指南，19-21

 error, sources of 误差来源，9-11，23 (exhibit)

 existing practices, statistical theory development and 已有实践、统计理论发展和，8

 generalizability and 普遍适用性和，20-21

主题索引

government surveys and 政府调查和, 6

history of 的历史, 5-8, 7 (exhibit)

in-home interviewing and 户内访问和, 6, 7

Internet-based surveys and 基于互联网的调查和, 8

interviewer influence, elimination of 消除访问人员影响, 6

quota sampling and 配额抽样和, 6, 7

resource availability and 资源可获得性和, 10, 20, 21

sampling problems, evolution of 抽样问题的进化, 8

telephone surveys and 电话调查和, 7-8

validity issues and 效度问题和, 11

with/without replacement and 替换或无替换和, 13, 53

See also Bias; Error; Nonprobability samples; Populations of interest; Probability samples; Sample report; Sample size; Sampling process 亦可见于偏差、误差、非概率样本、目标总体、概率样本、样本报告、样本规模、抽样程序

Sampling bias 样本偏差, 9-10, 20, 23 (exhibit), 54

Sampling error 抽样误差, 9, 10-11, 20, 21, 23 (exhibit), 82

Sampling process 抽样程序, 24 (exhibit), 27, 63

convenient sampling intervals and 方便抽样间隔和, 73

directories, sampling from 从名录中抽样, 71-72

effective practice, guidelines for 高效实践指南, 19-21

equal probabilities of selection and 等概率入选和, 69

file drawer sampling and 文件柜抽样和, 72-73

generalizability and 普遍适用性和, 20-21

periodicity in sample frames and 抽样框的周期性和, 70

physical sampling and 介质抽样和, 64-65, 71-73

sample quality and 样本质量和, 69-70

sample size, adjustment of 样本规模调整, 70-71

simple random sampling and 简单随机抽样和, 11, 12, 64-68, 66-67 (exhibits), 69, 70

systematic sampling and 系统抽样和, 12, 68-71, 69 (exhibit)

See also Bias; Error; Nonprobability samples; Populations of interest; Probability samples; Research practice; Sample report; Sampling 亦可见于偏差、误差、非概率样本、目标总体、概率样本、研究实践、样本报告、抽样

Sampling rate 采样率, 13

SAS (Statistical Analysis Software) SAS 统计分析软件, 174, 175

Selection bias 选择偏差, 10, 20, 23 (exhibit)

nonprobability samples and 非概率样本

和，18，20

probability samples and 概率样本和，18-19，20

Selective Service System lottery 选择性服务系统抽签，64-65

Simple random sampling（srs）简单随机抽样，11，12

    permanent random numbers, assignment of 永久随机数字分配，66-68，67（exhibit）

    physical selection procedures and 介质选择程序和，64-65，72

    random number generators and 随机数字生成器和，65

    random numbers, selection of 随机数字的选择，65-68，66（exhibit）

   See also Sampling process; Systematic sampling 亦可见于抽样程序、系统抽样

Site samples 位置样本

  See Intercept samples 参见拦访样本

Smartphones 智能手机，8，211，212-213

Snowball sampling 滚雪球抽样，194，195，197，200

Social media sampling 社交媒体抽样，8，211，212，213

    ethics issues and 伦理问题和，214-215

    respondent recruitment and 受访者招募和，36，213，214，214（exhibit）

    stratified sampling and 分层抽样和，214

    survey sampling applications of 调查抽样的应用，213-214

    unintended consequences and 非计划的后果和，215

  See also Communication technologies; Internet-based research 亦可见于通信技术、基于互联网的调查

Special populations 特殊总体，34

SPSS software SPSS 软件，174

Staged sampling 多阶段抽样，15-16

Statistical theory 统计理论

    development of 的发展，8

    nonprobability samples, nonmeasurable nature of 非概率样本的不可测量性，17-18

    probability-based statistical procedures and 基于概率的统计程序和，17

    statistical inference, representativeness and 统计推断、代表性和，226

Stratified sampling 分层抽样，11，12，113

    applications of 的应用，114-123，124（exhibit）

    combined data collection methods and 整合数据收集方法和，121，126

    cost differences across strata and 层际成本差异和，120-121，126-127

    cost-effectiveness of 的成本效益，113，115，122，126

    direct-interest strata and 层级直接关联和，115-116，126

    disproportionate stratification and 不成比例的分层和，123，127

    dual-frame sampling and 双重框架抽样和，195-197

    group estimates vs. total population estimates

and 群组估计与总体估计和，115-116

implicit stratification and 隐式分层和，70，123，127

inconvenience of 的不便，117

mechanics of 的原理，124-125，127

mixed-mode designs and 混合模式设计和，124

optimum stratum sample size and 最优层级样本规模和，117，122

organizational research and 组织化调查和，117-120，119（tables）

poststratification and 事后分层和，123，127

prior information differences across strata and 层际先验信息不同和，122，127

proportionate stratification and 成比例的分层和，122，123，127

special populations of interest and 目标特殊群体和，121，126-127

strata of populations and 总体层级和，113，114（exhibit）

stratified cluster sampling and 分层整群抽样和，151-153

variance differences across strata and 不同层际方差和，116-120，119（tables），126

See also Cluster sampling 亦可见于整群抽样

SUDAAN (Survey Data Analysis) software SUDAAN（调查数据分析）软件，174

Survey research 调查研究

See Big data; In-home surveys; Internet-based research; Mail surveys; Population boundaries; Population characteristics estimation; Populations of interest; Research practice; Sample evaluation; Sampling process; Telephone surveys 参见大数据、户内调查、基于互联网的调查、邮件调查、总体边界、总体特征估计、目标总体、调查实践、样本评估、抽样程序、电话调查

Survey Sampling International 调查抽样国际，34，46

Systematic sampling 系统抽样，12，68

computerized lists and 计算机化列表和，68

directories, sampling from 从名录中抽样，71-72

procedure for 的程序，68，69（exhibit）

See also Sampling process 亦可见于抽样程序

Target populations 目标总体，20，33-39

Technologies 科技

See Big data; Cellphone survey methods; Communication technologies; Internet-based research; Smartphones; Social media sampling 参见大数据、手机调查方法、通信技术、基于互联网的调查、智能手机、社会网络抽样

Telcordia database Telcordia 数据库，46

Telephone cluster sampling (TCS) 电话整群抽样，189-191，189（exhibit），192

Telephone surveys 电话调查，5，7-8

address-based sampling and 基于地址的抽样和，47-48，52

bias and 偏差和，7，21

call blocking and 呼叫占线和，8

callbacks in 回拨，77，81

cell phone use and 手机使用和，8

cellphone surveys and 手机调查和，45–47，46（exhibit），212

clustering and 集群和，56，189–191，189（exhibit），192

contemporary problems with 的当前问题，8

cost reduction and 成本下降和，8

Do Not Call list and 请勿呼叫列表和，41

dual-frame designs and 双重框架设计和，45–47，50

general population surveys and 一般人口调查和，34–35

Internet usage surveys and 互联网使用调查和，34

Kish Table rule and 基什表规则和，58

Mitofsky-Waksberg procedure and 米托夫斯基-瓦克斯伯格程序和，41，44–45

quota sampling and 配额抽样和，76–77

random-digit-dialing and 随机数字拨号和，40–45，42（exhibit），46，52

registration-based surveys and 基于注册的调查和，48–49

response rate, declines in 应答率的下降，8，74，75（exhibit）

smartphone technology and 智能手机技术和，8，211，212–213

within-household sampling and 户内抽样和，58–59

Trodahl-Carter method 楚德-卡特法，58

Universe 普遍的，8，20，27

Value of information approach 信息价值方法，102–103
  information, value of 信息价值，103
  nearness to breakeven condition and 接近收支平衡和，104–105
  potential gains/losses and 潜在收获/损失和，104
  sample size and 样本规模和，105–106
  uncertainty and 不确定性和，104
  value of information, factors in 信息价值的因素，104–105
  See also Sample size 亦可见于样本规模

Visitor sampling 访客抽样，52，181
  See also Intercept samples 亦可见于拦访样本

Weighting 加权
  aggregate characteristics of groups and 群组整合特征和，158–159
  back-end weighting 事后加权，205
  basic approaches to 的基本方法，158–159
  differential response weighting 对差别化的应答加权，80–82
  interquartile range and 四分位差和，164
  multiplying individual variable weights and 乘以个人变量的权重和，159–160
  multivariate weighting, raking process and 多变量加权、耙取程序和，160

nonresponse weighting 无应答加权, 160-163, 162 (exhibit)
  probabilities of selection and 入选概率和, 159
  rationales for 的基本原理, 161-165, 162 (exhibit)
  reliability concerns and 可靠性问题和, 164
  response propensity weighting 应答倾向加权, 81, 160
  sampling error and 抽样误差和, 82, 163-164
  survey data and 调查数据和, 158-161
  unequal selection probabilities and 不等入选概率和, 161
  weighting classes/multivariate cells and 加权层级/多元单元和, 160

Westat Corporation Westat 公司, 174
WesVar software WesVar 软件, 174

YouGov site 舆观网, 36

译后记

本书是关于抽样调查实用性很强的一本专著。全书围绕抽样步骤和抽样方法展开讨论，体系清晰，内容全面，重点突出。两位作者中，爱德华·布莱尔是休斯敦大学的教授，约翰尼·布莱尔是独立咨询顾问，他们的合作让本书在学理性和务实性上融合得恰到好处。除了对抽样的学理性介绍，对特定情境中的抽样实践的详细论述也是本书的一大特色，在第8章中，作者论述了网络调查、访客抽样、稀有人群抽样、追踪调查、大数据和新技术等各种应用，为我们呈现了抽样调查丰富的实践样态。值得一提的是，本书收录了很多来自美国市场调研的案例，还提供了很多引发思考的练习，这些案例和练习不仅可以广泛用于启发学术研究，而且可以应用于市场调查，相信在抽样调查和市场研究领域对开阔中国读者视野有很大的帮助。

反观国内，少有抽样调查的专门研究成果。除了入户调查、电话调查和追踪调查等抽样调查方法的实践外，很少看到针对抽样调查的探讨，市场调查中对抽样方法的实践经验也并未形成声音。在翻译本书的过程中，我也一直在反思国内学术界抽样调查方法的应用。通读全书之后，希望读者能意识到抽样调查方法是科学方法的重要组成部分，学者和应用者都应当重视抽样方法的科学性。

最后，我还想分享我在完成译作中的一些感受。本书是我独立承担的第一本译著。在翻译过程中，原作对我在抽样调查方法上的启迪和引发的思考也是我在漫长翻译工作中的重要收获。全书的翻译工作持续两年之久，在此期间我的角色发生了很大变化。首先，我从博士生变成了博士，

译后记

这不得不感谢我的导师风笑天教授，他严谨治学的精神一直引领着我。我还从男友变成了丈夫，翻译过程中我的妻子一直很支持我，在此对她表示感谢。

由于译者水平所限，译稿中难免存在错误和疏漏之处，敬请读者批评指正。

朱慧劼

2020 年 6 月于钟山南麓

Applied Survey Sampling by Edward Blair, Johnny Blair

English language edition published by SAGE Publications of London, Thousand Oaks, New Delhi and Singapore, © 2015 SAGE Publications, Inc.

Simplified Chinese edition © 2022 by China Renmin University Press.

All Rights Reserved. No part of this book may be reproduced or utilized in any form or by any means, electronic or mechanical, including photocopying, recording, or by any information storage and retrieval system, without permission in writing from the publisher.

图书在版编目（CIP）数据

如何抽样/（美）爱德华·布莱尔（Edward Blair），
（美）约翰尼·布莱尔（Johnny Blair）著；朱慧劼译
．--北京：中国人民大学出版社，2022.1
（社会科学研究方法系列丛书）
ISBN 978-7-300-29482-7

Ⅰ.①如… Ⅱ.①爱… ②约… ③朱… Ⅲ.①抽样调
查统计-研究 Ⅳ.①C811

中国版本图书馆 CIP 数据核字（2021）第 222510 号

社会科学研究方法系列丛书
如何抽样
［美］爱德华·布莱尔（Edward Blair） 著
　　约翰尼·布莱尔（Johnny Blair）
朱慧劼　译
Ruhe Chouyang

出版发行	中国人民大学出版社			
社　　址	北京中关村大街 31 号	邮政编码	100080	
电　　话	010-62511242（总编室）	010-62511770（质管部）		
	010-82501766（邮购部）	010-62514148（门市部）		
	010-62515195（发行公司）	010-62515275（盗版举报）		
网　　址	http://www.crup.com.cn			
经　　销	新华书店			
印　　刷	涿州市星河印刷有限公司			
规　　格	170 mm×240 mm　16 开本	版　次	2022 年 1 月第 1 版	
印　　张	17 插页 1	印　次	2023 年 7 月第 2 次印刷	
字　　数	241 000	定　价	69.00 元	

版权所有　　侵权必究　　印装差错　　负责调换